毛泽东与河北

MAO ZE DONG YU HE BEI

中共河北省委党史研究室 编著

中央文献出版社

毛泽东与河北
MAOZEDONGYUHEBEI

图书在版编目(CIP)数据

毛泽东与河北 / 中共河北省委党史研究室编著. —北京：中央文献出版
社,2013.11
ISBN 978 - 7 - 5073 - 3950 - 5

Ⅰ.①毛… Ⅱ.①中… Ⅲ.①毛泽东(1893~1976)—生平事迹 Ⅳ.①A752

中国版本图书馆 CIP 数据核字(2013)第 269835 号

毛泽东与河北

中共河北省委党史研究室编著

责任编辑： 吕　庆　吴少京

出版发行： 中央文献出版社

印　　刷： 河北新华联合印刷有限公司

开　　本： 787 毫米×1092 毫米　1/16

印　　张： 21

字　　数： 292 千字

印　　数： 1 - 36,000 册

版　　次： 2013 年 12 月第 1 版

印　　次： 2013 年 12 月第 1 次印刷

定　　价： 88.00 元

毛泽东在西柏坡（1948 年）

毛泽东从西柏坡前往北平途中（1949 年）

毛泽东在北戴河（1954 年）

毛泽东在北戴河火车站和列车员、工作人员在一起（1956 年）

中共七届六中全会期间毛泽东阅读昌黎县两山乡后两山村农民的丰收喜信

毛泽东在河北农村和牧羊人交谈（1956 年）

毛泽东视察安国县时与城关党委书记王同遵亲切握手并交谈（1958 年）

毛泽东视察安国县时与县委机关档案员秦跃田亲切握手（1958 年）

毛泽东视察安国县时与流村社员张同顺握手（1958 年）

毛泽东在专列上接见邢台、邯郸负责同志（1958 年）

毛泽东视察邯郸成安的棉花丰产方（1959 年）

毛泽东在邯郸地委书记庞均等人陪同下观看钻机打井（1959 年）

毛泽东在河北工业展览会上参观秦皇岛洗煤机模型（1959 年）

毛泽东在北戴河海滨(1960 年)

毛泽东和女儿李讷在北戴河海滨（1960 年）

毛泽东接见河北省农业劳动模范王国藩（1960 年）

毛泽东在北戴河（1962 年）

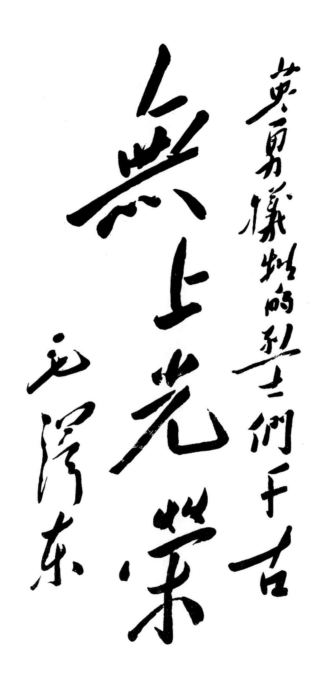

毛泽东为晋冀鲁豫烈士陵园题词（1945 年）

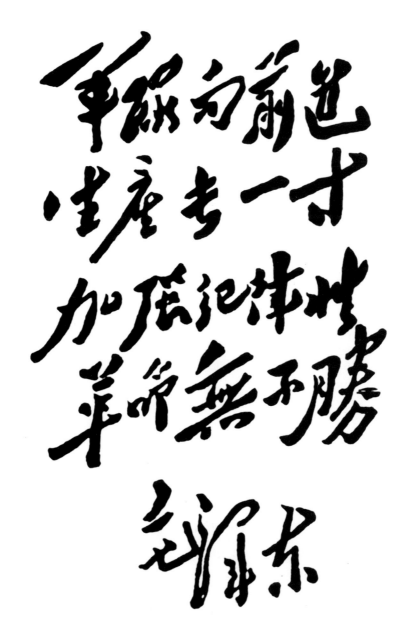

毛泽东在西柏坡题词"军队向前进，生产长一寸，加强纪律性，革命无不胜"

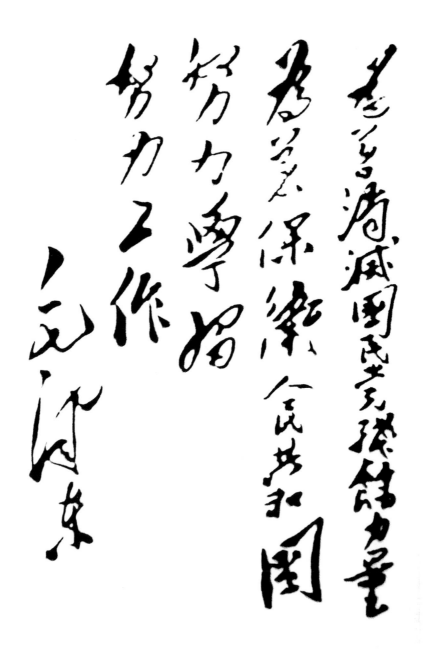

毛泽东为华北军政大学（石家庄陆军指挥学院前身）题词（1949 年）

陈郁同志：

转来石家花电业局全体职工给我的信及天津电业局第三厂电厂全体职工给我的签名信，均已收到。请你判明两厂电业职工再见代谢谢他们的好意，希此他们团结一致，努力工作，以完成国家的任务和改善自己的生活，为新中国的电气建设而奋斗。

毛泽东 一九五〇年九月十二日

毛泽东为石家庄电业局全体职工签名信的回复（1950年）

加强团结学习
发扬光荣传统

毛泽东

毛泽东为河北省荣誉军人学校题词（1953 年）

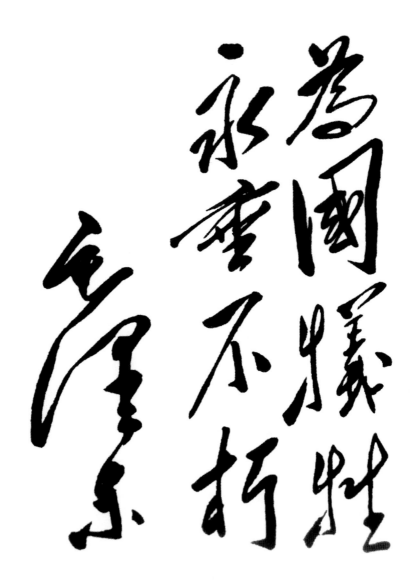

毛泽东为华北军区烈士陵园题词（1953 年）

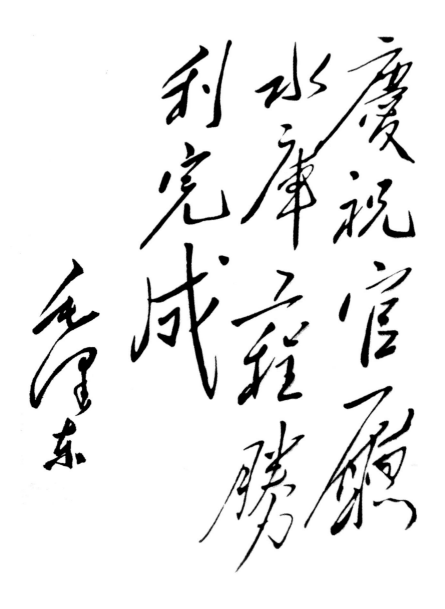

毛泽东为庆祝官厅水库竣工题词（1954 年）

浪淘沙 北戴河

大雨落幽燕，白浪滔天，秦皇岛外打鱼船。一片汪洋都不见，知向谁边？

往事越千年，魏武挥鞭，东临碣石有遗篇。萧瑟秋风今又是，换了人间。

毛泽东在北戴河写下诗篇《浪淘沙·北戴河》（1954 年）

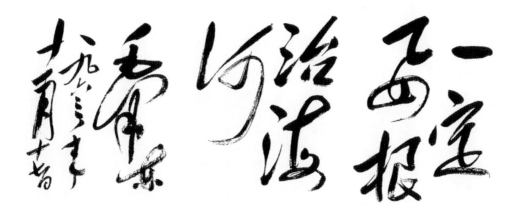

毛泽东题词"一定要根治海河"（1963 年）

毛泽东为《河北日报》题写的报头（1964 年）

毛泽东为《河北农民报》题写的报头（1964 年）

执政之路就是赶考之路

（代序）

中共河北省委书记　周本顺

今年 12 月 26 日，是毛泽东同志诞辰 120 周年。河北人民对纪念毛泽东诞辰，有着更为特殊的感情和深远的意义。

河北是毛泽东同志战斗和生活过的地方。从 1918 年同蔡和森、萧子升到保定迎接第二批准备赴法勤工俭学的湖南青年算起，毛主席来河北多达 30 多次。"大雨落幽燕，白浪滔天，秦皇岛外打鱼船，一片汪洋都不见"、"萧瑟秋风今又是，换了人间"等豪迈诗词，都是在燕赵大地上有感而发的。

毛泽东与河北西柏坡，更是我们心中永不磨灭的一段记忆。在这里，他有三件事影响中国历史和现实：一件是在西柏坡这个我们党最后一个农村指挥所，指挥了决定中国命运的辽沈、淮海、平津"三大战役"；一件是召开了具有深远历史意义的党的七届二中全会，提出了"两个务必"的重要思想；一件是 1949 年 3 月 23 日在离开西柏坡前往北平时，把进京执政喻为进京"赶考"。正因为如此，人们说新中国从这里走来，我们党长期执政的"赶考"之路从这里开始。

把执政之路喻为赶考之路，揭示了历史演进的伟大真理。人皆知，得民心者得天下，失民心者失天下。但古今中外，又在一幕一幕地重演"其兴也勃焉，其亡也忽焉"的人亡政息的历史悲剧。为什么得之又失之？是因为执政考试不及格，从人民拥护到人民反对。人民永远是一切执政者的考官。任何执政者都要接受人民的评判。执政的过程就是接受人民考试的过程。

西柏坡纪念馆有一首歌常催人泪下："最后的一碗米用来做军粮，最后的一尺布用来做军装，最后的老棉被盖在担架上，最后的亲骨肉送去上战场"。这首歌是我们党取得政权前，与人民群众水乳交融的生动写照。执政后，能不能始终与人民群众水乳交融，确实是决定我们党命运的生死大考。

我们党愈是长期执政，人民对我们的考试愈为严格。今年7月11日，习近平总书记在河北调研指导党的群众路线教育实践活动时，又一次参观西柏坡纪念馆，并深刻指出：60多年过去了，我们取得了巨大进步，中国人民站起来了，富起来了，但我们面临的挑战和问题依然严峻复杂，党面临的"考试"还远未结束。我们党要带领人民实现全面建成小康社会的奋斗目标，不断坚持和发展中国特色社会主义，就是"考试"的继续。所有领导干部和全体党员要继续把人民对我们党的"考试"、把我们党正在经受和将要经受各种考验的"考试"考好，努力交出优异的答卷。这是新的历史时期，党的总书记对全党的谆谆告诫。

新的"赶考"面临新的考题。但为人民服务是永恒的考题。胜利前是为人民谋解放，胜利后是为人民谋幸福。新中国成立特别是改革开放30多年来，河北各项事业快速发展，人民生活水平大幅提升，毛泽东同志对河北的美好期望正在一步步变成现实。党中央对河北工作非常关心，党的十八大后习近平总书记先后3次来我省视察指导工作，对河北的经济发展、民生改善、生态环境、干部作风等作出了一系列重要指示。如何不辜负总书记厚望，使7200多万河北人民生活更幸福，是我们在新的"赶考"路上要回答好的重要考题。

围绕使人民更幸福的总考题，我们要回答经济结构调整的"大考"，淘汰落后产能和化解过剩产能，大力发展战略性新兴产业和现代服务业，形成新的增长极；回答全面深化改革的"大考"，深入贯彻党的十八届三中全会精神，通过打好深化改革攻坚战，打造经济发展升级版；回答改善生态环境的"大考"，以对中央和全省人民负责的精神，抓好以大气污染治理为重点的环境整治，实现天蓝水净地绿的目标；回答扶贫攻坚的"大考"，加大扶持力度，增强内生动力，确保贫困群众与全省人民同步进入全面小康；回答保障改善民生的"大考"，以人为本、以民为先，让发展成果更多更公平惠及全体人民；回答清正清廉清明的"大考"，引导广大党员干部坚定理想信念，坚决克服"四风"，营造风清气正、干事创业的浓厚氛围。在这些"大考"中交出优异答卷，我们才能朝着"两个百年目标"、"中国梦"迈出坚实的步伐。

怎样在一系列"大考"中考出好成绩？毛主席高瞻远瞩地谆谆告诫我们："务必使同志们继续地保持谦虚、谨慎、不骄不躁的作风，务必使同志们继续地保持艰苦奋斗的作风。"总结历史的经验，从胜利到失败的过程，就是一个从艰苦奋斗到骄奢淫逸的过程，从谦虚谨慎到骄傲自满的过程。正如习近平总书记指出的："两个务必"包含着对我国几千年历史治乱规律的深刻借鉴，包含着对我们党艰苦卓绝奋斗历程的深刻总结，包含着对胜利了的政党永葆先进性和纯洁性、对即将诞生的人民政权实现长治久安的深刻忧思，包含着对我们党坚持全心全意为人民服务根本宗旨的深刻认识，思想意义和历史意义十分深远！

我们党历来十分重视"两个务必"的警示意义。1991年9月，江泽民同志到西柏坡考察时，强调"牢记'两个务必'，建设有中国特色社会主义"。2002年12月，胡锦涛同志率领中央书记处全体同志到西柏坡重温七届二中全会讲话，强调"我们党执政以来的一系列事实都告诉我们，始终做到这'两个务必'紧要得很啊！"正因为始终强调和坚持"两个务必"，我们党才能够保持同人民群众的血肉联系，团结带领人民战胜了前进道路上的各种风险和挑战，不断从胜利走向胜利。

　　毛泽东同志在"两个务必"上为我们带了头。毛主席始终不忘人民,他说平时不爱流泪,但有一种情况会流泪,就是听不得穷苦老百姓的哭声。"把我和群众分割开不行,我看不到群众就憋得发慌。"毛主席痛恨高高在上的官僚主义,他说要把官僚主义这个极坏的家伙抛到粪缸里去。毛主席要求自己严格,他坚持恋亲不为亲徇私、念旧不为旧谋利、济亲不为亲撑腰的"亲情三原则"。我们每一位共产党人特别是领导干部,都要以这样的镜子照照自己,牢记"两个务必",自觉清除作风之弊、行为之垢。这样,我们党就能在实现中华民族伟大复兴中国梦的"赶考"路上,永葆先进性和纯洁性。

　　西方一位知名学者曾经讲过,对政治人物的评价,关键要看他给国家留下了什么,给自己留下了什么。毛泽东同志给我们国家留下了什么?留下的是推翻"三座大山"而站起来的新中国,是全心全意为人民服务的根本宗旨,是中国革命胜利后"两个务必"的谆谆告诫……毛泽东同志给自己留下了什么?留下的是严格简朴的家风,是打满补丁的衣服,是圈圈点点的书籍,唯独没有给家人留下物质财富。所以,毛主席虽然离开我们 37 年了,我们更加怀念这位为中国人民和中华民族奋斗一生的伟人,更加感受到毛泽东思想的伟大、毛泽东同志的伟大。

　　《毛泽东与河北》一书的出版发行,对于我们深切缅怀毛泽东同志的丰功伟绩、感受毛泽东同志对河北人民的亲切关怀、学习老一辈无产阶级革命家的崇高境界很有帮助,这必将激励我们在以习近平同志为总书记的党中央坚强领导下,解放思想、改革开放、创新驱动、科学发展,创造出无愧于历史和人民的新业绩。

　　"赶考"路上,薪火相传;继往开来,国强民康。这是我们对毛泽东同志的最好纪念。

2013 年 12 月于石家庄

目　录

第一章　初到保定安排湘籍学子勤工俭学

毛泽东作为中国共产党的主要缔造者和共和国的伟大领袖，他为中国的革命、建设和发展事业，为广大人民的幸福生活而殚精竭虑，无私奉献了一生。长城内外曾留下他的身影，燕赵大地曾留下他闪光的足迹。许多地方因与他的名字联系在一起而闻名遐迩。毛泽东与河北情缘深远，阜平、平山、城南庄、花山、西柏坡等红色圣地已成为河北人民的骄傲。

毛泽东第一次踏足河北，去的地方就是保定这座历史文化古城。保定历史上曾经是直隶、河北的首府，是京畿文化名城。1918年下半年，风华正茂的毛泽东第一次走出湖南，辗转来到北京和保定，目的是为了协办湖南籍新民学会会员留法勤工俭学事宜，为中国革命的胜利播下红色的种子。

"李石曾办了一件好事"

留法勤工俭学运动是在辛亥革命前后，旅法中国人士提倡并组织的留法俭学，巴黎中国豆腐公司工人工余求学，以及欧战期间旅法华工教育的基础上，逐步发展起来的。留法勤工俭学运动的发起人之一就是河北人，名叫李石曾。1912 年初，李石曾和吴稚晖、蔡元培等在北京发起成立了"留法俭学会"。其目的是鼓励青年学生以低廉的费用和节俭苦学的精神赴法留学，从而把西方的文明输入国内，以改良中国社会。

说起李石曾,在清末民初的北京城那是赫赫有名,是"四公子"之一。他字石曾,笔名真民、石僧、扩武等,河北省高阳县人。其

李石曾

父李鸿藻任清廷协办大学士、兵部尚书。李石曾早年留学法国，接受、宣传无政府主义思想，对当时中国的青年一代产生过深刻影响。同时在法国经张静江介绍参加了孙中山领导的同盟会，与吴稚晖、张静江等人鼓动推翻满清的资产阶级革命。他在法国从事大豆研究，1907年为在法国开设豆腐公司而回国募捐，并在高阳县布里村开办豆腐公司工人训练班，这就为1917年在高阳县布里村举办留法预备学校打下了基础。在1919年至1920年，留法勤工俭学运动达到高潮。1916年蔡元培由法国回国出任北京大学校长，邀李石曾回国任北京大学教授，同时出任华法教育会负责人。或许因为他是保定人的缘故，在他的主持下，在北京、保定育德中学、高阳布里村、长辛店等地建立留法勤工俭学预备班。这四处预备班，有两处在现在的河北省境内。这也是促使全国各地的有志之士，要千里迢迢到保定的原因。当年的毛泽东和他的同学们正是为了学习西方的先进知识，到保定来的。

1920年后，李石曾又出任北京中法大学董事长。1924年在国民党一大上，李石曾当选为中央监委。从此开始，李石曾始终担任国民党政界上层职务，是国民党第一至六届中央监委、中央执委，他"不当皇帝，可是比皇帝更大"。常以"元老"、"名流"与民意代表自居。

上个世纪50年代，毛泽东到河北，在谈话中得知一位省委常委是高阳人时，博闻强记的他立刻想起了李石曾，回忆起了往事，并说："李石曾组织留法勤工俭学是办了一件好事。"

"要有人出国，学习新思想新知识"

　　1918 年 6 月，毛泽东从湖南省立第一师范学校毕业，面临着何去何从的问题。此时，已转到北京大学哲学系任教的毛泽东的恩师杨昌济，把赴法勤工俭学的消息写信告知了毛泽东。得知这个消息后，毛泽东认为湖南政局动乱，教育摧残殆尽，几至无学可求。因此，他有了组织新民学会成员出国留学的计划。他与蔡和森、萧子升都觉得这是一条出路，便积极发动新民学会会员赴法勤工俭学。6 月 20 日，毛泽东、蔡和森等人在长沙湖南省立第一师范附属小学，召集新民学会会员集中讨论会友向外发展的问题。大家一致认为留法运动十分必要，应尽力进行。会上毛泽东在说明参加留法勤工俭学的目的和宣布"会友向外发展"的计划之后，鼓励大家说：我们这些人中，要有人出国，学习新思想新知识，以贡献祖国。

　　意向确定后，学会便委派蔡和森先期到北京打前站，毛泽东则留在湖南进行动员和组织工作。蔡和森一到北京立即拜访杨昌济、蔡元培等前辈，沟通赴法留学事宜。在得到两位前辈支持后，蔡和森随即两次写信催促毛泽东等邀集志愿留法的同志迅速北上。

　　1918 年 8 月 15 日清晨，毛泽东与准备赴法勤工俭学的新民学会会员萧子升、萧子暲、陈赞周、熊光楚、张昆弟、曾以鲁、邹彝鼎、李维汉、罗学瓒、罗章龙和青年李富春、贺果、任理、侯昌国、唐灵运、欧阳泽（玉生、玉山）等共 24 人，从长沙乘小火轮沿湘江而下，入洞庭湖，经岳阳，出城陵矶，进长江，于 16 日清晨到达汉口。后换乘火车赴北京。

　　在北京期间，毛泽东、蔡和森等人克服各种困难，千方百计通融留学事宜，成果颇丰。在赴法留学名额有限的情况下，华法教育会同意把湖南赴法借贷名额由 25 人增加到 70 人，并决定将已经到京的勤工俭学学生留在已开办的保定、北京、长辛店留法勤工俭学预备班，一边劳动，一边学习，为将来出国做准备。其中，萧子升、萧子暲、陈赞周、熊光楚、邹彝鼎、罗学瓒等进入设在北京大学的北京班，何长工等进入设在机车车辆工厂的长辛店班，李维汉、张昆弟、曾以鲁、李富春、贺果、任理等进入设在保定育德中学的保定班（留法高等工艺预备班），并于9月初由北京乘车到保定育德中学留法高等工艺预备班学习。这个班的湖南籍学生共76人，住在黄骅馆街张公祠内。在这一时期，毛泽东为赴法勤工俭学事宜倾注了大量心血，正如新民学会会员罗学瓒1918年10月16日在一封致祖父、叔祖父家书中所说："毛润之此次在长沙招致学生来此，组织预备班，出力甚多。"

"环保定府城走了一圈"

位于历史文化古城保定市裕华路北侧的育德中学，创办于1907年。这所私立中学在同类学校中曾以建校历史悠久、毕业人数众多、教学设备好、教学质量高而闻名于世，素有"天津南开，保定育德"之称。1917年至1921年，在李石曾等人的帮助下，育德中学先后开办了四期留法高等工艺预备班，学生来自全国17个省市，以河北、湖南两省学生最多。毕业生达213人，其中，赴法勤工俭学的学生达115人。

当时，在毛泽东和新民学会的影响下，湖南要求赴法勤工俭学的青年越来越多，热情十分高涨。湖南准备赴法勤工俭学的青年大部分已得到妥善安排，尚有30余名未成年的毕业生也要求参加。经毛泽东和蔡和森与李石曾多次协商，决定在河北省蠡县布里村（现属高阳县）留法工艺学校为他们专门开设了一个初级班，由蔡和森具体负责。蔡和森一面教他们国文，一面自己学法语。湖南30余名赴蠡县布里村留法工艺学校初级班的学生，在新民学会会员陈赞周、邹彝鼎的带领下，由湖南到武汉然后乘火车，于10月6日到达

高阳县布里村留法工艺学校旧址

保定。除李维汉、张昆弟、李富春、曾以鲁、贺果、任理等到火车站迎接外，当天，毛泽东和蔡和森为迎接这批学生也专程从北京赶到保定。近年，在音乐家贺绿汀家里发现了其兄贺果1918年在保定育德中学附设的留法高等工艺预备班学习时写的《上谷日记》，上谷即为保定古称，其中就记载了1918年10月6日，蔡和森与毛泽东在保定火车站欢迎这批湖南赴法勤工俭学学生，忙着搬运行李的情景。贺果是新民学会成员，毛泽东在长沙第一师范的同学。这册日记被列为国家一级文物。

贺果日记摘录：

十月六日

是日下午，长沙初级班30余人到此，等在此同学，多到站欢迎搬运行李。……肖君子升、毛君润芝、蔡君和森自北京来。

十月七日

下午，湖南全体学生在莲池合影……晚与和笙君、芝圃君往第一栈与毛、蔡诸君谈一时许……

此后，毛还经常给贺果写信，鼓励他在困境中一定要看到光明，看到前景，并说困境是一块最好的磨刀石，它可以将困境中的人磨成一把锋利的宝剑。得到毛泽东的支持和鼓励，贺果的学习更加勤奋。他常常一个人在严寒中学习到深夜，成为班上法语进步最快，学得最好的一个。他给毛泽东回信说："润之哥的鼓励，是我学习中最大的精神支柱。我一定要克服一切困难，学好本领，为改造和建设我们贫困和苦难的祖国贡献自己的一切力量。"

保定唐家胡同第一客栈旧址

10月6日晚，毛泽东等和湖南来的学生分别住在保定唐家胡同的第一客栈（今唐家胡同18号）和泰（春）安客栈。第二天即10月7日下午，毛泽东又同在保定的两个班的湖南籍赴法勤工俭学青年学生一起到保定名园古莲花池游览并合影留念。

古莲花池，又称"涟漪夏艳"，这座古园林始建于唐高宗上元二年（675年），当时建"临漪亭"。元太祖二十二年（1227年），汝南王张柔据此建雪香园。明万历年间曾大规模扩建，更名为"水鉴公署"。清雍正十一年（1733年）改为莲池书院，乾隆南巡时为行宫，道光时又改为书院。乾隆、嘉庆、道光、慈禧、光绪等都曾在此驻跸。特别是清道光十年（1831年），直隶总督那彦成将其家藏《淳化阁帖》，包括唐以来名贤墨迹和旧拓，有怀素《自叙帖》、褚遂良《千字文》、颜真卿《千福碑》、米芾《虹县诗》、赵孟𬱖《蜀山图歌》、董其昌《云隐山房题记》及《书李白诗》等摹刻于

保定古莲花池

保定莲池书院，取名《莲池书院法帖》，刻石嵌于莲池书院南楼壁间，意在为后学者观摩，后移嵌于高芬轩后碑刻长廊东段。

　　毛泽东同大家步入莲池朱红大门，绕过太湖石假山，迎面便是一座工艺精湛，雄伟壮观的牌楼。漫步前行又见飞檐画栋的"濯锦亭"，据传这里是张柔帅府婢女洗衣服的地方。亭前，古藤环绕，柳垂金线，奇石跌宕，一弘粼粼碧波内，荷叶青翠、莲花香艳，颇有"秋风万里芙蓉国"之态。从"濯锦亭"往西，北有百米长的半壁回廊，唐、宋、明、清历代名人书法碣石嵌镶其中。毛泽东漫步在百米半壁回廊，对王羲之的草书，怀素的《自叙帖》，颜真卿的《千福碑》，以及清帝康熙手笔"龙飞"题字等"墨宝"赞不绝口。毛泽东欣赏了历代名人书法碣石后，同大家一起绕莲池一周浏览了参差在山石、林木、河塘之间的曲折宛转、布局多变、古色古香、幽静宜人、玲珑别致的九曲桥、临漪亭、君子长生馆、六幢亭、寒绿轩、观澜亭等别具风格的古典型园林建筑。最后登上水东楼，凭

· 7 ·

栏俯瞰园中秀丽风光，毛泽东更加心旷神怡。

10月7日当晚，李维汉、张昆弟等到第一客栈看望了毛泽东、蔡和森等人。毛泽东详细询问了湖南学生的具体情况，商谈去布里村的日期和办法。10月10日，毛泽东送蔡和森与这批学生离开保定后，同萧子升返回北京。蔡和森便带领初级班学生从保定南关大桥坐船经白洋淀、马蜂淀、潴龙河到布里村留法工艺学校。蔡和森在这里既是这个班的国文教员、负责人，又是学员，和同学们一起学习法文，为赴法作准备。毛泽东这次就没有去布里，正如毛泽东后来向斯诺说的这次保定之行"环保定府城走了一圈"。

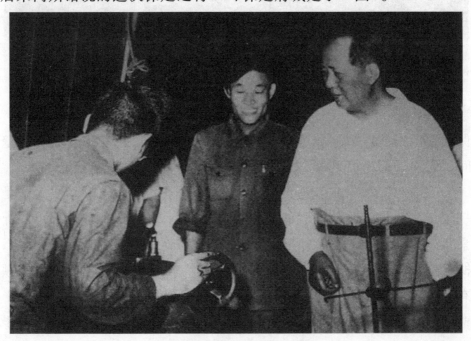

1958年毛泽东视察保定

毛泽东对于1918年到保定的这次经历记忆很深。1952年11月22日，毛泽东在河北省政府副主席薛迅陪同下视察了保定古莲池。毛泽东回忆起五四运动前来古莲池的情景，感慨地说："不是那个样子了！"并对毁掉原来的古建筑、改成新式文物库楼一事作了批评，嘱咐陪同人员一定要把这个名胜古迹保存好。1958年8月，毛

泽东视察保定地区，又回忆起了当年的经历。据毛泽东身边的卫士田云毓回忆：1958 年他作为卫士随毛泽东来到保定，毛泽东给他们讲起当年组织留法勤工俭学的往事："在去上海的火车上睡着了，鞋被偷了。坚持了两天，到了目的地才买到鞋！"

　　因种种原因，毛泽东虽没有亲自赴法勤工俭学，但他为组织湖南籍学生赴法勤工俭学南北沟通、多方协调，作出了卓越的贡献。上个世纪初叶兴起的赴法勤工俭学运动，距今将近 100 年，它对于中华民族的觉醒，对于中国共产党所领导的革命事业具有深远的历史意义。

第二章　部署河北敌后抗战大局

　　毛泽东不仅是一位伟大的无产阶级革命家、政治家、理论家，而且是伟大的军事家、战略家、预言家。早在 1916 年，熟谙近代中日关系历史的他，就敏锐地预言，中日之间 20 年内必有一战。随着时间的延续，日本侵略中国的步伐一步一步在加快，1931 年九一八事变发生后，远在中央苏区的毛泽东就给予了高度的关注。1933 年长城抗战爆发后，他以中华苏维埃共和国临时中央政府主席的身份与朱德等发表了《为反对日本帝国主义侵入华北愿在三条件下与全国各军队共同抗日宣言》。《塘沽协定》签订后，他又发出了《中华苏维埃共和国临时中央政府否认国民党签订卖国协定通电》。红军长征到达陕北后，毛泽东曾亲自给国民党二十九军军长宋哲元写信，呼吁共同抗日。

　　七七事变后，河北大地在很短的时间内沦陷。8 月，在洛川召开的中共中央政治局扩大会议上，毛泽东提出八路军创建敌后抗日根据地，坚持独立自主的游击战争，实行持久抗战是唯一任务。随后，毛泽东成竹在胸地指示八路军各部向华北挺进，创建敌后抗日根据地，开展独立自主的敌后游击战争。按照毛泽东的战略布局，八路军一一五师在晋察冀三省交界处，一二〇师在晋绥二省交界处，一二九师在晋冀豫三省交界处，分别创建敌后抗日根据地。从上述布局看，河北在抗战中占有重要位置。正是有了毛泽东的战略布局，中国创建最早的敌后抗日根据地——晋察冀抗日根据地和面积最大的根据地——晋冀鲁豫抗日根据地在河北及相邻省份相继建立，使得河北成为中国敌后抗战的主战场之一。

"向恒山山脉及其东西北三方向突击，展开敌人侧面游击战争"

熟悉华北抗战史的人都知道，晋察冀抗日根据地有大小之分。抗战初期的晋察冀，仅指山西、察哈尔、河北三省交界的区域。它是以恒山山脉为中心区域的抗日根据地。恒山山脉西起雁门关，东接太行山，是我国"五岳"之中的北岳，所以晋察冀边区的核心区域又叫做北岳区。

晋察冀抗日根据地的创建正是遵循了毛泽东 1937 年 9 月 26 日"向恒山山脉及其东西北三方向突击，展开敌人侧面游击战争"的指示而展开的，并很快突破原来的地理概念，向东发展成广大的区域。

抗战之初的形势瞬息万变，各级党组织的行动也极快。就在毛泽东 9 月 26 日发出指示的同时，中共中央北方局决定成立中共晋察冀省委，同八路军一起，发动群众，组建各级党组织，发展党员，组织游击队，开展敌后游击战争。此时，八路军一一五师政治部主任罗荣桓率政治部机关和少量部队，东进河北阜平、曲阳、灵寿一带，发动组织群众。

1937 年 11 月，根据毛泽东和八路军总部的指示，聂荣臻率领八路军一一五师独立团、骑兵营、教导队、总部特务团两个连和第三四三旅及一二〇师第三五九旅工作团一部共约 3000 余人，留在五台、阜平一带，继续创建华北敌后第一个抗日根据地。

1937 年 11 月 7 日，根据中央军委和八路军总部的命令，晋察冀军区在山西五台县石嘴的普济寺宣告成立，司令员兼政委聂荣臻。13 日，军区决定下辖四个分区：第一军分区司令员杨成武、政委邓华，辖雁北、察南、平西及平汉路保定至北平段以西的冀西地区；第二军分区司令员兼政委赵尔陆，辖晋东北及太原以北的晋北地区；第三军分区司令员兼政委王平（后陈漫远为司令员），辖平

聂荣臻率部行军

汉路保定至新乐以西的冀西地区和路东部分地区；第四军分区司令员周建屏、政委刘道生，辖平汉路新乐至石家庄以西和正太路石家庄至灵寿县以北地区。军区成立不久，中共晋察冀省委也在阜平正式成立，黄敬任省委书记。至此，在平绥、正太、同蒲、平汉四条铁路干线中间的晋察冀边区中心根据地初步形成。11月18日，晋察冀军区机关从五台山移驻河北阜平。

聂荣臻率领八路军乘敌后空虚的有利时机分兵挺进，大刀阔斧地进行根据地的开辟工作。在一个月时间内，杨成武率领独立团向平绥路和平汉路北段挺进，攻克了涞源、广灵、灵丘、蔚县、阳原、浑源、易县等县城，开辟了晋察冀边区的北部地区；赵尔陆率领军政工作团和少数部队，在晋东北地区发动群众，建立抗日政府，开辟了晋察冀边区的西部地区；王平率领地方党的工作团和刘云彪的骑兵营，以阜平为中心，在冀西的曲阳、行唐、完县（今顺平县）、唐县等地广泛发动群众，组织起若干路抗日义勇军和游击队，使晋察冀边区的腹地逐步形成；周建屏、刘道生率领的工作团和小部队在正太路以北山区，在地方党组织的配合和支持下，在平山县组建了以平山子弟为主的"平山团"，并在井陉、获鹿（今鹿泉市）、正定等县农村组织起若干游击队，开辟了晋察冀边区的南部地区。从而形成了晋察冀边区的雏型。

正当八路军各部按照毛泽东的指示实行战略展开时，日本侵略军果然如毛泽东所预料的那样，对立足未稳的敌后抗日根据地采取军事行动了。

1937 年 11 月下旬，日军首先出动两万兵力在大炮和坦克、飞机的掩护下分八路向刚刚创建的晋察冀抗日根据地发动大规模的围攻。这是检验八路军能不能在敌后站住脚跟的第一场严重较量。它的成败，对八路军在敌后其他地区创建抗日根据地有着深远的影响。因此，毛泽东对它给予极大的重视。聂荣臻回忆道："我们留在晋察冀以后，党中央和毛泽东同志一直关心着我们，注视着我们。因为，这是我们党在敌后创立的第一个抗日根据地"。

毛泽东在这些日子里，常常通宵达旦地研究情况，细心地思考着反围攻的对策。11 月 27 日，在这场反围攻战斗打响前，他致电朱德、任弼时，针对八路军占领区域的民众和新组织的游击队缺乏斗争经验，提出要进行三方面的准备工作：一、加强新部队的政治教育和党的工作；二、加强新部队必要的军事和游击战争的训练；三、加强动员地方民众的工作。战斗打响后，毛泽东密切关注着战局的发展，在战斗的关键时刻，12 月 5 日，毛泽东和彭德怀及时致电朱德、任弼时：对进攻晋察冀边区的敌军，"避免正面抵抗，袭击敌之后尾部队"；"在敌之远近后方活动，使敌进一步仍在我包围中"；"在确有胜利条件下，集结适当力量给敌以部分的歼灭和有力打击"。同时，他要求一二〇师和一二九师分别在同蒲路、正太路积极活动，给予晋察冀抗日根据地以有力的配合；要八路军总部将日军的行动通知阎锡山和蒋介石，争取友军的援助；还通过进步报纸扩大舆论宣传，使全国军民相信，八路军在敌人后方建立的根据地完全能够迟滞日军的前进。

由于毛泽东提出的这一整套方针和办法得到贯彻执行，晋察冀的反围攻斗争取得了胜利。聂荣臻回忆道："这次反敌围攻，不到一个月的时间，我们接连打了几个胜仗，打死打伤日伪军共一千多人，缴获了大量武器、弹药、军用品。敌人除占领了根据地边缘地区的几座县城外，别无所获，不得不于十二月下旬全线撤退。"

随着晋察冀根据地的开辟，全边区统一政权的组建问题提上了议事日程，这也是毛泽东的指示精神。据宋劭文在《晋察冀抗日民主政权的形成和发展》一文中回忆，他随聂荣臻司令员于 1937 年 11 月 18 日到阜平县的当晚，聂荣臻就同他讨论了成立边区政府的问题，让他抓紧进行筹备工作。12 月 5 日，在阜平县城正式成立了晋察冀边区政府筹备处。筹备委员由宋劭文、胡仁奎、刘奠基（以上三人均为山西人）、张苏（河北人）、王斐然（河北人）五人担任。12 月 17 日，聂荣臻接到毛泽东来电："必须坚持民族统一战线的政策……尤其荣臻所在的晋东北地区，事同一律，不应立异，一切需取得阎之同意。"聂荣臻让宋劭文要求阎锡山批准成立边区政府。此前宋劭文为此事已向阎发过电文，此后继续去电请示，但先后发出七封电报，阎都没有理睬。后经胡仁奎（山西盂县县长、中共地下党员）建议，针对阎的特点，宋劭文又发了一份电报。大意说：成立边区政府不仅对抗战有利，对山西也有利，而且边区政府的人选我能左右，并具体建议我和胡仁奎、刘奠基、娄凝先、李杰庸（以上五人均系山西方面代表，除刘奠基是国民党太原绥署参事外，其他四人都是牺盟会负责人）、张苏、聂荣臻（代表八路军）、吕正操（东北军）等八人为边区行政委员会委员，并由我任主任委员、胡仁奎任副主任委员。这封电报发出不久，阎锡山复电，同意筹建晋察冀边区行政委员会，并声称他还要呈报行政院。

1938 年 1 月 10 日至 15 日，在阜平县城举行了隆重的晋察冀边区军政民代表大会，出席大会的代表共 146 人，他们分别代表 39 个县的 1000 多万人民和拥有 120 万会员的"动委会"、"救国会"等群众团体，代表边区的八路军、游击队和自卫队，代表国共两党，具有广泛的代表性。会议讨论了一系列议案，做出了相应的决定。最后，大会以无记名投票方式，选举聂荣臻、宋劭文、刘奠基、吕正操（冀中人民自卫军司令）、胡仁奎、李杰庸（山西省政府秘书）、娄凝先（牺盟会特派员）、张苏（蔚县县长）、孙志远（冀中人民自卫军政治部主任）九人组成晋察冀边区临时行政委员会，并由宋劭文、胡仁奎分别任正、副主席。1 月下旬，阎锡山转来了国民党军事委员会和行政院的电报，批准晋察冀边区行政委员会的成立和各项人选，只将"晋察冀边区临时行政委员会"的名称去掉了"临时"二字，并将"主席"改称主任，"厅"改成处。晋察冀边区行政委员会（俗称"边区政府"）经国民党政府批准后，就像陕

晋察冀边区行政委员会成立旧址

甘宁边区政府一样,成为合法政府。它是中共领导下的第一个敌后根据地的统一战线政权。

为加强晋察冀边区党的领导,1938年2月中旬,中央派彭真到晋察冀边区工作。3月24日,中央书记处就北方局人事调整问题作出决定:彭真驻晋察冀,以北方局代表名义协同聂荣臻指导晋察冀工作、平汉路东及平津党的工作,并要求"彭真向平津建立交通"。7月13日,毛泽东、王稼祥致电彭德怀:彭真仍留晋察冀,指导省委工作为宜。10月25日,根据中共中央关于改变敌后党的领导机关名称的决定,中共晋察冀省委改称中共晋察冀区党委。11月9日,中共中央政治局决定:成立晋察冀分局,以聂荣臻、彭真、关向应、程子华为分局委员,彭真任分局书记。

关向应、彭真、聂荣臻(左起)合影

1939年1月初,中共中央决定撤销晋察冀分局,成立中共中央北方分局,代表中共中央和北方局对晋察冀地区的党政军民工作实行全面领导。仍以聂荣臻、彭真、关向应、程子华为委员，彭真任书记。北方分局下辖三个区党委，即晋察冀区党委、冀中区党委和冀热察区党委，并领导平、京、唐等敌占大城市工作。以上决定加强了晋察冀边区的核心领导力量，为在初创基础上不断巩固和发展抗日根据地提供了前提条件。

"利用一切可以利用的条件和力量，一致抗日"

冀中，顾名思义，是指河北省中部，地处平汉、北宁、津浦、石德四条铁路干线之间，是中国共产党领导下创建最早的敌后平原抗日根据地之一。属于晋察冀抗日根据地的组成部分。

1937年卢沟桥事变爆发后，根据时局发展和毛泽东的指示精神，中共中央决定选派一批得力干部立即赶赴河北抗日前线，组织群众开展游击战争，创建敌后抗日根据地。此时正在抗大二期学习的孟庆山成为人选之一。

孟庆山

孟庆山是河北蠡县人，1925年入冯玉祥国民军，后任国民革命军第二十六路军副营长。1931年参加宁都起义，加入中国工农红军，1935年加入中国共产党。曾任红军团长，参加了长征，这次派他去的地方是他的老家冀中。在离开延安前，毛泽东和李富春、博古等中央几位领导人接见了包括孟庆山在内的六人。博古和李富春向他们交待了具体任务，接着毛泽东对他们说："现在全面抗战已经开始，中央派你们到敌后去发动群众，开展游击战争。这就是要你们把在学校学到的东西到实践中去运用，这项任务是很艰巨的。"毛泽东还点名说："庆山同志，你有什么意见？"孟庆山回答："我保证用实际行动来回答党中央对我的期望和信任。"毛泽东说："很好。要完成这项任务，必须学会搞统一战线，利用一切可以利用的条件和力量，一致抗日。要依靠群众，灵活地掌握中央的政策。共产党员既是松柏，也是杨柳，要冬夏常青，也要能适应环境，宜于栽种。"

接受任务后，孟庆山从延安出发经太原、石家庄奔向冀中。9月到达保定安新找到保东特委书记张君和负责军事的侯玉田。孟庆山传达了中共中央和北方局以及平汉线省委的指示，保东特委一致拥护决定，迅速准备干部，组织抗日武装。

9月下旬至10月上旬，保定、石家庄相继失守，根据新的形势需要，保东、保南两个特委改组为中共保属省委，统一领导平汉路以东地区党的工作和抗日斗争。由张君任书记，委员有吴健民、孟庆山等人。此时，晋察冀省委已在阜平县正式宣告成立，中共保属省委即与中共晋察冀省委取得了联系。保属省委为了坚持敌后游击战争，由保属省委军委主席孟庆山、副主席侯玉田，在高阳、安新、任丘、蠡县一带开办流动的游击战训练班，共培训200多名干部。他们分别到冀中各县宣传发动群众，发展抗日武装，分别组建河北游击军。

10月间，驻冀中的原东北军第五十三军六九一团在团长吕正操的率领下，脱离原建制，提出"北上抗日，到敌后打游击"，在晋县小樵镇改编为人民自卫军。该部经深泽、安国、博野、蠡县到达高阳，与中共保属省委取得联系成为保属省委领导下的一支武装力量。

12月初，吕正操率人民自卫军三个团和定县抗日义勇军八支队，根据晋察冀军区的决定开赴阜平整训。留下的自卫军一部分和地方武装成立河北游击军司令部，由孟庆山任司令员。这样，只两三个月时间，河北游击军很快扩展到三个游击师、十二路，共6.7

吕正操和聂荣臻

万余人，号称 10 万之众。尽管良莠不齐，但毕竟造成了相当的声势。1938 年 4 月，河北游击军与日军血战河间城。很快，敌人天津台广播："直隶 18 日电，山本大佐率七十一旅团与敌首孟庆山部激战三日，于今日勇猛突出重围，歼敌一万一千余众……"延安侦听到了这个广播，罗瑞卿将这个侦听记录送给了毛泽东。毛泽东看后说：好家伙，真要歼灭孟庆山一万多人，那他们总要有十万人之多喽！好啊，要坚持独立自主地发展武装，不要受国民党限制。

在冀中抗日武装大发展的过程中，出现了一些杂色武装。其中有一种特殊的武装组织——联庄会。这是在民国初年军阀混战时期出现的一种武装自卫团体。各地的地主豪绅为保护生命财产安全，组成联庄会，使数十甚至数百个村庄联成一体，一村有事，各村响应。1937 年底，冀中的联庄会发展到高峰时有近 10 万人，其中脱产的达 3.2 万人。对于联庄会的争取和改造，毛泽东十分关心，他在 1938 年初，特别发电报指示，对联庄会"要采取慎重的态度应付，依靠具体可能的条件去改造他们"。根据毛泽东的指示,冀中区坚持统一战线政策,采取灵活策略,从政治上争取、改造联庄会。到1938年底,大体有两万多联庄会的人被改造后编入冀中正规的抗日部队。

1938年4月21日至5月2日,中共冀中区第一次代表大会在安平县城举行,选举黄敬为冀中省委书记。毛泽东派他的秘书周小舟来冀中工作,被选为省委委员、宣传部长。在此之前,4月1日冀中行政主任公署成立。与此同时,人民自卫军和河北游击军并编为八路军第三纵队,并成立冀中军区。吕正操任军区司令员,王平任政委,孟庆山任副司令员。冀中军区下设四个军分区,兼第三纵队的四个支队。八路军第三纵队(冀中军区)共有官兵四万余人。

"以雾灵山为根据地进行游击战争"

冀热察抗日根据地也是晋察冀边区抗日根据地的重要组成部分。它包括平西、平北、冀东(冀热边)三个战略区。毛泽东关于开辟冀热察抗日根据地的思想由来已久,早在1937年的全国抗战之初就提出这一设想,毛泽东在洛川会议上就提出:"红军可以一部于敌后的冀东,以雾灵山为根据地进行游击战争"。

此时,为了领导河北抗战,中共河北省委已一分为二,即平汉线省委和河北省委。中共河北省委书记由李运昌担任,省委组织部长马辉之,宣传部长李大章,军委书记林铁。9月间,李大章从山西临汾带回一封刘少奇亲笔信,信中说:鉴于李运昌对冀东情况熟悉,而且有基础,因此中共中央和北方局决定李运昌回冀东发动游击战争。李运昌回冀东后任冀热边特委书记,河北省委书记由马辉之接任。李运昌接信后,于10月返回冀东,组织发动冀热边区(北宁路北)游击战争。

1938年2月8日,中共中央召开常委会讨论冀东工作,毛泽东进一步阐述了冀东工作的重要性,指出:"热河、河北两省交界的

李运昌、刘诚光、包森（左起）合影

雾灵山一带，派杨成武（晋察冀军区第一军分区司令员兼第一支队司令员）去发展新的游击区域。这是敌人的远后方，东面策应东北抗日联军，南面策应晋察冀，北面与蒙古接近，西面与绥远联系，天下有变的时候，这个地区可以首先得到国际援助。"同时，由毛泽东起草发展雾灵山游击战争的电报发往前方。电报指出："以雾灵山为中心的区域有广大发展前途，那是独立作战区域，应派精干部队去，派去的军政党领导人员须有独立应付新环境的能力。"还指出："应准备到适当发展阶段，派高级领导人去雾灵山。"

1938 年 2 月，根据毛泽东的指示精神，八路军组成了以邓华为司令员兼政委的邓华支队，先行开辟平西根据地，做挺进雾灵山和冀东的准备。4 月 20 日，毛泽东、刘少奇在给彭真、聂荣臻的电报中说："可分一部分兵力随邓华部队向冀东、热边发展。"4 月底，派出以宋时轮为司令员兼政委的宋时轮支队，由雁北开赴平西，准备向雾灵山和冀东挺进。5 月中旬，两个支队奉命组成八路军第四纵队，由宋时轮任司令员、邓华任政委。6 月 8 日，八路军第四纵队

5000多人，从平西斋堂出发，分两路向雾灵山和冀东挺进。6 月中旬，八路军第四纵队主力到达蓟县的靠山集、将军关、下营一线。

抗日战争时期的邓华

在四纵挺进冀东的同时，7 月 6 日，酝酿已久的冀东抗日大暴动提前举行，参加起义暴动的有 21 个县、20 多万人，编成 29 个总队和开滦煤矿区四个抗日救国总队。暴动范围西起通县，东至山海关，北起兴隆、青龙，南至渤海湾，摧毁铁路沿线据点外的所有伪组织，先后攻克卢龙、迁安、玉田、乐亭、蓟县、平谷等六座县城和冀东境内的大部分重要集镇，其声势浩大，震撼华北。

大暴动后，冀东抗日根据地遭到日本侵略者的疯狂"扫荡"和镇压。在极其艰苦的条件下，抗日队伍是继续坚持还是转移撤退，在领导层中产生分歧，以至于对中央的指示精神产生曲解，冀东暴动队伍，放弃根据地向潮白河方向以西撤退，从而导致游击队走散，损失近五万人。

然而，冀热边这一战略要地是不能丢掉的。于是，1938 年 11 月 25 日，中央军委决定由萧克负责组建八路军冀热察挺进军。在延安的萧克找到毛泽东说：主席和党中央派我到冀热察去，我很高兴。别的要求没有，我就要一份热河地图，因为我没有去过那里，只能找地图、查资料、看材料。毛泽东问参谋长滕代远：参谋部有几份地图？滕代远说：有两份，一份二十万分之一的，一份五十万分之一的。这是萧克事先早已向滕代远了解清楚了的。毛泽东爽快地回答：军委有一份五十万分之一的地图就行了，你把那份二十万分之一的拿去吧！就这样，萧克带着毛泽东亲自给他的热河地图于 1939 年 1 月初，和近百名干部一起从晋西北出发，跋山涉水来到敌伪深远后方的冀热察地区，建立冀热察挺进军和冀热察军政委员会，由他任司令员兼书记，领导平西、平北和冀热边的广大军民，建立包括雾灵山根据地和冀东根据地在内的冀热察抗日根据地，进行艰苦的抗日游击战争。

与此同时，冀东起义队伍西撤受挫后，李运昌率领队伍，途经宝坻、玉田、遵化、丰润东返，到达迁安县（今迁安市）柳沟峪、莲花院一带，坚持冀东游击战争。1939 年 1 月恢复中共冀东特委，同时着手恢复各地党的组织工作，并与八路军留下的第一、二、三 3 个支队配合开辟多个小块游击区，坚持游击战争。1939 年 3 月，吴德到冀东传达中共六届六中全会精神，指出坚持冀东游击战争是冀东党的基本任务，决定将冀东特委改为冀东地委，属冀热察区党委领导。1939 年 7 月，冀东地委改称冀东区党分委。1939 年秋，冀东所有武装力量统一改编为八路军第十三支队，李运昌任司令员、包森任副司令员、李楚离任政委，实现了党政军的统一领导。1940

1940 年的萧克

年 1 月，成立晋察冀边区冀东办事处，这是最早的冀东抗日民主政权领导机构。办事处建立后即着手筹建各县抗日民主政权。

1940 年 2 月 11 日，毛泽东为中央及中央军委起草复萧克及挺进军、军政委员会电，指出：“二月一日电今日看到。你们的计划是完全正确的，望照此坚决执行。”“你们的成功是脚踏实地，稳扎稳打，一步一步前进，这在敌情严重地区是应该如此的。”“中央规定你们的战略任务是确保平西根据地，发展冀东游击战争，直至热河、山海关，并准备将来再向辽宁前进。这同你们所提的‘巩固平西，坚持冀东，发展平北’这些目前的任务是一致的。”电报并强调应“十分注意财政工作与经济建设工作”，“这于支持长期战争是基本决定条件之一"。

"在一定条件下，平原也是能发展游击战争的"

　　冀南是指河北南部，平汉铁路以东，津浦铁路以西，沧（州）石（石家庄）公路以南，横跨漳河这片区域。抗日战争时期，这里是晋冀鲁豫抗日根据地的一部分。

宋任穷和杨秀峰

　　1937 年 11 月，八路军总部根据毛泽东提出的要到太行山脉创建游击根据地的战略部署，决定一二九师把创建以太行山为依托的晋冀豫抗日根据地作为主要任务。一二九师在全力创建晋冀豫山区抗日根据地的同时，还把目光投向了冀南平原，1938 年 1 月，驻晋东南的一二九师派孙继先、胥光义率领的挺进支队，越过平汉路东进。旋即又派出陈再道、李菁玉率领的八路军东进抗日游击纵队（简称东进纵队）继续跟进，到隆平（今隆尧县）魏家庄一带，与先期达到的挺进支队会合。

邓小平奔赴太行山抗日前线

冀南地区在 1935 年 3 月就爆发过以"抗日讨蒋"为旗帜，以"分粮吃大户"为形式的农民革命游击战争。1936 年 3 月历时一年的斗争在国民党当局的镇压下归于失败，但党的组织基础和群众基础还在。当全面抗战爆发后，冀南各县的共产党员立刻展开行动，进行抗日组织活动。在当地党组织的配合和支持下，将隆平及其周围一些县的抗日工作很快发动起来，组织半政权性质的"民族革命战争战地总动员委员会"（简称动委会），建立各种群众救国团体，组建抗日民主政权，并成功地和平解决了"巨鹿事件"（巨鹿县以保安团一方、土匪刘磨头为另一方火并的问题），胜利开进巨鹿县城。

为进一步加强冀南的军事力量和领导力量，2月6日，八路军一二九师首长刘伯承、邓小平决定由政治部主任宋任穷再率领一个骑兵团、一个独立支队和一个机枪连开赴冀南；2月8日宋部通过平汉铁路到达南宫县城与东进纵队会合，宋任穷接替李菁玉担任东进纵队政治委员，陈再道仍任司令员。东进纵队以南宫为中心，向南、向西实行战略展开，建立抗日救亡群众团体和抗日政权，收编和改造游杂武装。4月24日，冀南军区成立，下辖五个军分区，初步形成了以南宫为中心的冀南抗日根据地。

对在平原地区创建根据地，毛泽东一直持审慎的态度。抗战之初，毛泽东认为，八路军的战略方针是独立自主的山地游击战。随着晋察冀等根据地的创建，毛泽东开始注意在平原地区创建根据地、开展游击战争的问题，1938年4月，他与张闻天向八路军总部发出指示："根据抗战以来的经验，在目前全国坚持抗战与正面深入群众工作的两个条件下，在河北、山东平原地区广泛地发展抗日游击战争，坚持平原地区的游击战争，也是可能的。"

刘伯承、邓小平认真执行毛泽东等人的战略决策，决定将一二九师分为三个梯队：师参谋长倪志亮领导后梯队留山西省辽县西河头师部负责晋冀豫（太行山）的建设和作战；副师长徐向前率领东进梯队（由东进纵队、七六九团、骑兵团、教导团一部、师直属队部分干部组成）开辟冀南平原地区抗日根据地；刘、邓率领前梯队东进到邢台县以西的营头地区。根据这一决定，5月2日，徐向前率领的东进梯队抵达南宫,与先期到达的东进纵队会合。当时,以南宫为中心拥有 9 个县的冀南根据地,南面被日伪盘据,周边有敌视八路军的反动会道门,呈现胶着局面。徐向前乘主力部队初到冀南的声势,于 5 月 6 日,平息了南宫一带的反动会道门"六离会"叛乱。5 月 10 日,攻打威县城,毙伤日军 100 余人,致使邢台至临清一线的日伪军惊恐弃城逃窜到邢台。尔后,徐向前分兵东进,向南展开,开辟了运河东西两侧和漳河以北的大片地区,根据地扩展到临清、临城、赞皇、邢台、永年、成安、肥乡、大名等 50 余县,初步建立了冀南抗日根据地。

刘伯承和邓小平在太行山

1938 年 8 月 8 日,毛泽东同刘少奇就目前冀南的工作,致电徐向前、邓小平、宋任穷转晋冀豫省委等,指出:"我们一般方针应积极参加与掌握河北地方行政机关，不应放松。目前我们要加紧建立与强固各县政府，推选或委派最得力同志去任县长，并可派定临时专员，造成既成事实，再与鹿（即蒋介石在武汉委派的河北省主席鹿钟麟）商讨交涉。为此，有请杨秀林（杨秀峰）去路东并带干部暂时主持冀南政府工作的必要，请迅速决定行动。"

　　此时，一二九师政委邓小平正由太行到冀南指导检查工作。邓小平在南宫与徐向前等研究了如何贯彻毛泽东指示，加快冀南地方政权的建设问题。当时各地的党组织普遍恢复和建立，已将原来的冀鲁豫省委改为冀南区党委，由李菁玉任书记，作为全区党的领导机关。各县都建立了抗日政府。然而还没有统一领导全区的行政机关。遵照中共中央北方分局和邓小平指示，便于8月14日，在南宫城召开了各界代表参加的会议，决定撤销冀南军政委员会筹委会（1938年4月成立），建立冀南行政主任公署（简称冀南行署）。会议选举杨秀峰为主任，宋任穷为副主任。8月20日，杨、宋宣誓就职，冀南行署正式成立。行署下辖五个专员公署（简称专署）、51个县。冀南行署的诞生，标志着冀南抗日根据地正式形成。

第三章　指导巩固河北抗日根据地

在敌后创建抗日根据地，以此为依托，广泛开展游击战争，最终打败日本帝国主义，是毛泽东的军事创举。创建抗日根据地不易，巩固和发展抗日根据地更难。从 1938 年 10 月武汉会战结束以后，抗日战争转入相持阶段。日本侵略者将正面战场的兵力回师华北，开始对八路军领导的抗日根据地进行疯狂的进攻和"扫荡"；与此同时，国民党蒋介石集团内的顽固派，也开始向八路军挑衅、滋事，制造磨擦，致使河北抗日根据地的斗争环境异常艰难和残酷。面对严峻形势，中共中央、毛泽东及时发出指示，指导各地克服困难，巩固和发展抗日根据地。

"争取持久，准备艰苦奋斗是一切工作的重心"

1938 年 9 月，在中共扩大的六届六中全会正在召开之际，日军在实施"中攻武汉，南取广州"计划的同时，决定"北围五台"，调集五万兵力，分 25 路从 9 月 20 日起，向晋察冀边区腹地五台、阜平、涞源等地大举进攻，妄图摧毁晋察冀根据地。

10 月 2 日，毛泽东、朱德、王稼祥、刘少奇等从延安向聂荣臻发来电报，就战胜敌军对晋察冀边区的围攻问题，作出指示："此次围攻较前任何一次来得较有计划与持久性"，但"目前敌仍不能集中绝对优势兵力进行周密的围攻计划，因此应以各方的动员起来争取战胜敌之围攻"。要"在党政军民中进行深入的政治动员，建立起持久抗战胜利信心，争取持久，准备艰苦奋斗是一切工作的重心"；"动员群众参战，反对动摇妥协投降的某些可能现象的发生，肃灭奸细，实行清野空舍，埋藏粮具"；"军队注意掩护秋收"。在军事上，"根据敌人构筑据点，步步推进，紧缩边区及敌人顽强与敌力不足的优缺点"，应以"相当的集中主力于我有利的各种条件（敌人弱，地形有利）方面，准备待机"；"以小部队与敌进行极不规则的小战，迟阻和疲惫敌人，以相当有利部队转入敌之后方交通线，打击敌人运输"；"如敌无弱可乘不便我主力集中打击或消灭敌时，待敌人进至利害循环变换线，即将主力转至敌后方，仍以小部队分途逐渐引敌深入，使敌疲惫疏忽扑空，待敌转移方向或退却时给以突然的袭击或追击"。在这份电报中，还令一二九师破坏正太路，积极尾击由正太路北进之敌；令一二〇师的三五八旅、三五九旅采取有力措施配合晋察冀军区作战。

按照毛泽东等的上述指示精神，晋察冀边区八路军、地方武装和广大民众在兄弟部队的配合下，经过 48 天的激战，毙伤日军5200 余人，粉碎了敌人"北围五台"的计划。

作为华北抗日前哨的晋察冀边区，是日军进行反复"讨伐"、"围攻"、"扫荡"的重点区域。1939 年 5 月至 6 月，日军先后对五台、涞源、易县地区和平西地区进行的"肃正作战"被粉碎。

日军遭八路军打击后，于 1939 年 10 月 25 日，调集第一一〇师团及混成第二旅团两万余人，对北岳区进行更大规模的冬季大"扫荡"。11 月 3 日，晋察冀军区部队在涞源县雁宿崖村设伏，消灭敌人 500 余人。4 日，坐镇张家口的日本"蒙疆驻屯军"最高司令兼第二混成旅旅团长阿部规秀亲率 1500 余人，出动数百辆卡车，向北岳抗日根据地进行报复性"扫荡"，矛头直指黄土岭一带地区。晋察冀军区司令员聂荣臻命令第一军分区司令员杨成武，指挥所部四个主力团、一个炮兵营和第一二〇师特务团在黄土岭、司各庄一带隐蔽。6 至 7 日，日军陆续进入八路军伏击圈。这时，八路军各部从西、南、北三面合击过来，将敌团团围住，压缩在山沟里。战斗至 8 日下午，歼敌 900 余人，击毙日军旅团长阿部规秀中将，取得了反"扫荡"斗争的重大胜利。阿部规秀之死，使日军大为震惊，哀叹："名将之花凋谢在太行山上"。日本东京一家报纸称："自从皇军成立以来，中将级将官牺牲，是没有这个例子的。"

罗元发、高鹏、杨成武（左起）在黄土岭战役中

日军在黄土岭遭受重创后，即从 11 月 20 日起，以两万兵力，从四面八方向阜平合击，并以飞机和猛烈炮火开道，力求围歼八路军主力部队和领导机关。聂荣臻指挥八路军以小部队和游击队灵活地与敌周旋，而将主力转向空虚的各敌据点附近，并尽量破坏日军交通线。这次冬季反"扫荡"，从 1939 年 10 月开始至 12 月 8 日结束，历时 43 天，共歼灭日军 3600 多人，缴获大量武器弹药。

为祝贺晋察冀边区冬季反"扫荡"取得胜利，12 月 30 日，毛泽东和王稼祥给聂荣臻等发来嘉奖电："二十七日电悉，中央各同志闻之极慰，望坚持奋斗，百折不回，再接再励，保存此全国光荣、全党光荣的根据地。祝你们健康。"

与此同时，1938 年 11 月 13 日开始，日军集中优势兵力，以

"鲸吞式围剿"方式对冀中根据地进行五次大规模"扫荡"。24日，毛泽东代表中共中央、中央军委给聂荣臻发出《关于巩固冀中部队、坚持长期游击战争的指示》：估计到今后华北形势的进展，冀中区域的中心任务是巩固现有武装部队，依靠群众力量，坚持长期游击战争。为完成这一任务，中共中央决定：（一）派程子华带一部分部队去冀中，任吕正操纵队（八路军第三纵队）政委；（二）贺龙、关向应率第一二〇师主力去冀中，推动、影响当地部队正规化的过程，而冀中党应大力帮助扩大一二〇师，具体计划由关向应到晋察冀与聂荣臻、彭真依据实际情况商酌办理；（三）贺、关到冀中后，吕正操部归其指挥，惟建制系统仍属晋察冀军区管辖。

为贯彻中共中央和中央军委的上述指示，1938年12月底，程子华率领40名老红军和青年知识分子从延安到达晋察冀边区。1939年1月8日，程子华到达冀中，任八路军第三纵队政委兼冀中军区政委。随同程子华一起到冀中的干部，大部到各军分区、主力团担任军政主要职务。

另一路八路军第一二〇师师长贺龙、政治委员关向应率领一二〇师七一六团、独立第一支队、教导团和师直属队，从晋西北的岚县出发，越过同蒲、平汉及两条日军的铁路封锁线，顶风冒雪，行军一个多月，于1939年1月25日在冀中河间县城西北的惠伯口村与冀中区党政军领导机关会合。2月14日，在肃宁县东湾里村，一二〇师和冀中区党政军联席会召开。根据中央军委决定，组成冀中区军政委员会，贺龙为书记，统一领导冀中区的党政军民工作。为了统一指挥一二〇师和三纵队的作战行动，成立了冀中区总指挥部，贺龙任总指挥，吕正操任副总指挥。军政委员会于2月14日和19日两次讨论六届六中全会精神，分析了冀中的形势，全面安排部署了各方面的工作。一二〇师来到冀中共驻了八个月，对于粉碎日军的"围剿"和鹿钟麟、张荫梧等国民党顽固派制造的反共磨擦，稳定冀中局势，巩固冀中抗日根据地，以及对三纵队的正规化建设

贺龙和关向应

都发挥了重要作用。一二〇师在战斗中进行有计划的扩军，由进冀中时的 6300 人发展到离开时的 2.1 万人。

"自卫的防御的反磨擦斗争之目的，在于巩固国共合作"

晋察冀和晋冀鲁豫抗日根据地不断巩固和发展，不仅成为日本侵略者的心腹大患，也使国民党顽固派惶恐不安。蒋介石于 1938 年 6 月委任鹿钟麟为河北省政府主席，不久又委任河北民军总指挥张荫梧为省民政厅长；12 月又委任鹿钟麟为冀察战区总司令，并将张荫梧、石友三等部调往冀南。鹿钟麟等一到河北，便不断制造反共磨擦事件。

为了反对鹿钟麟等主政河北，打退其磨擦进攻，1938 年 6 月 7 日，毛泽东、张闻天、刘少奇致电邓小平并朱瑞、刘伯承、聂荣臻、彭真，指出："目前我们在河北应加强武装部队、临时政权及民众组织并巩固他们在群众中的信仰。这样，对于一切都好应付，可使国民党所委派的人不得不同我们合作。如果他们拒绝与我们合作并从各方面来公开反对我们，就应在团结抗日的口号下，公开批评他们破坏团结，在群众中孤立他们。"彭真同聂荣臻于1938年8月15日致电朱德、彭德怀并报毛泽东、王稼祥、刘少奇，主张冀中、冀西"仍为晋察冀边区领导为妥"，并提出了与鹿钟麟谈判的具体意见。8月18日，毛泽东等致电聂荣臻、彭真、徐向前、邓小平、宋任穷等，指出：晋察冀边区政府系行政院与中央军委批准组织，不能拆散，路西各县政府仍须直属边区领导，鹿只能经过边区政府指挥路西各县行政。冀中地方政府应切实把握，不可放松，立即由边区政府委任路东三个专员、各县县长及边区政府冀中办事处主任，须派得力的同志去做专员、县长，即使因此而减弱省委、特委的人力，亦在所不惜；由晋察冀军区和八路军总部委任吕正操为冀中军区司令员。同时，电文中还提出对鹿谈判的原则："要求鹿对一切维持现状，承认既成事实，不妨害华北抗战，军事行政照既定方针进展。"

8月20日，毛泽东、王稼祥、刘少奇再次致电聂荣臻、彭真、徐向前、邓小平并朱德、彭德怀、朱瑞、刘伯承：彭德怀十七日晚电悉，我们意见：晋察冀边区仍照原划四个分区，每个分区由边区政府委一行政专员，暂时不必变更；冀中最高行政机关，仍为边区政府办事处及其主任，下设三个专员，即由边区政府委派或选举；冀南设冀南行政公署与正副主任，下设六个专员；南宫、广宗、束鹿等县行政区，仍照既定办法进行。"总之，我们要迅速建立与巩固河北的统一军事行政系统，使鹿钟麟来后不致容易被他们拆散，如果在河北形成几个军事行政系统，那将来的困难与磨擦将会更多。"8月20日至21日，彭德怀与鹿钟麟在山西省屯留县故县镇就河北省的行政、民运和武装指挥关系等问题进行会谈，达成初步协议。

9月25日，鹿钟麟等到达南宫后，即撕毁协议，令张荫梧等部武装不断制造反共磨擦。12月，鹿指使张荫梧率领河北民军3个团从冀南闯入深泽、博野，在"消灭八路军"、"收复失地"的口号下，向冀中八路军第三纵队第二分区司令部进攻，杀害抗日干部和群众，制造了"博野事件"。冀中八路军第三纵队适当进行反击，打垮了张荫梧的武装进攻。1939年1月下旬，国民党冀察战区副总司令、第六十九军军长石友三部在南宫、威县、枣强、清河等地，先后将八路军东进纵队两个连和青年纵队一个排包围缴械，接着又围攻东进纵队第二团和清河县县大队等部，被围部队死伤50余人。1月30日，毛泽东为中共中央书记处起草致朱德、彭德怀、杨尚昆、刘伯承、邓小平等并告朱瑞、徐向前、陈光、罗荣桓的电报指出：对河北与山西境内的任何军队，不论是中央军、晋绥军及石友三部，如果进攻八路军地区，"我应在自卫原则下，在有理有利条件下，坚决反抗并彻底消灭之"。2月3日，毛泽东同王稼祥又致电朱德、彭德怀、刘伯承、邓小平，指出：对石友三部应采取坚决彻底消灭政策，争取方针已不适用了。根据这一指示，八路军从2月9日发起自卫反击作战，中旬，石友三部余众约8000人南逃，退至河南清丰东南地区。

1939年1月，蒋介石在重庆主持召开国民党五届五中全会，成立"防共委员会"，确定了一系列"防共"、"限共"、"溶共"、"反共"的方针和办法。鹿钟麟等更乘势加紧了分割破坏晋察冀边区的阴谋活动。1月26日鹿公开发表取消冀中、冀南主任公署的训令。2月1日鹿钟麟派幕僚赴一二九师师部，转达鹿对华北敌后政权的意见：河北省地方政权必须交还给他，财政系统要统筹统支；民运要由国民党领导，民众团体要登记；重新划分军区等等。这些无理要求，遭八路军总部和一二九师断然拒绝。

2月10日，中共中央书记处发出《关于河北等地磨擦问题的指示》，深刻分析了河北等地磨擦的根源，提出了解决"磨擦"的七

彭德怀（左）、刘伯承（右）与鹿钟麟会谈后合影

项主张：坚决要求国民党政府撤换鹿钟麟，以朱德为冀察战区总司令兼河北省主席；晋察冀边区及冀中、冀南现行政权，决不应取消；八路军就地筹粮；八路军名称为敌所畏，为国人所爱，决不应轻易更改；对反共军的非理性进攻必须反击，决不能轻言让步。毛泽东1939年6月10日在延安高级干部会议上就磨擦问题指出：国民党五中全会后，在河北、山东，特别在边区所举行的破坏性与准

备投降性的磨擦及武装斗争，是必须给以坚决抵抗的。这种抵抗是有用的，但必须严格站在自卫立场上，决不能过此限度，给挑衅者以破裂统一战线之口实。这种自卫的防御的反磨擦斗争之目的，在于巩固国共合作。为此目的，一定条件下缓和、退让也是必要的。统一不忘斗争，斗争不忘统一，二者不可偏废，但以统一为主，"磨而不裂"。严防挑衅，不要上当。

晋察冀边区党、政、军领导中枢机关坚决贯彻中共中央的上述指示精神，反对鹿钟麟等的磨擦活动，为维护边区的完整进行了坚决斗争。3月至5月，鹿钟麟指使张荫梧等，在冀中制造多起磨擦事件，杀害抗日军民。冀中军区火速调动部队，在一二〇师一部的支援下，于21日对张荫梧部进行坚决反击，歼灭顽军2500多人，张荫梧率残部逃走。同年8月，其残部在赵县东北唐家寨被八路军一二九师歼灭。

1939年9月，蒋介石看到鹿钟麟"磨擦"不力，未能收拾河北政局，同意他辞去河北省政府主席职务。同时，因张荫梧投敌叛国、破坏抗战的罪行已经公开暴露，蒋介石不得不下令，其"应免本兼各职"。至此，八路军反对鹿钟麟等在河北地区制造磨擦的斗争取得了决定性的胜利。

"晋察冀边区坚决实行三民主义的精神，是值得钦佩值得奖励的"

晋察冀抗日根据地被毛泽东誉为"抗日模范根据地"。对于这块根据地的创建和发展，毛泽东给予了极大的关注，多次发出指示，指导创建和巩固工作。晋察冀抗日根据地从创建到巩固发展，正是遵循了毛泽东的根据地建设的思想，才得以取得成功，成为模范。

事实上，晋察冀抗日根据地巩固的方针政策早在抗日战争的防御阶段，即抗战之初，毛泽东就有了明确的意见。除了前面讲到的军事策略外，毛泽东对晋察冀根据地建设的其它方面也给予了具体的指导。1938 年 4 月 20 日，毛泽东与张闻天、刘少奇给聂荣臻、彭真发电指出："为了迅速巩固你们的力量，以便继续更大的发展"，要做好以下方面的工作："加强对部队的整理训练及党的工作，刷洗混入部队中的流氓、土匪等不良的分子"；"肃清根据地内部的土匪，采用慎重而有效的办法改造那些土匪式的抗日部队，加强地方上的除奸工作，恢复与建立抗日的秩序"；巩固党的组织和党内的团结与统一，提高铁的纪律，严厉批评纠正一切小组织的行动，加强对于党内原则的教育，提高党与主要干部在群众中的威信；"在群众运动中，纠正某些过左的行动与行会倾向，以缓地主富户对于我们的恐惧与反对，但中心工作仍在发动群众抗战热潮，建立真正强有力的群众团体，进行切实组织工作。"8 月 17 日、18 日，毛泽东与张闻天、王稼祥、刘少奇分别就晋察冀边区的货币政策、政权问题发出了明确的指示。从以上指示内容看，涉及了边区军事、政治、经济、党的建设、群众工作等诸多方面。

有了毛泽东重点指导，有了彭真、聂荣臻等晋察冀党政军班子的创造性的贯彻，晋察冀边区的各项建设呈现出勃勃生机。至 1938 年 10 月，武汉会战结束，日军调集兵力重点进攻华北根据地之时，晋察冀边区已得到巩固和发展，拥有 72 个县 1200 万人口，县城数十座，武装 10 万人以上，在各方面建立了抗日民主的社会新秩序。彭真在中共扩大的六届六中全会上汇报晋察冀工作后，大会主席团给予极高的评价："边区党委所执行的坚定的统一战线方针……依靠全党全军的努力，已经创造晋察冀边区成为敌后模范的抗日根据地及统一战线模范区。这些都在华北抗战中已经和将要尽其极重大的战略作用，而且你们的经验将成为全党全国在抗战中最有价值的指南。"11 月，聂荣臻就晋察冀边区创建一年来的斗争情况，向中共中央写了一份报告。毛泽东看后，要聂荣臻补充，补充后的报告共 10 万余字。这就是《抗日模范根据地晋察冀边区》的初稿。

1939年3月18日，毛泽东收到报告后，复信聂荣臻："荣臻同志：你著的书及送我的一本照片，还有你的信，均收到。这些都是十分宝贵的东西。书准备在延安、重庆两处出版（我与王主任（即王稼祥，时任中央军委副主席兼总政治部主任）各作一序），照片正传观各同志。望努力奋斗，加深研究，写出更多的新作品。"同一天，毛泽东还致电八路军总部、一一五师、一二○师、一二九师等单位，说："这本书对外对内意义很大"。毛泽东还亲自为本书题写书名：《抗日模范根据地——晋察冀边区》，并在序中指出："晋察冀边区是华北抗战的堡垒，那里实行了坚持抗战的民族主义，那里实行了民主自由的民权主义，那里也开始实行了改良民生的民生主义，总之一句话，那里实行了互相联结不可分离的三民主义。……晋察冀边区坚决实行三民主义的精神，是值得钦佩值得奖励的。"他还指出："聂荣臻同志的这个小册子，有凭有据地述说了该区一年来如何实行三民主义与如何坚持游击战争的经验，不但足以击破汉奸及其应声虫的胡说，而且足以为各地如何实行三民主义，如何唤起民众以密切配合抗战的模范。"

1941年3月，彭真奉命离开晋察冀边区，去延安中共中央机关任职。同年的6月至8月，彭真全面系统地向毛泽东和中央政治局先后七次报告晋察冀抗日根据地的工作，主要内容包括：边区制定的各种具体政策的根据；边区政权建设；边区的经济、劳动、金融、财政政策；边区党的建设。毛泽东、朱德、任弼时、张闻天等曾出席会议听取报告。毛泽东还亲手记录了"边区的具体政策"、"边区党的建设"、"边区今后坚持"等要点。毛泽东在听取汇报时认为，晋察冀中央分局从实际出发，创造性地实行减租减息，发展生产，实行三三制，团结各阶层人民，并坚持对敌斗争，这是把马列主义中国化，是执行了一条活的马克思主义路线。中共中央将七次汇报要点分批转发各根据地党委。晋察冀边区的经验和做法，无疑对全国各抗日根据地的建设起到了示范作用。

抗日战争时期的彭真

　　晋察冀和晋冀鲁豫两大敌后抗日根据地在毛泽东的指导下，克服了重重艰难困苦，顽强地屹立于敌后八年，歼灭和牵制了大量的侵华日军，为中国人民的抗日战争做出了贡献，同时也为人民武装力量的壮大做出了贡献。

第四章　经略河北解放战场

1945 年 8 月 15 日，日本宣布无条件投降。至此，八年抗战胜利结束。遭受多年战争摧残与蹂躏的中国人民，迫切需要一个和平安定的环境，休养生息，重建家园。中国共产党从人民的这一根本愿望出发，主张团结一切爱国民主力量，把中国建设成为独立、自由、民主、统一、富强的新国家，并为此而积极努力。然而国民党统治集团却以中央政府自居，利用手中的政治资源，图谋垄断抗战胜利果实。国共两党之争，针锋相对。毛泽东早就预见这一情况，对全党进行了告诫，并在战略上进行相关部署。内战爆发后，毛泽东在全国战场的大棋盘上，把河北战场作为一颗重要棋子，慎重布局，掌控局面，取得主动。

"山海关区域的作战须尽量坚持，时间越长越好"

从三年人民解放战争的进程来看，东北战场的地位举足轻重。毛泽东早就预见到了东北的重要性，1945 年 6 月 10 日，毛泽东在中共七大的讲话中，强调：从我们党的发展，从中国革命的最近将来的前途看，东北是特别重要的。只要我们有了东北，中国革命就有了巩固的基础。

为了最后消灭日本法西斯，1945 年 8 月 9 日，毛泽东发表了《对日寇的最后一战》，号召八路军、新四军和其他抗日军队，向侵华日军展开全面的反攻。

8 月 10 日至 11 日，朱德连续发布七道命令。其中第二号命令指示：一、原东北军吕正操所部由山西绥远现地，向察哈尔、热河

山海关

进发；二、原东北军张学思所部由河北、察哈尔现地，向热河、辽宁进发；三、原东北军万毅所部由山东、河北现地，向辽宁进发；四、现驻河北、辽宁边境之李运昌部，即日向辽宁、吉林进发。配合苏军作战，迅速接管东北。

　　到了此时，我们更能看出，当年为河北敌后抗战布局时，毛泽东强调以雾灵山为中心创建冀东抗日根据地的远见卓识。在朱德上述命令中，李运昌部是八路军冀热辽军区部队的另一称谓。1938 年冀东抗日暴动部队西撤失败后，李运昌率部返回冀东，坚持冀东游击战争，经过七年的艰苦奋斗，发展到拥有五个军分区的二级军区，力量空前壮大。从地理位置上看，冀热辽地区距东北最近。因此，抗战胜利后，冀热辽部队在进军东北、抢占战略先机上起到了开路先锋的作用。

　　8 月 13 日，冀热辽军区接到延安总部的命令，8 月 14 日，司令员兼政委李运昌在丰润县左家坞附近的大王庄召集冀热辽区党委、冀热辽军区党委紧急会议。会上成立了东北前进委员会和前方指挥所，决定由李运昌率领八个半团的兵力，分三路迅速挺进东北。西路由冀热辽军区第十四军分区所属十三团、北进支队组成，约2000多人，由军分区司令员舒行率领，向承德、围场方向进发。中路由冀热辽军区第十五军分区所属十一团、青（龙）平（泉）支队组成，约3000多人，由军分区司令员赵文进率领，向赤峰方向进发。东路由冀热辽军区第十六军分区所属十二团、十八团和一个区队，一个朝鲜义勇支队，军分区直属侦察连、特务连、"前锋"剧社、教导队组成，共约4000余人，组成八路军挺进东北先遣纵队，由十六军分区司令员曾克林率领，向锦州、沈阳方向进发。"前方指挥所"随东路部队之后跟进。当时，随同部队进军东北的，还有李子光、焦若愚、徐志、李海涛四个地委书记、2500多名地方干部。部队官兵加地方干部共约1.3万余人。

冀热辽军区领导人李运昌、李中权、詹才芳、彭寿生（左起）合影

8月28日，冀热辽军区第十六军分区部队在苏联红军的协助下，解放山海关，从而控制了进出东北的战略要点，为其他部队进军东北提供了有利保障。

就在冀热辽部队攻占山海关的同一天，毛泽东飞赴重庆谈判。重庆谈判历时43天，最后达成《政府与中共代表会谈纪要》，即《双十协定》。尽管签订了协定，但毛泽东清楚，内战的危险依然存在，必须做好相应准备。10月20日，毛泽东为中共中央起草了《关于过渡时期的形势和任务的指示》，指出："在解放区的中心任务，是集中一切力量反对顽军的进攻及尽量扩大解放区。为此目的，除移动大量军队与干部去东北及热河等地，并在那里组织人民、扩大军队，阻止与粉碎顽军侵入外，在一切解放区，是组织强大的野战军，有计划地歼灭向我进攻的顽军，歼灭的愈多愈干净愈彻底愈好。"

此时，还有大量的人民军队和干部正在赴东北的途中。同样，国民党也正紧锣密鼓地向东北输送兵力。为了保证部队和干部进军东北，山海关的作用愈显重要，毛泽东十分关注山海关的形势，为此数次发出指示，指挥山海关保卫战。

10月16日，毛泽东给东北局书记彭真电报指示："蒋军从秦皇岛登陆，向山海关、锦州攻击前进，是必然的。除令在途各部兼程急进，胶东方面星夜海运，并令林彪急至沈阳，助你指挥"作战。同日，毛泽东还给陈毅、罗荣桓、黎玉指示："望令到乐亭的杨国夫师星夜兼程向山海关、锦州前进。"山海关成了中央关注的焦点。

10月25日，国民党军队两万余人在秦皇岛登陆后，向山海关进攻，驻守山海关的冀热辽军区第十九旅，奉命进行山海关保卫战，在坚守了八天后，又与赶来增援的渤海军区第七师在山海关苦战至11月16日，方才撤出战斗。山海关保卫战迟滞了国民党出兵东北的步伐，保证了两万名干部和10万人民军队进入东北，为中共中央"进军东北，争取东北"赢得了时间。

八路军收复山海关

"集中太行与冀鲁豫全力争取平汉线战役的胜利"

虽然签订了《双十协定》，但国民党却紧锣密鼓地向内战前线调兵遣将。在华北，国民党的目标是抢先进入平（北平）、津（天津），争取东北。以第十一战区孙连仲部三个军八个师进占郑州，然后北渡黄河，沿平汉铁路北进，攻占晋冀鲁豫解放区首府邯郸，同胡宗南部会师石家庄，再继续北进，同由美国帮助空运到北平的第九十二军和九十四军会合，完全控制平汉铁路。

面对着国民党军队气势汹汹地向解放区推进，如何阻碍和迟滞国民党军队沿铁路线北上，便成为解放区军民的重要战略任务，这是一个十分艰巨的任务。北进的国民党军队在兵力上多于人民军队，装备更优于人民军队，这是他们的优势所在；但官兵中很多人不愿意打内战，士气不高，部队新到，对地理、民情不熟悉，系统补给困难，又有轻视人民军队的心理，却正是他们的短处。根据这些情况，毛泽东决心打好平汉路战役。并委任刚从上党战役凯旋不久的晋冀鲁豫军区主力担任主攻任务，迎击孙连仲部由新乡北上的三个军。

邯郸战役中缴获国民党军的部分武器

　　1945 年 10 月 17 日、27 日、29 日毛泽东连续三次致电晋冀鲁豫中央局，要求"集中太行与冀鲁豫全力争取平汉战役的胜利"。电报指出：在你们领导之下打了一个胜利的上党战役，使得我军有可能争取下一次相等的或更大的胜利。在你们领导下的一切力量，除以太岳全力展开同蒲路的作战争取应有胜利外，必须集中太行与冀鲁豫全力争取平汉战役的胜利。即将到来的新的平汉战役，是为着反对国民党主要力量的进攻，为着争取和平局面的实现。毛泽东在电报中强调：这个战役的胜负，关系全局极为重大。你们须准备以一个半月以上的时间，在连续多次的战斗中，争取歼灭八万顽军的一半左右或较多的力量，方能解决问题。希望你们"利用上党战役的经验，动员太行、冀鲁豫两区全力，由刘邓亲临指挥，精密组织各个战斗，取得第二个上党战役的胜利。"他还指出：八万顽军中有几个军具有颇强的战斗力，不可轻视。但顽军新到，地理民情不熟，系统不一，补充困难，急于求胜，又有轻视我军的心理，使我有隙可乘。务望鼓励军民，团结一致，不失时机，以上党战役的精神，争取平汉战役的胜利。

平汉战役，又称邯郸战役。晋冀鲁豫军区领导人刘伯承、邓小平遵照毛泽东的指示，决定集中三个纵队和冀南、冀鲁豫、太行军区主力共6万余人，在10万民兵、自卫队支援下，将沿平汉路北进的国民党军先头三个军诱至漳河以北、邯郸以南、滏阳河河套多沙地带，逐次歼灭之。10月20日，国民党军先头部队进至漳河边的岳镇、丰乐镇一线，遭到晋冀鲁豫军区主力一部的阻击。22日，国民党军主力北渡漳河，沿铁路东侧分两路各自交替掩护前进，刘伯承、邓小平为阻止国民党军进入邯郸，令第一纵队主力赶至邯郸以南进行正面阻击。24日，晋冀鲁豫军区后续部队已大部赶到，将国民党军主力三面包围于邯郸以南、马头镇以东、商城以西之狭长地带。28日，后续部队全部到齐，遂于当日黄昏发起总攻。战至30日，歼灭国民党军第一〇六师大部，重创第三十军。高树勋率新编第八军等部约一万人在战场起义。31日，国民党军主力突围南撤，军区部队在追击、夹击中，于下午将敌合围于旗杆漳一带，并以主力展开猛攻。战至11月2日，国民党军除少数逃脱外，全部被歼。

此役，除新八军等部起义外，共毙伤国民党军3000余人，俘副司令长官马法五以下1.7万余人，对挫败国民党军的进攻，掩护其他解放区部队向东北进军，做出了重要贡献。

对平汉路大捷，毛泽东十分高兴。他致电正在重庆进行谈判的周恩来等，告诉他们："此战胜利后，将给'剿匪'军以大震动，我们拟公开发表。""现今刘邓清查缴获文件，为数必多，拟公开发表，击破国民党之诬蔑宣传。"11月5日，他为新华社撰写了《豫北冀南战场胜利捷报》的新闻报道。同一天，他以中共发言人的名义，发表谈话，用平汉路战役的实例，驳斥国民党中央宣传部长吴国祯所谓"政府在此次战争中全居守势"的谈话，指出："由彰德北进一路，攻至邯郸地区之八个师，两个师反对内战，主张和平，六个师（其中有三个美械师）在我解放区军民举行自卫的反击之

欢迎高树勋部队加入解放军仪式

后，始被迫放下武器。这一路国民党军的许多军官，其中有副长官、军长、副军长多人，现在都在解放区，他们都可以证明他们是从何处开来、如何奉命进攻的全部真情。这难道也是取守势吗?"

"必须对一切准备进攻和正在进攻的国民党军队进行分化的工作"

平汉战役还有大的收获，就是争取国民党第十一战区副司令长官兼第八军军长高树勋率部起义。

1945 年 10 月 30 日，国民党第十一战区副司令长官兼新八军军长高树勋，因对蒋介石集团排斥异己，不顾人民的愿望，公然挑起内战不满，在我地下党的积极争取下，率部战场起义。此举极大地震动了国民党的军心。毛泽东对高树勋起义给予了很高的评价，号召解放区军民"开展高树勋运动"，使大量的国民党军队在解放战争的紧急关头纷纷站到人民方面来。

高树勋，河北盐山人，出身行伍，因作战勇敢，由士兵累升至

高树勋

师长。1933年，参加冯玉祥在张家口组织的察哈尔抗日同盟军，任骑兵师师长。抗日战争爆发后，出任河北省保安处副处长。后河北保安部队改编为国民革命军新编第六师，他任师长。1938年，任国民革命军新编第八军军长。他是解放战争中第一个改弦更张、弃暗投明的国民党高级将领，他的起义加快了邯郸战役的胜利进程。对此，毛泽东十分高兴，致电正在重庆进行谈判的周恩来等说："高树勋率两个师起义，影响极大。"11月1日，毛泽东为中共中央起草致刘伯承、邓小平电报，指出，高树勋起义意义很大，你们处置很对。并建议高部改称"民主建国军"或"人民建国军"。11月2日，毛泽东和朱德给高树勋发贺电说："树勋将军吾兄勋鉴：闻兄

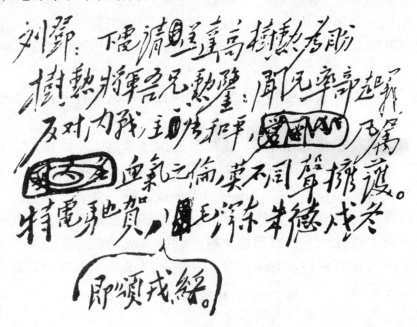

毛泽东起草的电报稿

率部起义，反对内战，主张和平，凡属血气之伦，莫不同声拥护，特电驰贺，即颂戎绥。"11月4日，毛泽东在为新华社修改的《冀南我军自卫战大捷》的新闻稿中，特别加进了"高树勋将军深明大义"、"停止内战，站到中国人民方面来"、"我冀南解放区人民，现正对于反对内战、站在人民方面之高树勋将军及其全军将士进行慰劳"等语。

邯郸起义后，高树勋（右三）和邓小平（左一）、刘伯承（左四）等合影

根据毛泽东的提议，中央军委决定高树勋起义部队改编为民主建国军，由高树勋任总司令，王定南为总政治部主任，范龙章为第一军军长，乔明礼为第二军军长。11月10日，晋冀鲁豫解放区在河北武安县伯延镇召开军民大会，热烈欢迎高树勋部、乔明礼部加入人民军队行列，并宣布了民主建国军的成立，接着宣读了毛泽东、朱德的贺电。毛泽东在贺电中指出："马头镇距邯郸很近，邯郸系历史名城，因此可称为邯郸起义。"不久，毛泽东、朱德亲笔签名的赠送高树勋、乔明礼的照片又专程送到高、乔二人手中。11月12日，毛泽东在中共中央政治局扩大会议上，讲抗战胜利三个月

来的局势时说："高树勋造成的影响很大，通电传得很广，现在已令各处庆祝。"

12月15日，毛泽东在为党中央起草的《一九四六年解放区工作的方针》中，把"开展高树勋运动"作为解放区十大工作任务的第二项，明确提出："为着粉碎国民党的进攻，我党必须对一切准备进攻和正在进攻的国民党军队进行分化的工作。一方面，由我军对国民党军队进行公开的广大的政治宣传和政治攻势，以瓦解国民党内战军的战斗意志。另一方面，须从国民党军队内部去准备和组织起义，开展高树勋运动，使大量国民党军队在战争紧急关头，仿照高树勋榜样，站到人民方面来，反对内战，主张和平。为使此项工作切实进行和迅速生效起见，各地必须依照中央指示，设置专门部门，调派大批干部，专心致志，从事此项工作。各地领导机关，则要给以密切指导。"

新中国建立后，高树勋曾任全国政协委员、国防委员会委员、全国人大代表、河北省政府委员、交通厅长、省人民政府副主席、副省长、省民革主席等职。1955年获一级解放勋章。

"使主力行动自如，主动地寻找好打之敌作战"

1946年6月26日，蓄谋已久的蒋介石终于撕下了假和谈的面具，以进攻中原解放区为起点，发动了全面内战。在河北人民解放战场上，晋察冀部队与国民党军队的战斗也随之打响。

6月28日，毛泽东致电聂荣臻、萧克、刘澜涛、罗瑞卿（当时分别任晋察冀军区司令员兼政治委员、副司令员、副政治委员和副政治委员兼政治部主任），并告程子华（当时任冀热辽军区司令员兼政治委员），认为他们的战略意见是正确的，在国民党大打后，基本的任务是保卫地方与夺取三路（平汉、正太、同蒲三条铁路）四城（保定、石门、太原、大同）。

此时，毛泽东还在考虑南线作战计划。在全面战争爆发后准备以晋冀鲁豫野战军主力五万人、山东野战军主力五万余人、华中野战军主力四万人，分别出击津浦路徐州、蚌埠段及其两侧地区和蚌埠、浦口段及其东侧地区，在野战中消灭敌人有生力量。

按照夺取三路四城的设想，1946 年 7 月 31 日，晋察冀、晋绥的部队进行攻打大同的战役。但是战役进展很不顺利，没有达到预期目的。大同撤围后，晋察冀军区控制的华北重镇张家口处于国民党军队从集宁和北平两面夹击的不利态势中。9 月 16 日和 17 日，晋察冀军区司令员聂荣臻、副司令员萧克根据实际情况，先后两次致电中央军委，提出对张家口只作"掩护战斗，不作坚守"，而以军区主力集中于张家口、南口之间寻歼可能由北平西犯之敌的建议。毛泽东总结了大同失利的教训，在 18 日复电批准聂、萧的建议，并指出："此种歼敌计划是在保卫察哈尔之口号下进行动员，但以歼灭敌有生力量为主，不以保守个别地方为主，使主力行动自如，主动地寻找好打之敌作战。""每次歼敌一个团二个团，并不需要很多兵力，以几个团钳制诸路之敌，集中十个至十五个团即有可能歼敌一个旅（两个团）。"这样，毛泽东就已在实际上改变了"三路四城"的计划，而采取内线作战的方针了。

9 月 29 日，国民党军对张家口开始进攻。在张家口保卫战期间，毛泽东十分关注战役的进展情况，频繁发电报指挥作战。10 月 5 日，毛泽东为中共中央军委起草致萧克、罗瑞卿并告聂荣臻、刘澜涛电："你们已歼敌一个团，取得初步胜利，望令各部坚持各个击破原则，集中绝对优势兵力，每次歼敌一个团，至多不要超过两个团，分为多次，歼灭十六军全部或大部。"6 日，又为中央军委起草致聂荣臻等电："如敌十六军转入固守不利于我军继续攻击，即应撤回休整补充新兵，准备再战。"10 月 8 日，再次为中共中央军委起草致聂荣臻电："闻傅作义一部窜至张北，必须立即击灭，巩固后方；傅作义还可能以一部东进，你们必须准备击退该敌；请考虑将平汉方面杨成武一个旅调回平绥。"10 月 10 日又为中央军委起草致聂荣臻、刘澜涛电，指出："进攻张家口任务，蒋已交给傅作义。你们必须严防傅部于数日内进攻张垣，你们必须数日内布置好巩固张垣之防务。"同日，在致聂荣臻、刘澜涛的另一电报中要求："你们应先在张家口设立碉堡及防线，派兵固守。"晋察冀部队经过两周的激战，共歼敌 7000 余人，为保存有生力量，于 10 月 11 日主动撤离张家口。

炮兵部队开赴怀来前线

10 月 12 日，毛泽东就关于张家口失陷后晋察冀部队的作战方针致电聂荣臻、刘澜涛、萧克、罗瑞卿，并转各纵队、各军区首长，指出："张垣失守后，傅作义部已极端分散，利于我各个歼灭。但目前我仍应以一部在张垣附近钳制傅军，我主力仍在东面原地依原计划歼敌，以期彻底击破东面之敌。……我们方面一城一地之得失无关大局，主要任务是歼灭敌人有生力量。望本此方针鼓励士气，团结全党，完成中央给你们的神圣任务。"

随着战争的不断发展，晋察冀部队存在的一些问题也逐步显现出来。针对这些问题，中央军委和毛泽东十分担忧。1947 年 2 月 21 日，毛泽东为中央军委起草致聂荣臻、萧克等电：今后行动应学习陈粟、刘邓、陈谢三区大踏步进退、完全主动作战的方针。你们部队休整若干天后，请考虑是否可以打第三军。其目的不在占地而在歼灭顽伪有生力量，并吸引保定以北之敌南下，利于第二步歼击之。总之，大踏步进退，不拘一城一地之得失，完全主动作战，先打弱敌，后打强敌，调动敌人，各个击破。3月12日，毛泽东再次致电聂荣臻、萧克等：你们作战不论在什么地方，只要能歼灭敌人，就是对于他区的配合。

此时，国民党的"重点进攻"开始了，中共中央撤出延安。3月29日，中共中央由延安转移到清涧县枣林沟，并在这里召开会议，决定将中央机关分为中央前委和中央工委两部分。毛泽东、周恩来、任弼时等组成中央前委，率领中央机关和解放军总部，继续留在陕北指挥全国的解放战争；刘少奇、朱德、董必武等组成中央工作委员会，以刘少奇为书记，率部分中央机关干部前往华北，进行中央委托的工作。中央工委的一项主要工作就是帮助晋察冀解决军事问题。

晋察冀野战军领导人潘自力、杨成武、杨得志、罗瑞卿、耿飚（左起）合影

　　正太战役后，1947 年夏初，为了配合东北野战军发动的夏季攻势，钳制平、保敌人不向东北增援。晋察冀军区向中央军委提出了出击津浦线的作战计划。5 月 21 日，毛泽东复电："同意你们下一步打津沧线。目前加紧休整，六月十日左右开始作战。" 6 月 12 日至 15 日，晋察冀野战军发动青沧战役，歼敌 1.3 万余人，解放了沧县、青县、永清三个县城。青沧战役的胜利，切断了津浦路，震动了平津，尤其对天津之敌造成了很大的威胁，有力地支援了东北野

青沧战役中解放军占领青县车站

战军的行动。青沧战役刚一结束，6 月 15 日，聂荣臻、杨得志和罗瑞卿致电中央军委，拟继续向平津段出击。接电后，毛泽东为中央军委起草了给朱德、刘少奇、聂荣臻并转杨得志、罗瑞卿、杨成武的电报，祝贺"青沧战役胜利完成，甚慰"。并指出："下一步行动似以全力（主力三个纵队不要分散，再加地方部队）向平津段出击，截断杨村、黄村段，争取在大清河北歼灭援敌为有利；如援敌

不好打时，则转向平保段出击。如此，可在平津平保两线往来机动，寻歼敌之正规部队。"遵照中央军委关于晋察冀主动作战方向的指示，6月25日，晋察冀野战军发动保北战役，7月6日胜利结束。

清风店战役图

在以毛泽东为首的中央军委和中央工委的正确指导下，晋察冀部队连续发动了正太、青沧、保北三次战役，取得了三战三捷的胜利，掌握了华北战场的主动权。它标志着晋察冀部队已开始扭转战局，转入了主动进攻阶段。

1947年9月中旬，东北野战军发起了大规模的秋季攻势，迫使国民党军队先后从平、津、保地区抽调五个师（旅）出关增援，减少了在晋察冀战场的兵力。根据中央军委的统一部署，聂荣臻抓住战机集中第二、第三、第四纵队，炮兵旅和冀中军区第七旅等部队，首先围攻徐水，在保定以北开辟新战场，准备再出保北，吸引国民党军队出动，以便在运动中歼灭敌人。正在北平督战的蒋介石果然中计，企图派兵南北夹击晋察冀野战军部队，在很短时间内，晋察冀野战军即做出了全歼石家庄北犯之敌的具体部署，经过三天三夜的交战，10月22日，晋察冀野战军取得了清风店战役的胜利。捷报传来，全军振奋。10月23日，毛泽东为中央军委拟电嘉奖，称清风店战役胜利"创晋察冀歼灭战新纪录"。

聂荣臻与在清风店战役中被俘的国民党第三军军长罗历戎交谈

清风店大捷，是华北战场的一个转折点，是晋察冀战场打的一个漂亮的翻身仗，为打更大规模的歼灭战创造了更为有利的战机。

清风店战役胜利后，石家庄周围正定等地已全部解放，罗历戎全军被歼，石门守军只剩下了刘英的三十二师、河北保安纵队、16个流亡伪县政府的恶霸武装，总兵力2.2万人左右，石家庄实实在在成了一座孤城，解放石家庄的时机已经成熟。10月22日12时，聂荣臻和刘澜涛致电中央军委、工委，建议乘胜夺取石家庄。23日，毛泽东亲自拟定电报稿，同意作战计划，他指出："清风店大歼灭战胜利，对于你区战斗作风之进一步转变有巨大意义。目前如北面敌南下，则歼灭其一部，北面敌停顿，则我军应于现地休息十天左右，整顿队势，恢复疲劳，侦察石门，完成打石门之一切准备。然后，不但集中主力九个旅，而且要集中几个地方旅，以攻石门打援兵姿态实行打石门，将重点放在打援上面。"根据中央军委指示，晋察冀野战军制定了详细的作战部署。

石家庄战役要图

　　1947 年 11 月 6 日拂晓，解放石家庄的战役打响。解放军首先对外围据点发起攻击。经一昼夜战斗，攻占了飞机场和外围据点，并完成了突破外市沟防线的准备。8 日黄昏，解放军对外市沟之敌发起总攻，第三纵队由西南方向突破，第四纵队由东北方向突破。激战至 9 日，外市沟防线除少数据点外，均被占领。10 日黄昏，各部队对内市沟防线开始了总攻，内外爆破同时并举，从被炸塌的壕沟缺口冲入了内市沟。11 日，各部队突入石家庄市区，进入市巷战斗，激战一昼夜，次日晨逼至敌核心工事阵地。第三纵队从南面和西面，第四纵队从东面和东北面，冀晋军区从西北面向敌发起总攻，11时左右全歼守敌，俘敌第三十二师师长兼石家庄警备司令刘英。随后，解放军乘胜攻占了敌人留在冀中、冀南解放区的最后一个据点元氏县城。石家庄战役共歼灭国民党军2.4万余人，开创了人民解放军攻占较大城市的先例。

石家庄的解放不仅使晋察冀和晋冀鲁豫两大解放区连成一片，而且为攻克城市取得了经验，使华北战局有了根本改观。13日，毛泽东亲自为中共中央起草致杨得志、杨成武、耿飚电：“庆祝晋察冀我军攻克石家庄歼灭二万余人之大胜利。”

解放军占领国民党石门市政府

第五章　驻阜平擘画决战大计

1947 年春，蒋介石纠集 34 个旅 25 万兵马，以胡宗南为总指挥向中共中央所在地延安和陕甘宁边区，发动了"重点进攻"。面对十倍于己的敌人，毛泽东审时度势，作出了英明的战略决策：暂时放弃延安，运用"蘑菇"战术，把国民党军胡宗南部拖在陕北，支援全国其他战场作战。毛泽东等率领中共中央于 3 月 18 日主动撤离延安，踏上了转战陕北的征途。历时一年零五天，辗转 2000 余里，在陕北 38 个村庄的农家窑洞里，领导指挥全国解放战争。经过短短一年的较量，就使敌人在西北战场损失 10 万兵力，"重点进攻"宣告彻底破产，各解放区部队在各个战场转入了战略大反攻。为了迎

1948 年 3 月 23 日，毛泽东从陕北吴堡县川口东渡黄河，前往晋察冀解放区

接全国革命的胜利，毛泽东等于 1948 年 3 月 23 日在吴堡县岔上乡川口村东渡黄河，离开陕北，经晋西北、晋东北于 4 月 12 日到达河北阜平。毛泽东在阜平居住了一月有余，在准备赴苏联访问的同时，安排部署全国解放战场，后因局势变化，访苏计划取消，毛泽东到西柏坡与中共中央会合。

"我完全同意仲勋同志所提各项意见，望照这些意见密切指导各分区及各县的土改工作"

毛泽东、周恩来、任弼时率领中央机关，于 1948 年 3 月 23 日离开陕北。3 月 26 日，到达晋绥边区领导机关所在地兴县蔡家崖，停留八天，又经过 20 余日的长途跋涉，经苛岚、五寨、神池、雁门关、代县、繁峙、五台进入河北境内的阜平县。

毛泽东前往阜平途中

　　阜平位于河北省中西部，西临五台山，东接华北大平原，总面积2476平方公里。境内山河秀丽，物产丰富，汇集着太行山壮美的自然景观和众多的文物古迹。由于地处要冲，阜平自古就为兵家必争之地。早在1925年就建立了中共阜平县小组，1931年建立的中华苏维埃阜平县政府是我国北方第一个红色政权，抗日战争时期阜平曾是晋察冀边区党政军机关所在地。1948年的阜平县分为七个区，西部的六区便是龙泉关区，境内峰回路转，层峦叠嶂，西边的长城岭高耸入云，是晋冀两省的天然界线。4月12日，毛泽东一行翻越长城岭，跨过龙泉关，离晋入冀。这是毛泽东保定之行时隔40年后又一次踏足河北大地。

　　毛泽东进入河北第一站是阜平县西下关村。当晚在这里留宿一夜，并研究决定，到城南庄后稍作停留，周恩来、任弼时率一部分人员先到西柏坡与工委、后委会合。毛泽东暂留城南庄做去苏联的准备。

　　对于当年毛泽东等中央领导在西下关村的情况，老农民闫忠生

阜平西下关村毛泽东旧居

依然记忆犹新。他回忆说：

西下关村是个古老的山村，村内有 3 棵千年古楸，枝繁叶茂的古楸树下居住着数十户人家。1939 年，侵华日军大"扫荡"，几乎烧毁了西下关所有房屋。突然大火神奇的熄灭，闫家大院四间北屋在火海中幸存。当地流传起神奇的传说"楸树显了灵，聚神风吹灭了大火"，后来闫家大院成了阜平县第六区公所，四间北屋成了区公所办公室。1948 年 4 月 12 日上午，知道又有中央首长要路过我们村，区公所的干部配合刚到的打前站的部队首长，为中央首长及随行人员准备伙食和安排住处，区长陈大德亲自杀了一口大猪，闫家大院的区公所干部闫振铎，又让家里人做了三磨豆腐。天热了怕睡火炕上火，本村的区联合社干部闫国太把自己家新作的大门扇，抬到区公所办公室的西屋。午后，部分晋察冀军区的警卫部队和炊事人员提前进了村，由村里共产党员"同盛店"主人白永江帮厨，给首长和随行人员准备晚饭。当时做的是猪肉、粉条、豆腐，炖土豆和萝卜干，还炖了红烧肉，主食是白面烙饼和两米焖饭。

傍晚，毛泽东、周恩来、任弼时等中央领导先后乘车进了村，毛泽东就住在区公所办公室的西屋。

1947 年 10 月，《中国土地法大纲》颁布后，各解放区的土地改革运动深入开展。毛泽东密切关注运动的发展，特别是土改运动中出现的"左"的偏向，引起了毛泽东的高度重视。

还在转战陕北期间，毛泽东就明确提出，要保证土地改革的主流，必须反对"左"的浪花。1948 年元旦过后，毛泽东在致各地领导同志的电报中不断询问纠"左"的情况。那段时间，他不仅与刘少奇、周恩来、任弼时等讨论土改政策问题，还经常与邓小平、习仲勋、陈毅、彭真、薄一波、粟裕等通电交换意见，及时对不同地区的经验教训加以总结。

1 月 4 日，习仲勋写了一份报告，提出在老区发动群众运动，要坚决反对"左"倾，如以一般概念进行老区土改，必犯原则错误。几天后，报告送到中央。毛泽东看了非常重视，复电说："完全同意仲勋同志所提各项意见，望照这些意见密切指导各分区及各县的土改工作。"之后，根据习仲勋再次汇报的西北老区情况，毛泽东再次批示，要求华北、华中各老解放区，一定要密切注意"左"的错误，不要拖延很久才去纠正。

解放战争时期的习仲勋

　　1月14日，毛泽东致电邓小平，对新区土改政策，提出几个问题请他回答。主要是新区土改究竟是按照土地法大纲平分，还是暂不动富农和某些小地主；是否要把新区划分为巩固区和游击区，采取不同政策；以及在新区如何争取更多的阶层和人士与我党合作。在考虑比较成熟之后，2月3日，毛泽东在给刘少奇的电报中提出了分三类地区实行土改的基本原则。

　　在东移西柏坡的途中，毛泽东仍然注意调查研究，及时发现问题并提出指导意见。1948年3月，他在临县，同三交镇和中央土改

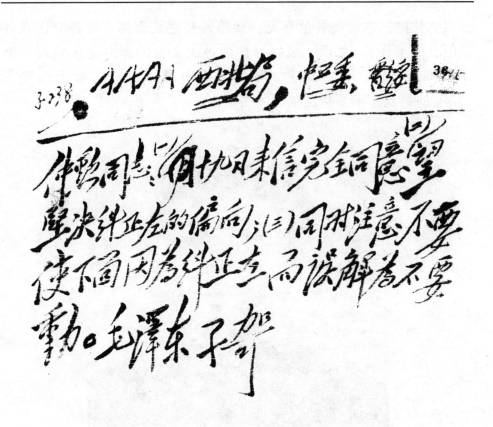

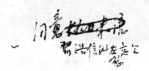

1948 年 1 月 20 日，毛泽东给习仲勋的复电

工作队的负责人进行座谈，调查前一段土改工作中的"左"的偏向和纠正的情况，要大家掌握好政策，团结一切可以团结的力量。4月，毛泽东在晋绥边区领导机关所在地兴县蔡家崖发表讲话。他在调研土改运动的基础上指出，我们赞助农民平分土地的要求，是为了便于发动广大的农民群众迅速地消灭封建地主阶级的土地所有制

度，并非提倡绝对平均主义。谁要是提倡绝对平均主义，那就是错的。现在农村中流行的一种破坏工商业、在分配土地问题上主张绝对平均主义的思想，是一种农业社会主义的思想。这种思想性质是反动的，落后的，倒退的，我们必须批判这种思想。

就在进驻西下关村的第二天上午，在区公所办公室里，由周恩来、任弼时主持召开了土地改革座谈会，有贫农团代表贾洛店，区公所干部陈大德、武靖山、韩贵生，华北局驻区公所代表陆川等人参加。会议主要是调查了解当地土改工作情况，毛泽东在会后与参加座谈的村干部见面。

会前，毛泽东把贾洛店叫到身边，和他亲切地交谈。

毛泽东问："老乡，家里几口人？""单身一人"。这位 40 多岁的汉子跨坐在炕沿上羞涩地回答。"为啥一个人？"毛泽东打量着这位结实的汉子又问。他接着回答："民国二十八年发大水，我们母子二人逃荒到了下关，开始给地主打短工、扛长工，和娘相依为命生活，根本没条件张罗女人。前几年，租了几亩地，正赶上八路军的减租减息，自己好过些了，亲自动手盖了一间平房才算有了贫穷的家。靠背柴卖炭，辛苦一年，生活还是很不像样子，贫穷和岁数的耽搁，至今女人还是不好张罗。不过平分土地以后，我们穷人的日子就好过多了。"

毛泽东说："我听说过，阜平县不富，平山县不平，你们这一带的土地不是很好吗？又有水渠灌溉，不是可以旱涝保收吗？"贾洛店回答："我们这里的地，如果都是平地就好了，能浇水的平地，全村人均不到半亩。别的都是沙土山坡地，不太长庄稼，打粮全靠水浇地。"

毛泽东又说："你们应该想办法，把这人均半亩地精耕细作，多施肥，多浇水，就能多打粮食。山上想办法多种果树，种经济作物，有了粮食，再多收入点钱，人们的生活一定会逐渐好起来。"

华北局驻区公所代表陆川在汇报土改结合整党存在的问题时说："劳动英雄胡顺义勤劳致富，家庭成分由贫农上升为中农，搬了石头，挨了斗。"

毛泽东在炕上插话："晋察冀边区的劳动英雄搬了石头，挨斗了，那还了得。山西有个劳动模范李顺达，河北有个劳动英雄胡顺义，很了不起，他们的事迹在陕北我早就知道，你们要好好地保护这位劳动英雄。"

毛泽东嘱托大家："干部的缺点、错误，要通过学习加以改正，不能一律打倒，概不使用。"

到城南庄后，毛泽东又让任弼时召集阜平、曲阳、定县（今定州市）三县县委书记和部分区委书记召开土改、整党工作汇报会。各县详细汇报了当地土改和整党工作情况和问题，毛泽东重点询问了"左"的偏差在各县的纠正情况，并将亲手起草的《一九四八年的土地改革工作和整党工作》的党内指示草稿发给与会人员，广泛征求修改意见，并鼓励大家一定要注意党的政策，做好工作，支援前线。毛泽东在阜平通过深入群众反复调查，分别于5月24日和5月25日发表了《新解放区农村工作的策略问题》和《一九四八年的土地改革工作和整党工作》，进一步强调执行正确的政策，开展好各地的土改工作。

"粟裕兵团暂不渡江，集中主力在中原歼敌"

城南庄，是河北省阜平县城南20公里处一个环境优美的小山村。当时全村百十来户人家，村前清凌的胭脂河缓缓流过，村后的菩萨岭巍然挺拔。抗日战争时期，这里是晋察冀抗日根据地的腹地，并长期成为晋察冀军区、边区政府等首脑机关的驻地。1946年10月，晋察冀军区等党政军机关撤离张家口后又来到城南庄一带，后在村子东头盖起了五栋简陋的房子，组成一个小院，即成为军区驻地。为了防备敌机轰炸，还特意在院外后山脚下挖了防空洞。

1948年4月13日下午，毛泽东和党中央机关从西下关村出发前往城南庄晋察冀军区驻地。傍晚到达阜平城南庄晋察冀军区司令

阜平城南庄晋察冀军区司令部旧址

部大院。聂荣臻、刘澜涛等晋察冀党政军领导人高举火炬，到菩萨岭以北迎接。毛泽东住在聂荣臻原来住的两间房子里。他兴致勃勃地对聂荣臻等人说："到了晋察冀，就象当年在江西到兴国一样，群众见了我们都是笑逐颜开。"

4月23日，周恩来、任弼时率部分人员先期向西柏坡转移，毛泽东则暂时留下来为访问苏联做准备。

为了制定夺取全国胜利的战略决策，同时毛泽东在赴苏联前一些重大问题需要召开会议商定解决，1948年4月25日，毛泽东致电刘少奇、朱德、周恩来、任弼时，提出要召开中央会议，并通知他们准备讨论的问题：（一）邀请港、沪、平、津等地各中间党派及民众团体的代表人物到解放区，商讨关于召开人民代表大会并成立临时中央政府问题。（二）关于在今年冬季召开二中全会的议题。（三）关于酌量减轻人民负担、大力发展农业生产和工业生产问题。

（四）关于消灭某些无政府状态和酌量缩小地方权力的问题。（五）关于区、乡、（村）人民代表大会组织大纲草案。（六）陈粟兵团的行动问题及其他问题。以上各问题请他们先在西柏坡作大概的讨论，然后再到城南庄商定。上述要讨论的议题，是中央在新形势下迫切需要考虑和解决的最重要的问题。与此同时，中央先后通知有关战略区领导人于 4 月 30 日来城南庄参加会议。

　　城南庄会议是一次中央书记处扩大会议。会议于 4 月 30 日至 5 月 7 日在城南庄召开，史称"城南庄会议"。毛泽东、刘少奇、朱德、周恩来、任弼时都出席了，这是自撤离延安后中央五位书记第一次在一起参加的正式中央会议。时间相隔只有一年多一点，国内形势已经发生了根本性的变化。

阜平城南庄会议旧址

　　毛泽东主持了这次会议，并做了讲话。毛泽东在会上发言说：将战争引向国民党地区无疑会有很大困难，打出去的主力会减弱，打不了很多胜仗，但无此一条不能战胜国民党。打出去以后，敌我都到蒋管区去吃，不能依赖后方，后方要尽量供给前方。我一方面为胜利欣喜，一方面担心人民负担不起。要使后方农业、工业长一寸。土地改革、整党、开人民代表会议，目的都是为了发展生产。为了发展生产，人民的负担要适当减轻。反对无政府无纪律状态，缩小地方权力。毛泽东把会议的议题归纳为："军队向前进，生产长一寸，加强纪律性"三条方针。会议根据毛泽东提出的三条方针与任务进行了讨论研究。

城南庄会议做出的决策，对解放战争的进程无疑产生了重大影响，其中一项就是决定粟裕所部暂不渡过长江，留在中原进行战略决战。按照毛泽东的战略构想，刘（伯承）邓（小平）、陈（毅）粟（裕）、陈（赓）谢（富治）三支大军挺进中原，对蒋介石的长江防线和沿江重镇南京、武汉构成威胁。国共两军在中原地区，一直处于胶着相持状态。如何打破僵持局面，毛泽东想到了由粟裕率领华东野战军三个纵队渡江南进这步棋。于是毛泽东致电粟裕，提出了这个问题。但是，到了1948年春季，中原战局发生了重要变化：解放军在中原地区渡过了最困难的时期，逐步具备了打大歼灭战的条件。于是，粟裕先是致电刘、邓，后更是以个人名义致电中央军委，陈述自己的战略设想：主力不渡江南进而留在中原作战。毛泽东接粟裕电文后，决定粟裕尽快来中央。

当粟裕一行骑马来到城南庄毛泽东的临时驻地时，毛泽东破例大步迎出门外，同他长时间握手。毛泽东看着粟裕激动的说："十七年了啊，有十七年没见面了吧？"又说："你打了那么多漂亮的大胜仗，我们很高兴啊！你辛苦了。这次要好好听听你的意见哩。"毛泽东的这种兴奋之情，既是对久别重逢的粟裕的慰问之举，也是对粟裕勤于思考、勇于向上级建议的这种创新精神的最高褒奖。会议听取了陈毅、粟裕的汇报后，中共中央书记处讨论后决定，在既定的战略方针不变的前提下，采纳粟裕的意见。明确了"华东野战军一兵团三个纵队暂不渡江，在长江以北歼敌主力"的部署。这是构成以后淮海战役设想的最初蓝图。

解放战争时期的粟裕

城南庄会议还根据毛泽东的提议，决定：华北、中原分别成立统一的领导和指挥机构。5月9日，中共中央和中央军委根据这次书记处会议的决定，发出了《关于改变华北、中原解放区的组织管辖境地及人选的通知》，将晋冀鲁豫和晋察冀两中央局合并为华北中央局，以刘少奇兼华北局第一书记，薄一波为第二书记，聂荣臻为第三书记；将晋冀鲁豫和晋察冀两解放区合并为华北解放区，两个军区合并为华北军区，以聂荣臻为司令员，薄一波为政委；以原华中解放区及陇海路以南长江以北直至川陕边区归属中原解放区，加强中原局，以邓小平为第一书记，陈毅为第二书记，邓子恢为第三书记；成立中原军区和中原野战军，以刘伯承为军区及野战军司令员，邓小平为政委，陈毅为第一副司令员，李先念为第二副司令员。

城南庄会议是党中央部署夺取全国胜利的一次重要会议。会议确定的战略方针，打破了国民党反动派进犯解放区的阴谋计划，为解放区的生产建设指明了方向，同时，有力地加强了党的思想建设和组织建设。城南庄会议在中国革命史上具有重要的地位。

"无非是投下一点钢铁，正好打几把锄头开荒"

毛泽东来到城南庄后，聂荣臻非常高兴，他不仅把最好的房子腾出来让给毛泽东住，还为了他的安全问题绞尽脑汁。为了保证毛泽东的绝对安全，聂荣臻指示保卫部门严格加强防范工作，保卫部门很快采取了严密的保卫措施。司令部机关除有关工作人员外，任何人不得随意接近毛泽东的住处。进出毛泽东办公地点的人员都要经过严格审查。就连给毛泽东做饭菜也另辟炉灶，单独进行，人员严格控制，无关人员更不得接近。此外，聂荣臻还规定在毛泽东休息睡觉的时候，除非特殊情况，尽量不要干扰他。但就是这样周密的安排，也还是出了意外。

城南庄会议结束后没几天，5月18日，国民党飞机突然来轰炸

阜平城南庄毛泽东旧居

城南庄，几乎击中了毛泽东的住房，好在有惊无险，毛泽东没有受伤。对这段惊险的经历，聂荣臻回忆道：

"那天早晨，收听完广播，我正在吃早饭，听到有机群的轰鸣声。""我急忙走到院里，敌机的轰鸣声越来越大了。我循着声音望去，有一架敌机已经飞来了，在城南庄上空盘旋侦察。接着，后面传来一阵轰鸣声，声音很沉重，不多时，又飞来了两架敌机，这时已经看清是B25轰炸机。于是我快步向毛泽东同志的房间走去。"

"由于毛泽东同志通宵都在工作，我走到他屋内的时候，他身穿蓝条毛巾睡衣，正躺在床上休息。我以很轻而又急切的声音说：主席，敌人飞机来轰炸，请你快到防空洞去。毛泽东坐起来，若无其事，非常镇静，很风趣地对我说：不要紧，没什么了不起！无非是投下一点钢铁，正好打几把锄头开荒。"

"我想，不能再延迟了，就当机立断，让警卫人员去取担架。取来担架以后，我向赵尔陆同志递了个眼色，便把毛泽东同志扶上了担架。我们两人抬起担架就走，在场的秘书和警卫人员，七手八脚地接过了担架，一溜小跑奔向房后的防空洞。""我和毛泽东同志刚走进防空洞，敌人的飞机就投下了炸弹，只听轰轰几声巨响，我们驻地的小院附近升起了一团团浓烟。"

敌机走后，警卫人员匆匆赶去察看被轰炸的现场。敌机共投下了五颗炸弹，一枚落到驻地的东南，一枚落在房后山坡上没有爆炸，一枚正落在小院里爆炸了，其余的两枚炸弹落到离驻地较远的地方。毛泽东住的那两间小房子，住室门窗上的玻璃、屋里的暖水瓶被震碎，鸡蛋被砸烂，门和屋檐的柱子上嵌进了许多弹片，军区司令部的几间房子被炸毁，好在没有人员受伤。看到这些，聂荣臻真觉得"后怕"："如果不是当机立断，事情的后果是不堪设想的。"

显然，国民党方面已经获得毛泽东住处的情报。为了安全起见，当晚在聂荣臻的安排下，毛泽东就转移到离城南庄20里外的一个很隐蔽的小村子：花山村。

敌机轰炸城南庄，聂荣臻等立即意识到问题的严重性，怀疑是

阜平城南庄毛泽东旧居柱子上的弹痕

坏人告密。他立即找来军区保卫部长许建国询问，并指示抓紧破案。可当时并没能查出结果。后来保定解放后，从敌伪档案中查知，原来军区司令部小伙房司务长刘从文在毛泽东等中央领导没来之前，被大丰烟厂的副经理、国民党特务孟建德收买。他们先是想把毒药放在聂荣臻等军区首长的饭菜里，毒害军区领导，没有得逞。毛泽东等来后又想用同样方法毒害中央领导，因聂荣臻司令员派可靠的人专门给中央领导做饭，并且采取了相应的防范措施，致使无法下手。后来他们把毛泽东等住在城南庄的情报送到保定的特务机关，继而转报北平，致使敌机轰炸城南庄（同年 8 月 13 日，敌机轰炸中共中央华北局和华北军区驻地平山县烟堡村也是刘从文等人所为）。此案破获后，由华北军区政治部副主任张致祥主持公审大会，将国民党特务孟建德、刘从文等处决。

1948 年 5 月 18 日凌晨，毛泽东的住地城南庄遭敌机轰炸后，为了安全，在极端绝密的情况下，聂荣臻把毛泽东转移到花山——这个只有几十户人家的隐在大山里的巴掌大的美丽小山村。毛泽东说："敌人不愿意叫我们住在这里，我们只好搬个家吧，可惜，他们的目的没有达到，他们失败了。"

阜平花山毛泽东旧居

花山村在高山下的深沟里，目标小，便于防空，毛泽东住在一个农民家里，房子宽大亮堂。

关于毛泽东在花山村的事情，当年见过毛泽东的张冀新记忆犹新，他回忆说：

1948 年春天，我在自己的家乡花山村教小学。一天下午我从毛主席的住处路过，正巧毛主席从院里出来。毛主席身穿一身黄军装，脚穿一双半新的军鞋，鞋帮上还钉着块圆补丁。我想和他说话，可心情激动，一时又不知说什么好。毛主席就笑着跟我打招呼，并且亲切地问："你叫什么名字，干什么工作？"我回答："我叫张冀新，是本村的小学教员。"毛主席又问："你教多少娃娃？"我说："三四十个。""你们教的是什么课本？""是晋察冀边区统一编的课本。"毛主席高兴地点点头，说："很好，很好。"他又语重心长地对我说："一定要把娃娃们教好，培养好祖国的下一代。以后我们搞建设，没有文化是不行的。"

第六章　在西柏坡运筹大决战

西柏坡是河北省平山县境内的一座小山村，这里依山傍水，能攻易守，地理位置十分重要。抗战时期，西柏坡全村有 80 多户人家，这一带土地肥沃，稻麦两熟。被聂荣臻誉为晋察冀边区的"乌克兰"。1948 年 5 月 27 日，在中国革命胜利的前夜，毛泽东来到西柏坡。西柏坡成为中国共产党"最后一个农村指挥所"。从此，西柏坡这个名不见经传的小山村，成为了毛泽东在河北居住时间最长的地方，成为了中共党史和中国革命史上的经典地标。

毛泽东到达西柏坡后，正是人民解放军与国民党军队开展战略决战前的关键时期。从 1948 年秋至 1949 年初，毛泽东在这座小山村里运筹帷幄，气吞万里，指挥了决定中国命运的济南、辽沈、淮

西柏坡中共中央旧址原貌

海、平津等重大战役。当时，毛泽东住所里的灯火彻夜不熄，西柏坡的电波连着长城内外，大江南北。在他的指挥下，中国人民解放军以歼敌150多万的战绩动摇了蒋家王朝的统治。叶剑英说：三大战役所取得的伟大战略决战的胜利，是毛泽东同志的战略决战思想的胜利，是毛泽东同志的人民战争思想的胜利，这种胜利，不仅在中国战争史上是空前的，而且为渡江战役奠定了基础，大大缩短了中国人民翻身解放的历史进程。可以说，毛泽东的军事思想和战争指挥艺术在西柏坡发挥到了极致。

"此次作战目的，主要是夺取济南"

济南是山东省省会，是连接华北、华东的枢纽，攻克济南意义重大。在毛泽东到达西柏坡不久，目光首先瞄向了济南。1948年7月，毛泽东向华东野战军提出：如能在八、九两月攻克济南，则许（世友）、谭（震林）全军可于十月间南下配合粟（裕）、陈（士榘）、韦（国清）、吉（洛）打几个大仗，争取于冬春夺取徐州。随后，又要求许谭兵团：主力应不惜疲劳，抢占济南飞机场，并迅速完成攻击济南之准备，以期提早夺取济南。同时，还要求中原野战军和粟、陈部"作有力配合"。8月，毛泽东在西柏坡起草致华东野战军的电报指出：此役关系甚大，我们要求你们是以一部兵力真攻济南，集中最大兵力于阻援与打援。"9月，毛泽东又致电山东兵团司令员许世友：此次作战目的，主要是夺取济南，其次才是歼灭一部分援敌，但在手段上即在兵力部署上，却不应以多数兵力打济南。如果以多数兵力打济南，以少数兵力打援敌，则因援敌甚多，势必阻不住，不能歼其一部，因而不能取得攻济的必要时间，则攻济必不成功。

在毛泽东的亲自部署下，9月16日夜，济南战役打响。经过八天的作战，俘虏包括王耀武在内的国民党高级将领34名，共歼灭国民党军建制一个绥靖区司令部、一个省保安司令部、两个师部、十一个整旅、两个总队、五个整团等 8.4 万多人，争取国民党第九十六军吴化文部三个旅共计两万多人起义；缴获了大量的弹药枪械以及各种军用物资。同时，解放了济南附近的三座县城。

济南战役中解放军突破济南城东南角

济南战役的胜利，沉重地打击了国民党蒋介石的"重点防御"计划，使华北、华东两大解放区联成了一片，并为正在进行的辽沈战役和准备进行的淮海战役创造了大规模歼敌的条件。在西柏坡，毛泽东通过济南战役看到了中国胜利的步伐正在迅速加快。他在11月的一封电报中指出：我全军九十两月的胜利，特别是东北及济南的胜利，业已根本上改变了敌我形势。7月至现在四个多月的作战，共歼敌军近百万人。国民党全军现已不足300万人，我军则已增至300余万人。9月上旬中央政治局会议时所作的五年左右建军五百万，歼敌500个正规师，根本上打倒国民党的估计及任务，因为九十两月的伟大胜利，已经显得是落后了。这一任务的完成，大概只需再有一年左右的时间即可达到。

"对我军战略利益来说，是以封闭蒋军在东北加以各个歼灭为有利"

许多军事家认为，毛泽东在西柏坡布下的一着绝妙好棋，即辽沈战役。当时，毛泽东认为，各个战场的形势都有利于解放军的作战，但国民党的战略企图是尽量延守东北时间，从而进行战略收缩。我们若采取"关门打狗"的方针，首先大量歼敌于辽沈，既能粉碎敌人的战略企图，也能使人民解放军获得战略的总后方，为华北、华东决战奠定基础。

1948年夏，辽沈战役开始前，东北野战军的主张是先打长春，在"围点打援"中歼灭敌人，孰料其打算未能奏效。大战关头，毛泽东在西柏坡反复与林彪磋商，指示他们，"攻击长春既然没有把握，当然可以和应当停止这个计划，改为提早向南作战的计划。在你们准备攻击长春期间，我们即告知你们，不要将南进作战的困难条件说得太多太死，以致在精神上将自己限制起来，失去主动性。"并指示他们要加紧进行政治动员和粮食准备。之后，林彪代表野战军按照毛泽东的部署，认识到"我军仍以南下作战为好，不宜勉强和被动的攻长春"，打算南下与晋察冀配合作战。同时提出，如能调动傅作义一两个军向西去，我们就可能全部歼灭北平、天津、张家口、保定、唐山、大同之敌。

此时，为配合东北野战军南下北宁线作战，毛泽东于8月3日在西柏坡召见华北军区司令员聂荣臻和华北第二兵团第二政治委员杨成武，向他们交待"东北打，华北牵"的任务，毛泽东说：出兵绥远，困难是很多的，那里是傅作义的老窝，他搞坚壁清野，你们去了会吃不上饭，战斗可能很不顺手，要把困难想透，想出解决困难的办法，做好充分的准备。杨成武曾说："毛主席日理万机，全国各个战场都需要他呕心沥血"，"他既向部下交待任务，又为部下把执行任务的困难想透"，"他是那样了解情况，全国的各个战场上就如同一盘棋，全在他的指掌之中。"

西柏坡毛泽东旧居

8月上旬，林彪、罗荣桓、刘亚楼又两次致电中央军委。提出：东北主力行动时间，须视杨成武部行动的迟早才能确定。南下则因大批粮食的需要无法解决，目前对出动时间，仍是无法肯定。毛泽东接电后异常着急，电告林、罗、刘："你们应迅速决定并开始行动，目前北宁线正好打仗，你们所谓你们的行动取决于杨成武的行动这种提法是不正确的。"接着又告诉他们：关于你们大军南下必须先期准备粮食一事，两个月前亦已指示你们努力准备。两个月以来，你们是否执行了我们这一指示一字不提。""对于你们自己，则敌情、粮食、雨具样样必须顾虑周到，对于杨成武部则似乎一切皆不成问题，试问你们出动遥遥无期，而令杨部孤军早出，如被傅作义赶走，对于战局有何利益？毛泽东在这个电报的最后，严厉地指出："对于北宁线上敌情的判断，根据最近你们几次电报看来，亦显得甚为轻率。为使你们谨慎从事起见，特向你们指出如上。你们如果不同意这些指出，则望你们提出反驳。"

8月13日，林、罗、刘致电军委和毛泽东，承认对北宁线的敌情是轻信了一些不确实的消息，作了错误的判断。9月3日，林彪、罗荣桓致电军委报告了南下作战的具体部署：我军拟以靠近北宁线的各部，突然包围北宁线各城，然后待北面主力陆续到达后，进行逐一歼灭敌人；北线主力控制沈阳以西及西南地区，并准备歼灭由沈阳向锦州增援之敌或歼灭由长春突围南下之敌；对长春之敌，以现有围城兵力，继续包围敌人，并准备乘敌突围时歼灭该敌。9月5日，毛泽东为中央军委起草复电，同意这个部署。指出：北宁线上各处敌军互相孤立，均好歼击，你们可以在北宁线上展开大规模作战。在此线上作战补给较便利，这又是中间突破的方法，使两翼敌人互相孤立，因此你们主力不要轻易离开北宁线。

接着，毛泽东要求东北野战军"确立打你们前所未有大歼灭战的决心"。9月7日，毛泽东以军委的名义致电林、罗，告诉他们中央关于全国战略任务的计划，要他们现在就应该准备使用主力于锦州、山海关、唐山一线，"而置长春、沈阳两敌于不顾，并准备在打锦州时歼灭可能由长、沈援锦之敌。"

9月10日，林彪、罗荣桓态度明朗地报告军委：完全同意军委所指示的前途与任务。并称已在北宁线附近的部队于12日在锦州、义县间打响，北线主力于13日起从四平街、长春附近南下。

林彪（右）、罗荣桓（左）、刘亚楼（中）在辽沈战役前线

9月12日，东北野战军对国民党军队发起强大攻势，辽沈战役正式开始。27日，毛泽东以军委的名义致电林、罗批准他们的计划，同时指出：歼灭义县等五处之敌后，如果先打山海关然后再回头打锦州，则劳师费时，给沈阳之敌以增援时间。不如先打锦州，然后攻山海关、滦县、唐山，如有可能直迫天津城下。林彪在9月28日定下"先攻锦州，再打锦西"的决心。毛泽东接电后，十分高兴，复电称："决心与部署均好，即照此贯彻实施，争取大胜。"

当林彪攻打锦州决心再次发生动摇时，毛泽东一天一宿没有睡觉，不断的抽烟、踱步、看地图，斩钉截铁地指出："你们应利用长春之敌尚未出动、沈阳之敌不敢单独援锦的目前紧要时机，集中主力，迅速打下锦州，对此计划不应再改。"同时询问道：你们指挥所现到何处？望迅速移至锦州前线，部署攻锦。这封电报发出后，毛泽东仍不放心。两小时后，他又再次致电林、罗、刘："我们坚持地认为你们完全不应该动摇既定方针，丢了锦州不打，去打长春。""我们不赞成你们再改计划，而认为你们应集中精力，力争十天攻取锦州。""只要打下锦州，你们就有了战役上的主动权，而打下长春并不能帮助你们取得主动，反而将增加你们下一步的困难。望你们深刻地计算到这一点，并望见复。"

按照上述部署，10月5日，林、罗、刘率领指挥所到达锦州西北20公里的牤牛屯，确定了攻锦步骤。10日，毛泽东为中央军委起草了致林、罗、刘电，指出：从你们开始攻击锦州之日起，一个时期内是你们战局紧张期间，望你们每两日或每三日以敌情我情电告我们一次。

10月14日，东北野战军向锦州发起总攻。这时，在西柏坡的毛泽东寝食难安，做好的饭菜凉了又热，热了又凉，始终不动筷子。经过31个小时的战斗，锦州解放。同时，在锦州东西两侧阻援的部队，以英勇顽强的战斗精神，打退了国民党军队分别从沈阳和葫芦岛增援的企图，保障了攻锦的胜利。毛泽东充分肯定了作战的成功，致电林、罗、刘说：锦州作战"部队精神好，战术好，你们指挥得当，极为欣慰，望传令嘉奖"。锦州大捷后，毛泽东要了一碗红烧肉吃，以示庆祝。

锦州攻克后，困守长春的国民党第六十军举行起义，新七军投诚，郑洞国率领残部放下武器。10月21日，长春和平解放。从沈阳西出后徘徊于新民、彰武地区的廖耀湘兵团十万之众，在蒋介石"规复锦州"的严令下，于10月20日向黑山、大虎山攻击前进。毛泽东批准林彪、罗荣桓采取"诱敌深入"的方针予以歼灭。10月25日，当廖耀湘兵团转向营口撤退时，东北野战军从四面八方将它分割包围，经过两天激战，将廖耀湘兵团全部歼灭。紧接着，大军又乘胜东进，到11月2日，解放了沈阳和营口。9日，收复锦西和葫芦岛。东北全境获得解放。

在毛泽东的具体指挥之下，三大战役之辽沈决战首战告捷，取得歼灭东北国民党军队47.2万人的巨大胜利。这次决战，给了国民党统治集团致命一击。东北"剿总"副总司令范汉杰说："这一着非雄才大略之人是做不出来的，锦州好比一条扁担，一头挑东北，一头挑华北，现在是中间折断了。"蒋介石在《苏俄在中国》一书中写道："东北一经沦陷，华北乃即相继失守，而整个形势也就不可收拾了。"路透社记者评论道："国民党在满洲的军事挫败，目前已使蒋介石政府比过去二十年存在期间的任何时候都更加接近崩溃的边缘。"

"此种穷极无聊的举动是注定要失败的"

正当辽沈战役进行得如火如荼之际，1948 年 10 月下旬，西柏坡中央军委机要局收到一份十万火急的军事情报，即：蒋介石、傅作义正以第九十四军、新编骑兵第四师、新编第二军一部等共计 10 万余人的兵力，分为偷袭和策应两个梯队，企图进攻石家庄，偷袭西柏坡。机要参谋立即将电报交给了毛泽东、朱德、周恩来等军委领导。

当时，华北军区留守西柏坡的兵力只有一个团约 1000 余人。面对敌人重兵压境，毛泽东、朱德、周恩来等立即集中在军委作战室内研究作战方案。经过充分考虑，最后作出作战部署：在军事上调动部队和民兵抗阻奔袭南进之敌；在政治上揭露敌人的阴谋。

中央军委副主席、代总参谋长周恩来随即调兵遣将，进行具体指挥，他致电华北军区司令员聂荣臻、政治委员薄一波等，简要地通报了敌军偷袭计划，命令华北军区部队立即赶至指定地点阻止敌军南下。华北军区接到中央军委命令后，于 25 日、26 日两次电令三纵、七纵和冀中、北岳等部队，作出了具体作战计划。周恩来于 27 日凌晨三次向毛泽东汇报军队部署情况。

为了从政治上彻底粉碎偷袭阴谋，毛泽东决定采取以虚避实、真假难辨的迷惑战法来对付蒋傅，他对周恩来说，我们不妨也学学诸葛亮唱段"空城计"，即我们在动员华北军民准备粉碎敌人进攻的时候，还要通过新华社把蒋介石、傅作义的阴谋作公开的揭露。向他们宣布我华北军民已做好准备，必将歼灭敢于来犯之敌。他当即拿起毛笔，写下了第一篇新闻广播稿《蒋傅匪军妄图突袭石家

庄》，10月25日晚由电台播发。其中写道：新华社华北25日电确

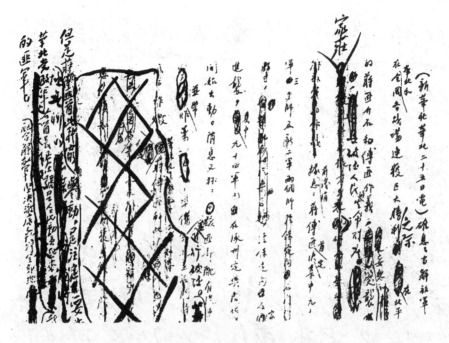

毛泽东写的第一篇新闻广播稿

息：当解放军在华北和全国各战场连获巨大胜利之际，在北平的蒋匪介石和傅匪作义，妄想突袭石家庄，破坏人民的生命财产。据前线消息：蒋傅匪首决定集中九十四军三个师及新二军两个师经保定向石家庄进袭，其中九十四军已经在涿县定兴间地区开始出动。消息又称：该匪部配有汽车，并带炸药，准备进行破坏。但是蒋傅匪首此种穷极无聊的举动是注定要失败的。华北党政军各首长正在号召人民动员起来，配合解放军，坚决、彻底、干净、全部地歼灭敢于冒险的匪军。

　　这篇新闻稿准确地揭露了蒋介石、傅作义的偷袭阴谋，并把敌人的行军路线、作战部署等说得一清二楚。蒋介石听了广播后，气得暴跳如雷，马上打电话给傅作义，令其立即查办泄露军机者，并命令按照原计划行动，争取在解放军主力到达前，一举捣毁中共总部。

毛泽东写的第二篇新闻广播稿

10月26日，毛泽东又提笔写下了《华北各首长号召保石沿线人民准备迎击匪军进扰》的报道，把这次阴谋偷袭的背景、内幕、兵力组成及指挥官名单、装备等情况揭露得一清二楚，暴露了敌军的行动。27日，国民党军抵达保定，并要快速进犯石家庄，偷袭西柏坡。

遵照中央指示，冀中七纵队首先在望都、方顺桥、清风店一带对国民党军展开阻击，于29日主动撤离第一道防线，转移到第二道防线唐河南岸进行阻击。国民党军于30日到达唐河北岸，动用了三个师的兵力，以损失1500人为代价突破第二道防线。

然而由于毛泽东巧妙地利用情报做文章，再加上解放军三纵和七纵赶到预定布防地域，在地方武装的配合下，对国民党军很快形成了迎面阻击和南北夹击之势。郑挺锋所率主力第九十四军和第一〇一军一个师在定县附近被我七纵截住，激战一天，伤亡几百人，于31日撤回北平。其他国民党军见偷袭无效，也急忙撤回。就这样，蒋傅挖空心思、精心策划的偷袭阴谋仅一个星期即告破产。

10月29日早晨，毛泽东写信给秘书胡乔木，说："我第一次口播已见成效，九十四军军长郑挺锋二十七日二十一时告傅作义称：'昨收听广播得知匪方对本军此次袭击石门行动似有所警惕。广播谓本军附新二军两师拟袭石门。彼方既有所感，必然预有准备，袭击恐难收效'等语。"31日，当毛泽东得知国民党军撤退的消息后，为使"空城计"善始善终，又提笔写了一篇文章《评蒋傅匪军梦想偷袭石家庄》，写得气势磅礴，深刻有力。他嘲笑了蒋介石在东北战场的失败，揭露了傅作义部企图偷袭石家庄的阴谋：蒋介石最近时期是住在北平，在两个星期内，由他经手送掉了范汉杰、郑洞国、廖耀湘三支大军。他的任务已经完毕，他在北平已经无事可做，昨日业已溜回南京。蒋介石不是项羽，并无"无面目见江东父老"那种羞耻心理。他还想活下去，还想弄一点花样去刺激一下已经离散的军心和人心。亏他挖空心思，想出了偷袭石家庄这样一条"妙计"。蒋介石原先是要傅作义组一支轻兵去偷袭济南的，傅作义

毛泽东写的第三篇新闻广播稿

不干。偷袭石家庄，傅作义答应了，但要两家出本钱。傅作义出骑兵，蒋介石出步兵，附上些坦克和爆炸队，从北平南下了。真是异常勇敢，一个星期到达了望都地区；指挥官是郑挺锋。从这几天的情报看来，这位郑将军似乎感觉有些什么不妥之处，叫北平派援军，又是两家合股，傅作义派的是三十五军，蒋介石派的是第十六军，正经涿州南下。这里发生一个问题：究竟他们要不要北平？现在北平是这样的空虚，只有一个青年军二〇八师在那里。通州也空了，平绥东段也只是稀稀拉拉几个兵了。总之，整个蒋介石的北方战线，整个傅作义系统，大概只有几个月就要完蛋，他们却还在那里做石家庄的梦。

听到广播后，蒋介石、傅作义急令撤兵。两天之后，当蒋介石获悉解放军三纵队 31 日晨才赶至沙河负责阻击任务，而在此之前中共首脑机关驻地西柏坡确实没有守兵的时候，他捶胸顿足，追悔莫及。至此，毛泽东指挥华北军民粉碎蒋介石偷袭党中央驻地的阴谋画上了句号。

"此战胜利，不但长江以北局面大定，即全国局面亦可基本上解决"

淮海战役是人民解放军在以徐州为中心，东起海州、西止商丘、北起临城、南达淮河的广大地区进行的一次规模空前的战役。济南战役结束，淮海战役即提到了日程。开始时的淮海战役的概念，还不是作为南线战略决战的淮海战役。当时，毛泽东和他的战友们昼夜无眠，中央的电台全部开动，西柏坡与各个战场的往返电报像雪片一样连绵不断，分秒不停。

1948 年 9 月 28 日，毛泽东电告华东野战军：淮海战役第一个作战，并且是最主要的作战，是钳制邱（清泉）、李（弥）两兵团，歼灭黄（百韬）兵团。新安镇地区距离徐州甚近，邱李两兵团赴援甚快。这一战役必比济南战役规模要大，比睢杞战役的规模也可能要大。10 月 11 日，他再次电示华野："本战役第一阶段的重心是集中兵力歼灭黄兵团，完成中央突破。"并且更着重地提出："要用一半以上兵力，牵制及阻击及歼敌一部以对付邱李两兵团，才能达成歼灭黄兵团三个师之目的。"毛泽东用"一半以上兵力"来打援的巨大决心和部署，完全出乎国民党当局的意料之外，这对以后保障淮海战役的初战大捷有着巨大的意义。

淮海战役总前委（左起）粟裕、邓小平、刘伯承、陈毅、谭震林合影

　　根据毛泽东淮海战役的规模将越打越大的预见，军委迅速考虑华东野战军和中原野战军这两支大军并肩作战的问题。10月22日，中央军委指挥中原野战军攻克郑州，消灭国民党军队一万多人。李达回忆道：从打郑州开始，淮海战役即成为华野、中野两支大军共同执行的任务了。

　　在中原野战军攻克郑州的同一天，毛泽东又对其下一步行动提出新的要求，即："以主力于邱李两兵团大量东援之际，举行徐蚌作战，相机攻取宿县、蚌县，坚决彻底干净全部地破毁津浦路，使敌交通断绝，陷刘峙全军于孤立地位。"至此，毛泽东作出了在淮海歼灭徐州"剿总"刘峙全军的决定。

　　10月27日，毛泽东致电华东和中原野战军再次叮嘱："你们在研究部署时除根据当前情况外，还要估计到情况的某些可能的变化。要设想敌可能变化的几种情况，其中应包括一种较严重的情况，要准备在这种情况下有对付的办法。"28 日，饶漱石、粟裕、谭震林向中央军委并刘、陈、邓报告围歼黄百韬兵团的作战计划。30 日，毛泽东复电："计划与部署甚好，请即照此施行。"并且提议："各处一起动作，使各处之敌同时受攻，同时认为自己处于危险境地，互相不能照顾。"陈、邓方面"亦请同时动作"。11 月 3 日，毛泽东致电陈、邓：关于钳制邱孙兵团的"具体攻击任务，由你们按当面情况临机决定"。

11 月 4 日，华东野战军下达淮海战役攻击命令。6 日傍晚，华野向徐州东侧新安镇地区的黄百韬兵团出击，淮海战役开始。第二天，毛泽东致电华东并告中原野战军的领导人，"非有特别重大变化，不要改变计划，愈坚决愈能胜利。在此方针下，由你们机断专行，不要事事请示，但将战况及意见每日或每两日或每三日报告一次。"并提出：第一仗估计需要十天左右时间，力争歼灭黄百韬等部二十一至二十二个师，如能达成此项任务，整个形势将改变，你们及陈邓即有可能向徐蚌线迫进。那时蒋介石可能将徐州及其附近兵力撤至蚌埠以南。如果敌人不撤，我们即可打第二仗，歼灭黄维、孙元良，使徐州之敌完全孤立。11 月 9 日，毛泽东在接到粟裕等关于"抑留敌人于徐州及其周围，尔后分别削弱与歼灭之"的建议后，立即起草"佳亥"电，明确提出："应极力争取在徐州附近歼灭敌人主力，勿使南窜。"11 月 11 日，解放军切断黄百韬兵团撤往徐州的退路，将其合围于以碾庄圩为中心的狭小地区内。22 日，黄百韬兵团在解放军总攻下，全部被歼。

当华东野战军主力正在围歼黄百韬兵团时，中原野战军主力在 16 日攻占宿县。攻克宿县，就切断了徐蚌线，完成了对徐州的包围。这个大举动，不仅有力地保障了围歼黄百韬兵团的作战，并且为淮海战役的全面胜利创造了极为有利的条件。对此，毛泽东立刻敏锐地看出：战场上的形势已发生巨大变化。当天，他为中央军委起草了关于成立中共淮海前线总前委的电报，指出："此战胜利，

解放军冒严寒渡河向黄百韬兵团进攻

不但长江以北局面大定，即全国局面亦可基本上解决。望从这个观点出发，统筹一切。统筹的领导，由刘、陈、邓、粟、谭五同志组成一个总前委，可能时，开五人会议讨论重要问题，经常由刘、陈、邓三人为常委，临机处置一切，小平同志为总前委书记。"

11月19日，黄百韬兵团还未歼灭，黄维兵团已抵蒙城东西地区。刘伯承、陈毅、邓小平致电中央军委提出："我们决心先打黄维。"当天，毛泽东复电，同意中原野战军以主力歼击黄维，华东野战军除继续围歼黄百韬兵团并阻击邱、李、孙（元良）外，抽出必要兵力对付李延年兵团，以求歼灭至少阻止李延年兵团，保障中原野战军侧翼不受威胁。23日，刘、陈、邓又向中央军委报告：黄维兵团远道疲劳，孤军冒进，态势突出，"歼击黄维时机甚好"，决心在浍河以北布置袋形阵地诱敌深入，聚歼黄维兵团。第二天，毛泽东复电：完全同意先打黄维；望粟陈张遵刘陈邓部署，派必要兵力参加打黄维；情况紧急时机，一切由刘陈邓临机处置，不要请示。淮海战役第二阶段歼击黄维兵团的作战方针便确定下来了。

黄维所率领的第十二兵团是蒋介石的精锐兵团。11 月 23 日开始，中原野战军将黄维兵团合围于双堆集地区。第二天，毛泽东致电总前委："黄维被围，有歼灭希望，极好极慰。但请你们用极大注意力对付黄维的最后挣扎。"两天后，又向他们提出下一步的任务："淮海战役的第三阶段是解决徐蚌两处之敌，夺取徐、蚌。"中原野战军在得到华东野战军一部的加强后，经过激战，至 12 月 15 日全歼黄维兵团，胜利地结束了淮海战役的第二阶段。

解放军歼灭黄维兵团时双堆集战场一角

11 月 28 日，毛泽东要求总前委注意：须估计到徐州之敌有向两淮或向武汉逃跑可能。果然，国民党军队于 30 日慌忙放弃徐州，由杜聿明率领邱、李、孙兵团共 30 万人向西南的永城方向撤逃。12 月 2 日，毛泽东致电华东野战军："敌向西逃，你们应以两个纵队，侧翼兼程西进，赶至敌人先头堵住，方能围击，不要单靠尾追。"4 日，华东野战军将撤退中已混乱不堪的杜聿明集团合围于徐州西南 65 公里的陈官庄地区，采取南面阻击、东西北三面攻击的方针，逐步缩小包围圈。

12月17日，毛泽东为中原、华东人民解放军司令部起草了《敦促杜聿明等投降书》，指出："你们现在已经到了山穷水尽的地步。黄维兵团已在十五日晚全军覆没，李延年兵团已掉头南逃，你们想和他们靠拢是没有希望了。你们想突围吗？四面八方都是解放军，怎么突得出去呢？你们这几天试着突围，有什么结果呢？"最后要求他们："立即下令全军放下武器，停止抵抗，本军可以保证你们高级将领和全体官兵的生命安全。只有这样，才是你们的唯一生路。你们想一想吧！如果你们觉得这样好，就这样办。如果你们还想打一下，那就再打一下，总归你们是要被解决的。"

从12月17日以后的20天中，天气骤变，雨雪交加，国民党军队粮弹两缺，饥寒交迫，士兵饿死冻死的越来越多。蒋介石派飞机空投的少量粮弹，根本无济于事。1949年1月6日，解放军发起总攻，陷入绝境的国民党军队的防御体系开始瓦解。10日，杜聿明集团全部被歼，淮海战役胜利结束。

淮海战役历时66天，共歼灭国民党军队55.5万多人，使得长江中下游以北的广大地区得到解放，南京、上海和武汉处在了人民解放军的直接威胁下。淮海战役是在总兵力上少于国民党军队，且情况复杂、变化迅速的情况下进行的。时任华东野战军副参谋长张震回忆道：

"毛主席高瞻远瞩，制定了淮海战役的作战方针，又博采众长，使这个方针得到补充和进一步完善。""淮海战役既是与敌人斗力，又是与敌人斗智。""毛主席的战略思想、作战方针和作战指导原则，是克敌制胜的根本依据。前线指挥员的胆略、智慧和威望，也是不可缺少的。""毛主席十分重视了解下情和发扬集体智慧，善于集中下级的正确意见，充分发挥前线指挥员的主观能动性，并给他们以临机处置的权力，使中央军委的战略意图得到更好的贯彻，这更证明了毛主席的伟大英明。"毛泽东则风趣地称赞前线指挥员们：淮海战役打得好，好比一锅夹生饭，还没有完全煮熟，硬是被你们一口一口地吃下去了。

"基本原则是围而不打，有些则是隔而不围，
以待部署完成之后各个歼敌"

　　1948 年底，驻防在北平、天津一带的国民党军队屡遭打击，军心动摇，陷入孤立和混乱的境地。当时，国民党华北"剿总"傅作义集团将四个主力兵团和其他部队 50 多万人，摆成长蛇阵，分驻在北宁铁路和平绥铁路 500 多公里的狭长地带上。

　　对如何解决华北问题，毛泽东早在 1947 年 5 月 20 日，在给林彪、罗荣桓的一份电报中就明确地指出：为了将来解放北宁、长春两路和平、津、沈、长四城，东北和华北必须密切配合，有计划地、逐步地建立北满、南满、冀热辽强大根据地。1948 年 8 月，他在西柏坡召见聂荣臻、杨成武时，对他们说："现在中央的战略决策是，先解放东北，然后再回过头来解放华北。因此，你们目前的战略任务就是配合东北作战，抓住华北的敌人，不让他们增援东北。"10 月 31 日，当东北野战军即将攻占沈阳、营口时，毛泽东部署东北主力先抽两个纵队即行南下，其他部队准备在下一步协同华北力量歼灭傅作义主力，夺取平津等地。

毛泽东起草的《关于平津战役的作战方针》

　　11 月 9 日，在毛泽东签发的电报中指出：在人民解放军胜利影响下，傅作义部正徘徊于平、张、津、保之间，对坚守平、津或西

退绥、包，似尚未下最后决心，并提出抑留傅部在平、张、津、保地区，以待我东北主力入关，协同华北力量，彻底歼灭该敌。15日，东北野战军总部致电军委，建议华北人民解放军除以一部监视太原外，"集中力量迅速包围保定或张家口"，切断它同北平的联系，以拖住敌人。"等到东北部队南下后，再同时合力发动攻势，歼灭全部敌人。"毛泽东在第二天复电说："你们提出的问题，我们曾经考虑过，认为如以杨罗耿位于绥东与杨成武集结一起，可以阻止傅作义部向绥远撤退，但不能阻止傅部及中央军向海上撤退，包围张家口是不能达此目的。"接着，他提出一个独到的设想："你们主力早日入关，包围津、沽、唐山，在包围姿态下进行休整，则敌无从海上逃跑。"但他仍以商量的口气写道："请你们考虑你们究以早日入关为好，还是在东北完成休整计划然后入关为好，并以结果电告为盼。"17日，毛泽东和周恩来商议后，由周恩来为中央军委起草致林、罗、刘的电报，指出在南线战局急剧变化的情况下，蒋介石必将考虑长江防线问题，目前他所能调动的兵力，只有华北、西北两集团，首先必是华北。因为西北胡宗南集团还负有掩护四川和西南的任务。毛泽东在这里添写道：虽然蒋介石不调动平津一带兵力这一种可能性也是有的，但是我们的计划应当放在他可能调动一点上。"从全局看来，抑留蒋系二十四个师及傅系步骑十六个师于华北来消灭，一则便利东北野战军入关作战，二则将加速蒋匪统治的崩溃，使其江南防线无法组成，华东、中原两野战军既可继续在徐淮地区歼敌，也便于东北野战军将来沿津浦路南下，直捣长江下游。"当时，军委提出了两个方案：一个是"东北野战军提前于本月二十五日左右起向关内开动"，另一个是"仍按原计划休整到12月半然后南进"，毛泽东和周恩来是倾向于实行第一个方案的。

林罗刘在接到毛泽东16日的关于"入关"的电报后，复电称：东北主力提早入关很困难。因为在东北解放后，部队思想发生很大波动，需要以大力解决；此外部队冬大衣、棉帽、棉鞋均尚未发下。因此，关内部队最好能在东北主力尚未动时，即能包围一股较

平津战役前线指挥部成员合影

大敌人，以拖住敌人为好。

11月18日，毛泽东为中央军委起草电报，向林罗刘通报："傅作义经过彭泽湘及符定一和我们接洽起义。""望你们立即令各纵队以一二天时间完成出发准备，于21日或22日，全军或至少八个纵队取捷径以最快速度行进，突然包围唐山、塘沽、天津三处敌人，不使逃跑，并争取使中央军不战投降（此种可能很大）。""望你们在发出出发命令后先行出发，到冀东指挥。"20日，他再次致电林罗刘等："先以四个纵队夜行晓宿秘密入关，执行隔断平津的任务。"为了使东北主力入关的行动不过早惊动对方，他特别强调："部队行动须十分荫蔽，蒋傅对我军积极性总是估计不足的，他们尚未料到你们主力会马上入关，因此除部队行动十分荫蔽外，请东北局及林罗谭令新华社及东北各广播台在今后两星期内多发沈阳、新民、营口、锦州各地我主力部队庆功祝捷练兵开会的消息，以迷惑敌人。"

傅作义这时虽已通过关系开始接洽起义，但意在保存实力，并没有拿定主意，还有西逃和南下的可能，而以西逃的可能性较大。毛泽东估计，一旦以迅速动作抓住并包围张家口、宣化后，傅作义将调集他的嫡系主力第三十五军等部由北平地区西援。如能在平张线上歼其一部，使傅部不能西逃或南下，便是极大的战略上的胜利。

11月29日，华北第三兵团对柴沟堡等地发起攻击，平津战役从西线打响。果如毛泽东所预料的那样，傅作义立刻命令第三十五军主力和第一百零四军一个师分别乘火车和汽车驰援张家口，并且调原在涿县的第十六军移至昌平、南口，以便在形势不利时保住西撤的通路。12月5日，原来秘密集结在北平以北平谷地区待命的东北先遣兵团两个纵队采取突然行动，迅速攻占密云，傅作义判断他们将直下北平，急忙调整部署：命令第三十五军和一百零四军一个师火速撤回北平，并从天津、塘沽等调集第九十二、六十二军和第九十四军主力增防北平。

根据毛泽东和中央军委的部署，华北第三兵团迅速包围了张家口，华北第二兵团将从张家口匆忙东撤的傅作义第三十五军包围于新保安。接着，东北先遣兵团占领了怀来、康庄、南口。东北野战军指挥所属各纵队，以神速隐蔽的行动，分别由喜峰口、冷口向关内急进，到达冀东集结。这样，解放军便将傅作义集团主力分别包围或吸引在北平和张家口地区，使天津、塘沽、唐山各只有一个军，造成东北野战军主力可以切断平津、津塘之间联系的有利形势。毛泽东欣慰地说：此种形势"对于大局极为有利"。

为防错过战机，12月11日，毛泽东致电林彪、罗荣桓等指出："张家口、新保安、怀来和整个北平、天津、塘沽、唐山诸敌，除某几个部队例如三十五军、六十二军、九十四军中的若干个别的师，在依靠工事保守时尚有较强的战斗力外，攻击精神都是很差的，都已成惊弓之鸟，尤其你们入关后是如此。切不可过分估计敌人的战斗力。"并且明确地指出:"唯一的或主要的是怕敌人从海上逃跑。"同时,他又具体部署:"从本日起的两星期内,基本原则是围而不打(例如对张家口、新保安),有些则是隔而不围(即只作战略包围,隔断诸敌联系,而不作战役包围,例如对平、津、通州),以待部署完成之后各个歼敌。尤其不可将张家口、新保安、南口诸敌都打掉,这将迫使南口以东诸敌迅速决策狂跑,此点务求你们体会。"

东北野战军奔赴平津战场

　　电报说:敌人现时可能估计你们要打北平,"但我们的真正目的不是首先包围北平,而是首先包围天津、塘沽、芦台、唐山诸点。""此种计划出敌意外,在你们最后完成部署以前,敌人是很难觉察出来的。""敌人对于我军的积极性总是估计不足的,对于自己力量总是估计过高,虽然他们同时又是惊弓之鸟。平津之敌决不料你们在 12 月 25 日以前能够完成上列部署。"在完成上列部署后,

"攻击次序大约是：第一塘芦区，第二新保安，第三唐山区，第四天津、张家口两区，最后北平区。""只要塘沽（最重要）、新保安两点攻克，就全局皆活了。"

对这样的作战部署，叶剑英后来评论道："'兵贵神速'和'出敌不意'的原则，为一般军事家所熟知，但毛泽东同志运用之妙，却超乎寻常。'围而不打'和'隔而不围'的作战方针，以及延缓华东战场对杜聿明集团残部最后歼灭部署的指示，则更表现了军事指挥上的高度艺术。"

局势的发展，正如毛泽东所预计的那样。12月中旬，傅作义将华北"剿总"司令部由北平西郊迁到城内，并加强塘沽的防守。我华北第二、第三兵团加强了对张家口和新保安的包围，东北野战军和华北第七纵队完成了隔断平、津、塘之间的联系。傅作义集团这只"惊弓之鸟"，已被分割包围而变成笼中之鸟，欲逃无路了。

12月22日和24日，解放军先后攻占新保安、解放张家口，将傅系主力基本消灭。同时，毛泽东要求东北野战军迅速切断天津和塘沽之间的联系，指示："攻击塘沽的迟早，以我军由大沽或塘沽附近是否可以炮击塘沽海港和完全封锁塘沽来作决定。"25日，林罗将第七纵队关于塘沽地形情况的报告转报军委，提出：从地形来看很不好打。26日，林彪又向军委报告：平津敌军突围迹象甚多，塘沽、大沽目前水的阻碍太大，兵力用不上，故对两沽的攻击时间拟予推迟。第二天，毛泽东以军委名义复示林彪："既然平津敌突围象征甚多，目前攻击两沽亦有困难，自应推迟攻击两沽时间，并请考虑将迫近两沽之我军向后撤退。敌人见我不去攻击，就不一定会逃跑，若干天后海边封冻，再考虑是否攻击。该敌只有五个师，即使从海上跑掉也不要紧。"同时，又强调："平津两敌则应严防突围逃跑。""如果平津两敌确有突围征候，即应断然放弃对两沽之攻击计划，将对两沽兵力移至平津之间。"29日，毛泽东更明确地复示林彪："放弃攻击两沽计划，集中五个纵队准备夺取天津，是完全正确的。"1949年1月14日，在天津国民党守军奉命拒绝和平解

1949 年 1 月 15 日天津解放

决后，人民解放军发起总攻，到 15 日攻克天津，歼灭守军 13 万人。17 日，塘沽守军乘船南撤，人民解放军于当日解放塘沽。这样，傅作义集团的北平守军已完全没有退路，促成了他们接受和平解决。

为了用和平方式解放北平，毛泽东对傅作义进行了耐心的工作。毛泽东认为，"一方面他曾是抗日的爱国将领，与蒋介石的独裁卖国、排除异己有较深的矛盾，在国民党政府即将覆灭时，有把他争取过来的可能性；另一方面他反共，跟我们打过仗，他自己有两个军的嫡系部队，整个华北由他统帅的国民党军队有 60 万人，不到不得已时，他不可能轻易接受和谈。"事实正是这样，战场上的胜败，左右着傅作义对和谈的态度。新保安一战，使傅作义真正接受和谈。到天津解放，他才最后下定决心率部接受和平改编。

1949 年 1 月 1 日，毛泽东致电林彪，要他们通过北平地下党告诉傅作义："和平地解放北平，或经过不很激烈的战斗解放北平，傅氏立此一大功劳，我们就有理由赦免其战犯罪，并保存其部属。

解放军接管北平

北平城内全部傅系直属部队，均可不缴械，并可允许编为一个军。"
9日，他又表明："为避免平津遭受破坏起见，人民解放军方面可照
傅方代表提议，傅作义军队调出平津两城，遵照人民解放军命令开
赴指定地点，用整编方式，根据人民解放军的制度，改编为人民解
放军。"此后，经过多次谈判，从1月22日起，傅作义所部20多万
人开出城外，接受和平改编。1月31日，我人民解放军进驻城内。
古都北平宣告和平解放。

　　毛泽东和战并用，历时64天，歼灭和改编国民党军队52万余
人，取得了平津战役的伟大胜利。尤其是北平的和平解放，使这座
举世闻名的文化古都得到了完整的保存，成为了历史上的一大幸
事。平津战役后，毛泽东的军事思想有了进一步的升华。当年3月，
毛泽东在中共七届二中全会上把天津、北平、绥远的解放归纳为解
决国民党军队的三种方式，并在理论与实践的角度进行了详尽的
论述。

北平和平解放入城式

"将革命进行到底"

三大战役的顺利实施，使国民党的反动统治岌岌可危。然而，他们并不甘心自己的失败，还在千方百计作垂死挣扎。在美、英帝国主义的策划下，国民党反动派"主动下野"、"恢复和谈"、"隔江而治"的伎俩接踵而来。

是将革命进行到底，还是让革命半途而废呢？在关乎中国人民前途命运的非常时刻，毛泽东在西柏坡用两天的时间写出了《将革命进行到底》一文，对这一重大问题给予了明确的回答。他指出："中国人民将要在伟大的解放战争中获得最后胜利，这一点，现在甚至我们的敌人也不怀疑了。""敌人是不会自行消灭的。无论是中国的反动派，或是美国帝国主义在中国的侵略势力，都不会自行退出历史舞台。""现在摆在中国人民、各民主党派、各人民团体面前

毛泽东起草的指挥三大战役部分手稿

的问题，是将革命进行到底呢，还是使革命半途而废呢？如果要使革命进行到底，那就是用革命的方法，坚决彻底干净全部地消灭一切反动势力，不动摇地坚持打倒帝国主义，打倒封建主义，打倒官僚资本主义，在全国范围内推翻国民党的反动统治，在全国范围内建立无产阶级领导的以工农联盟为主体的人民民主专政的共和国。如果要使革命半途而废，那就是违背人民的意志，接受外国侵略者和中国反动派的意志，使国民党赢得养好创伤的机会，然后在一个早上猛扑过来，将革命扼死，使全国回到黑暗世界"。"我们将不怕任何困难团结一致地去实现这些任务。几千年以来的封建压迫，一百年以来的帝国主义压迫，将在我们的奋斗中彻底地推翻掉。一九四九年是极其重要的一年，我们应当加紧努力。"

1949 年 1 月 1 日，《将革命进行到底》以新年献词的方式在《人民日报》公开发表，并在国内外引起了强烈的反响。随后，毛泽东又以中共中央主席的名义发表《关于时局的声明》及《四分五裂的反动派为什么还要空喊"全面和平"？》、《国民党反动派"呼吁和平"变为呼吁战争》、《评国民党对战争责任问题的几种答案》、《南京政府向何处去?》等一系列评论文章，坚定地表达了将革命进行到底的伟大决心。

　　三大战役胜利结束了，但毛泽东并没松一口气，西柏坡的灯光依旧是彻夜长明。1949年2月9日，刘伯承、陈毅、邓小平将关于渡江作战计划报告给党中央和中央军委。2月11日，毛泽东为中共中央军委起草致刘、陈、邓，饶漱石、康生、曾希圣、粟裕、谭震林并告林彪、聂荣臻电，指出："总前委照旧行使领导军事及作战的职权，华东局和总前委均直属中央。"决定由第二野战军司令员刘伯承、政治委员邓小平和第三野战军司令员兼政治委员陈毅、副司令员兼第二副政治委员粟裕、第一副政治委员谭震林等五人组成中国共产党渡江战役总前委，邓小平为书记。参加渡江战役的有解放军第二、第三、第四野战军和中原、华东军区部队共约八个兵团26个军100多万人。渡江战役总前委的成立，标志着人民解放军渡江南下拉开了帷幕。

渡江战役期间，华东军区、第三野战军领导同志合影

之后，毛泽东在渡江战役的指导思想、后勤保障、干部准备、技术人员等方面进行了细致周密的考虑和部署。他指出：我们向江南进军，可能有"遇杜、遇津、遇平"三种情况，所谓"遇杜"，就是准备打淮海战役杜聿明集团那样的大仗；"遇津"，就是准备打天津战役那样较小的敌人，一鼓作气歼敌；"遇平"，就是准备像北平和平解放那样接管城市与改编旧军队。要求指战员在思想上物质上始终是作"遇杜"的准备，弱敌当强敌打，以战斗方式渡江。同时，毛泽东考虑渡江后接管大城市和开辟新解放区更需要大批干部，先后提拔排以上干部 5.8 万余人，通过多种方式培训干部 4.8 万多人南下工作。

4月18日，毛泽东和中央军委命令"二野、三野各兵团于二十日开始攻击，二十二日实行总攻"。1949 年 4 月 21 日，中国人民解放军百余万雄师，突破长江天险，相继攻克南京、上海、杭州、武汉等大中城市。毛泽东在西柏坡运筹的最后一个战役行动付诸实现。"虎踞龙盘今胜昔，大翻地覆慨而慷。""宜将剩勇追穷寇，不可沽名学霸王。"在毛泽东的领导之下，人民解放军节节推进，全国的胜利就在眼前。

第七章　农家屋里谋划建国大业

毛泽东在西柏坡期间，正是中国命运大转折的历史时期。国民党统治集团不但失去了战场上的主动权，而且在政治、经济上混乱不堪，危机四伏，失去了人心。相反，中国共产党领导的军队捷报频传，各个解放区日益强大，打倒蒋介石，解放全中国，已成为5亿中华儿女的众望所归。正如毛泽东所说："这是一个历史的转折点。这是蒋介石二十年反革命统治由发展到消灭的转折点。这是一百多年以来帝国主义在中国的统治由发展到消灭的转折点。"

"沧海横流方显英雄本色"。在西柏坡的日子里，毛泽东深谋远虑，纵横捭阖，着手从理论上、思想上和实践上描绘新中国的蓝图，确定中国由新民主主义向社会主义转变的大政方针。在毛泽东的带领下，新中国从这里走来。

"待开全区人民代表大会，选出华北人民民主政府"

1948年2月16日，根据人民解放军转入战略进攻，华北解放区连成一片的基本形势，刘少奇向中共中央提出了晋察冀、晋冀鲁豫两个边区、中央局、军区合并，成立华北中央局的意见。刘少奇的意见与毛泽东的考虑不谋而合，毛泽东认为，此举是建立解放战争后方基地，加强解放区政权和经济建设的一项非常英明的提议，遂予以充分肯定。

3月6日，毛泽东代表中共中央致电中央工委，对两区合并问题做了明确的指示，认为："合并两个中央局，成立北方局，有利无害。时机亦已成熟，拖下去无必要。我们意见即以中工委为中心合并两个中央局为北方局，刘少奇兼任北方局第一书记，薄一波为第二书记，聂荣臻为第三书记。""两区的军政两项机构，暂不合并，但将财经逐步集中于华北财经办事处等。"9日，中央工委复电中共中央并提出异议，认为"合并党务、财经机构，而不合并军、政两项机构，势不可能。因主要机关均需迁至石家庄附近，才便利工作。"提议两军区司令部、政治部和两边区政府亦一道合并，分别由朱德、董必武主持。经过中央认真地讨论和分析，认为中央工委的意见有道理，即于3月10日复电中央工委，同意党政军财一律统一的方针。

5月9日，中共中央正式决定：晋冀鲁豫、晋察冀两解放区合并为华北解放区；两中央局合并为华北中央局，由刘少奇任第一书记；两军区合并为华北军区，由聂荣臻任司令员；两边区政府暂成立华北联合行政委员会，由董必武任主席。

毛泽东到达西柏坡后，指示华北局先召开两边区参议会驻会参议员联席会议，决议召开华北临时人民代表大会，然后由临时人民代表大会产生统一的华北政府。据此，6月26日，晋冀鲁豫、晋察冀两边区参议会驻会参议员在石家庄举行联席会议，通过关于召开华北临时人民代表大会产生统一的华北人民政府的重要决议；7月11日，两边区政府联合发布《关于召开华北临时人民代表大会暨代表选举办法的决定》；8月7日至19日，华北临时人民代表大会在石家庄人民电影院隆重举行。大会选举产生由董必武、聂荣臻、薄一波、徐向前、成仿吾、杨秀峰、谢觉哉、黄敬、宋劭文、滕代远等27人组成的华北人民政府委员会。9月26日，华北人民政府正式成立，各部门负责人正式就职。

在党中央和毛泽东的直接领导下，华北人民政府不负众托，不仅开展了一系列卓有成效的工作，而且为新中国的诞生和中央人民政府的建立作了组织上的准备。

首先是组织解放区人民开展了空前的支前工作。在各级党政领导的带领下，从冀东、冀中至太岳、晋中，从冀鲁豫到察哈尔、绥

1948 年 9 月 26 日，华北人民政府部分成员在平山县王子村合影

远，全区人民以"倾家荡产"的精神组成了数千个军供站点和纵横交织的供应线，有数百万民兵、民工不顾年关在即、不顾天寒地冻，昼夜筹集粮秣、抢修道路，服务于战争勤务。据初步统计，1948 年冬至翌年春，华北地区动员人力 4700 万个日工、畜力 1600 多万个日工参加支前活动，筹集、转运作战物资约 8 亿多斤，抢修道路 6000 多里，修复铁路路基 1700 多里，等等。如此大规模的支前活动，可靠地保障了百万大军南下，有力地支援了前方作战，为新中国的诞生作出了重要贡献。

　　其次是为恢复和发展国民经济探索了路子。华北人民政府成立后，废除了一些苛捐杂税，实行了公平合理的负担；制定了廉洁奉公的供给制度，减少了不必要的财政负担；发行了人民货币，激励了工农业的生产和商贸流通；加强了人口管制，防止了敌对势力和不法分子的经济掠夺和破坏生产；开展了减租减息与土地改革，改善了农民的生活，提高了支前的积极性；适当增加了工人工资，提高了工人们的待遇；建立了公营企业，进行了有计划的经济建设；

实施了保护工商业的政策，稳定和推进了国民经济；开展了大生产运动、兴修水利活动和生产互助活动，发展了农业生产。

再次，为民主政权的建设提供了经验。华北人民政府是在反帝、反封建、反官僚资本主义的指导思想上建立的，是以工农联盟为基础的人民政府。同时，它又是由各阶层人士参加的政府，它代表了工人、农民的利益，也照顾到了各个阶层的利益，与各个阶层结成了广泛统一战线。华北人民政府成立后，颁布了《村、县（市）人民政权组织条例》、《村、县（市）人民代表选举条例》，在组织形式上各级政府由人民代表大会选举产生，体现了民主基础上的集中和集中指导下的民主，对新中国国家的政治制度进行了有益探索。

第四，为中央人民政府的建立作了组织准备。1949 年 4 月，中央决定华北人民政府并入中央人民政府。届时，华北人民政府的领导们提出了组织建议，各个部委提出了工作方案，供中央参考。10 月 27 日，中央人民政府主席毛泽东发布命令：中央人民政府业已成立，华北人民政府工作着即结束。原华北人民政府所辖五省二市改归中央直属。中央人民政府的许多机构，应以华北人民政府所属有关机构为基础迅速建立起来。10 月 31 日，华北人民政府完成了光荣的历史使命，许多部门改为中央人民政府的工作部门，许多人员参与中央人民政府工作。

建立华北人民政府是毛泽东筹谋建立中央人民政权的前奏，具有重要的现实意义。这一举措，不但有力地支援了解放战争，而且为建立中央政权积累了经验，开启了建立中央人民政府的序幕。

"这次会上什么都讲了，而且连前途问题都讲了"

1948 年 9 月，西柏坡秋风送爽，捷报频传。为适应节节发展的大好形势，彻底推翻国民党蒋介石政权，建设新民主主义的新中国，9 月 8 日至 13 日，毛泽东在西柏坡组织召开了具有重要意义的中共中央政治局扩大会议，又称中共中央政治局"九月会议"。

　　会议在中央机关的小食堂召开，出席会议的有政治局委员 7 人，中央委员和候补中央委员 14 人及部分工作人员。这是自抗战胜利以来参加人数最多的一次中央政治局扩大会议。会上，毛泽东通过"报告"和"总结"，对当前任务和中国由新民主主义社会转变为社会主义问题进行了阐述，会议的中心议题是："军队向前进，生产长一寸，加强纪律性"。主要内容为：

中共中央九月会议旧址

　　分析了全国的军事政治形势，总结了人民解放战争以来的伟大战绩，规定了从根本上打倒国民党统治，夺取全国胜利的伟大战略任务。毛泽东指出："我们的战略方针是打倒国民党，战略任务是军队向前进，生产长一寸，加强纪律性，由游击战争过渡到正规战争，建军五百万，歼敌正规军五百个旅，五年左右根本打倒国民党。"他还指出：为了使党的工作中心逐步地由农村转到城市，和完成夺取全国胜利的任务，应该有计划地训练大批的能够管理军事、政治、经济、党务、文化教育等项工作的干部，并准备在 1949

年召集中国民主党派、人民团体和无党派人士的代表开会，成立中华人民共和国临时政府。

提出了人民民主专政的重要思想。在会议的报告和结论中，毛泽东论述道："建立无产阶级领导的以工农联盟为基础的人民民主专政，我们政权的阶级性是这样，无产阶级领导的，以工农联盟为基础，但不是仅仅工农，还有资产阶级民主分子参加的人民民主专政。这个问题的提法，在我们党内有一个历史发展过程。""我们是人民民主专政，各级政府都要加上人民二字，各种政权机关都要加上人民二字，如法院叫人民法院，军队叫人民解放军，以示和蒋介石政权不同。我们有广大的统一战线，我们政权的任务是打倒帝国主义、封建主义和官僚资本主义，要打倒它们，就要打倒它们的国家，建立人民民主专政的国家。""人民民主专政的国家，是以人民代表会议产生的政府来代表它的。"为此，"政协今年下半年或明年上半年要开一次会，现在开始准备。战争第四年将要成立中央政府。这个政府叫作什么名字，或叫临时中央政府，或叫中国人民解放委员会，其性质都是临时性的中央政府。"要建立民主集中制的各级人民代表会议制度，"关于建立民主集中制的各级人民代表会议制度问题，我们政权的制度是采取议会制呢，还是采取民主集中制？过去我们叫苏维埃代表大会制度，这是死搬外国名词。现在我们就用'人民代表会议'这一名词。我们采用民主集中制，而不采用资产阶级议会制。"

提出了新中国成立后的新民主主义经济构成及政策。毛泽东指出：社会经济中起决定作用的东西是国营经济、公营经济，这个国家是无产阶级领导的，所以这些经济都是社会主义性质的。农村个体经济加上城市私人经济在数量上是大的，但是不起决定作用。我们国营经济、公营经济，在数量上较小，但它是起决定作用的。我们的社会经济的名字还是叫"新民主主义经济"好。并在结论中再次强调要发展国家经济，由发展新民主主义经济过渡到社会主义。并要求负责经济工作的刘少奇对经济成分进行再考虑，草拟具体文件，准备在七届二中全会上进行讨论。

再次强调了纪律问题。毛泽东认为，在新形势下，进一步加强组织纪律性，统一党的领导，具有头等重要的意义。他指出：由于我党我军在过去长时期内是处于被敌人分割的、游击战争的并且是农村的环境之下，各地方党的和军事的领导机关保持着很大的自治权，这一种情况，曾经使得各地方的党组织和军队发挥了他们的自动性和积极性，渡过了长期的严重的困难局面。同时，也产生了某些无纪律状态、无政府状态和地方主义，损害了革命事业。主要表现为：擅自修改中央的或上级党委的政策和策略，执行自以为是的违背统一意志和统一纪律的极端有害的政策和策略，许多情况下事前不请示事后不报告，将自己管理的地方看成独立国。为克服存在无纪律状态和无政府状态，他强调，"军队向前进，生产长一寸，加强纪律性，革命无不胜"，要将一切可能和必须集中的权力集中于中央和中央代表机关手里，使战争由游击战争的形式过渡到正规战争的形式。会议还通过了《中共中央关于各中央局、分局、军区、军委分会及前委会向中央请示报告制度的决议》、《中共中央关于召开党的各级代表大会和代表会议的决议》。会后，毛泽东代表中央起草了《中共中央关于健全党委制度的决定》，明确了党委处理各种关系、决策各项问题的原则与方法。

九月会议是毛泽东在西柏坡组织的重要会议之一，这次会议对夺取全国胜利的问题和新中国国体、政体、中国由新民主主义转变为社会主义问题进行了讨论与统一，为召开党的七届二中全会作了理论上的准备。

"从现在起，开始了由城市到乡村并由城市领导乡村的时期"

1949 年 3 月 5 日，西柏坡春寒料峭，万物萌生。这天，毛泽东在这里组织召开了中共历史上一次具有重大历史意义的会议——中国共产党七届二中全会。参加会议的有来自各个解放区的部分中央委员、候补中央委员等共计 53 人，会议就党的工作重心转移、党的建设、建国大略等重大问题进行了讨论和统一。毛泽东亲手描绘出了新中国的宏伟蓝图。

中共七届二中全会会场

七届二中全会的会场设在西柏坡中央机关大伙房里，正面墙上挂着两面绣有"中国共产党"字样的党旗，党旗上方是毛泽东和朱德的画像。会场前方放置一张桌子权当主席台，主席台前面是形制不一的沙发和高低不同的长条椅。整个会场简单、庄严、肃穆。5日下午，毛泽东信心满怀地宣布会议开始，并对为人民解放死难的同志静默三分钟。会上，毛泽东作了《在中国共产党第七届中央委员会第二次全体会议上的报告》。这个报告，被称为毛泽东开国思想之大成与新中国建设的蓝图。报告的主要内容包括：

提出了实现工作重心转变的方针。毛泽东指出："从 1927 年到现在，我们工作重点是在乡村，在乡村聚集力量，用乡村包围城市，然后取得城市。采取这样一种工作方式的时期现在已经完结。从现在起，开始了由城市到乡村并由城市领导乡村的时期。党的工作重心由乡村移到了城市。"他特别指出：进入城市后，"必须学会在城市中向帝国主义者、国民党、资产阶级作政治斗争、经济斗争和文化斗争，并向帝国主义者作外交斗争"。在这些城市斗争中，必须全心全意地依靠工人阶级，团结其他劳动群众，争取知识分子，争取尽可能多的能够同我们合作的民族资产阶级分子及其代表

毛泽东前往七届二中全会会场

人物，以便一步一步地去战胜敌人。他强调：必须用极大的努力去学会管理城市和建设城市，从我们接管城市的第一天起，我们的眼睛就要向着这个城市的生产事业的恢复和发展，要围绕着生产建设这一个中心工作并为这个中心工作服务。同样，在老解放区，党的中心任务是动员一切力量恢复和发展生产事业，这是一切工作的重点所在。

指出了新民主主义的经济形态和工作政策。毛泽东说：中国的

工业和农业在国民经济中的比重，就全国范围来说，在抗日战争以前，大约是现代性的工业占 10% 左右，农业和手工业占 90% 左右。这是一个最基本的国情，是帝国主义制度压迫中国的结果。这是旧中国半殖民地和半封建社会性质在经济上的表现，这也是中国革命的时期内和在革命胜利以后一个相当长的时期内一切问题的基本出发点。从上述基本点出发，毛泽东论述了各种经济成份的状况及党的相应政策。首先，中国现代性工业的产值虽然占国民经济总产值的 10% 左右，但它却极为集中，没收这些资本归无产阶级领导的人民共和国所有，就使人民共和国掌握了国家的经济命脉，使国营经济成为整个国民经济的领导成分。其次，指出中国大约 90% 左右的个体的分散的农业经济和手工业经济是落后的，它们在今后一个相当长的时期内，将是分散的和个体的；但必须谨慎、逐步而又积极

王稼祥（左）与李富春在七届二中全会期间

地引导它们向着现代化和集体化的方向发展。再次，指出中国的私

习仲勋（右）与马明方在七届二中全会期间

人资本主义工业，占了现代性工业中的第二位，在革命胜利以后一个相当长的时期内，还需要尽可能地利用城乡私人资本主义的积极性，以利于国民经济的向前发展。他概括说：社会主义性质的国营经济，半社会主义性质的合作经济，私人资本主义经济，个体经济，加上国家和私人合作的国家资本主义经济，这些就是人民共和国的几种主要的经济成分，这些就构成新民主主义的经济形态。

　　阐明了人民民主专政的国体。早在 1948 年，毛泽东就曾指出，新民主主义的政权是工人阶级领导的人民大众的反帝反封建的政权。所谓人民大众，包括工人阶级、农民阶级、城市小资产阶级、民族资产阶级，而以工人、农民和其他劳动人民为主体。他指出，人民大众组成自己的国家并建立代表国家的政府，工人阶级经过自己的先锋队中国共产党实现对国家及其政府的领导。他解释道："我们政权的阶级性是这样，无产阶级领导的，以工农联盟为基础，但不是仅仅工农，还有资产阶级民主分子参加的人民民主专政。"

在 1949 年一月政治局会议上，毛泽东进一步指出："人民民主专政也是独裁，人民民主独裁，即以其人之道还治其人之身。人民内部是民主，对敌人是独裁。对这个问题宣传得不够，甚至党内也有人弄不清，一听独裁就脸红，其实独裁是对敌人，对一切反革命分子阶层、集团、党派。这是基本问题，必须讲清。"在七届二中全会上，对于人民民主专政的任务，毛泽东强调，即团结全体工人阶级、农民阶级和广大的革命知识分子，同时团结尽可能多的能够同我们合作的城市小资产阶级和民族资产阶级的代表人物，彻底地打倒国内的反革命势力和帝国主义势力，迅速地恢复和发展生产，对付国外的帝国主义，使中国稳步地由农业国转变为工业国，把中国建设成为一个伟大的社会主义国家。

李先念（左）与王震在七届二中全会期间

　　指出了解决国民党残余力量的三种方式，即天津方式、北平方式和绥远方式。毛泽东认为，天津方式就是用战斗去解决敌人，这是我们首先必须注意和必须准备的。人民解放军的全体指挥员、战斗员，绝对不可以稍微松懈自己的战斗意志，任何松懈战斗意志的思想和轻敌的思想，都是错误的。北平方式就是迫使敌军用和平方法，迅速地彻底地按照人民解放军的制度改编为人民解放军。用这种方法解决问题，对于反革命遗迹的迅速扫除和反革命政治影响的迅速肃清，比较用战争方法解决问题是要差一些的。但这种方法是在敌军主力被消灭以后必然地要出现的，是不可避免的；同时也于军于民有利，可以避免伤亡和破坏。绥远方式，是有意地保存一部分国民党军队，让它原封不动，或者大体上不动，就是说向这一部分军队作暂时的让步，以利于争取这部分军队在政治上站在我们方面，或者保持中立，以便我们集中力量首先解决国民党残余力量中的主要部分，在一个相当的时间之后，再去按照人民解放军制度将这部分军队改编为人民解放军。这种斗争方式对于反革命遗迹和反革命的政治影响，保留的时间将较长些，但是归根到底是要被肃清，这是毫无疑问的。

制定了独立自主的外交政策。毛泽东认为，我们在外交方面的立场是中华民族的独立解放必须实现。他强调："关于帝国主义对我国的承认问题，不但现在不应急于去解决，而且就是在全国胜利以后的一个相当时期内也不必急于去解决。我们是愿意按照平等原则同一切国家建立外交关系的，但是从来敌视中国人民的帝国主义，决不能很快地就以平等的态度对待我们，只要一天它们不改变敌视的态度，我们就一天不给帝国主义国家在中国以合法的地位。"要"另起炉灶"，"打扫干净屋子再请客"。他讲到，在国民党军队被消灭、国民党政府被打倒的每一个城市和每一个地方，帝国主义者在政治上的控制权即随之被打倒，他们在经济上和文化上的控制权也被打倒。我们进入城市，要立即统制对外贸易，改革海关制度。关于同外国人做生意，那是没有问题的，有生意就得做。我们必须尽可能地首先同社会主义国家和人民民主国家做生意，同时也要同资本主义国家做生意。

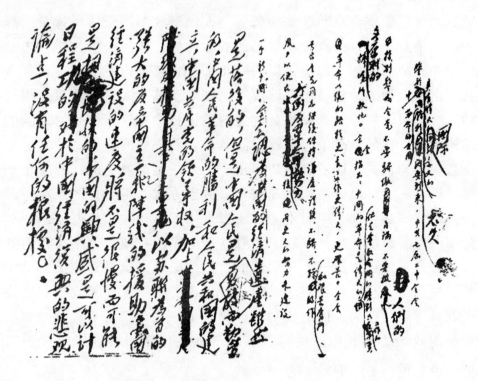

毛泽东修改的七届二中全会新闻稿

进一步强调了加强党的建设问题。从乡村到城市，从革命战争到经济建设，对于即将执政的中国共产党来说，党的建设问题是一个十分重大而紧迫的新课题。会上，毛泽东谆谆告诫大家，因为胜利，党内的骄傲情绪，以功臣自居的情绪，停顿起来不求进步的情绪，贪图享乐不愿再过艰苦生活的情绪，可能生长。因为胜利，人民感谢我们，资产阶级也会出来捧场。敌人的武力是不能征服我们的，这点已经得到证明了。资产阶级的捧场则可能征服我们队伍中的意志薄弱者。可能有这样一些共产党人，他们是不曾被拿枪的敌人征服过的，他们在这些敌人面前不愧英雄的称号；但是经不起人们用糖衣裹着的炮弹的攻击，他们在糖弹面前要打败仗。我们必须预防这种情况。他形象地指出：夺取全国胜利，这只是万里长征走完了第一步。如果这一步也值得骄傲，那是比较渺小的，更值得骄傲的还在后头。在过了几十年之后来看中国人民民主革命的胜利，

毛泽东在中共七届二中全会上讲话

就会使人们感觉那好像只是一出长剧的一个短小的序幕。剧是必须从序幕开始的，但序幕还不是高潮。中国的革命是伟大的，但革命以后的路程更长，工作更伟大，更艰苦。这一点现在就必须向党内讲明白，务必使同志们继续地保持谦虚、谨慎、不骄、不躁的作风，务必使同志们继续地保持艰苦奋斗的作风。

根据毛泽东的提议，会议还作出六条规定：一不做寿；二不送礼；三少敬酒；四少拍掌；五不以人名作地名；六不要把中国同志同马恩列斯平列。他说："如果并列起来一提，就似乎我们自己有了一切，似乎主人就是我，而请马、恩、列、斯来做陪客。我们请他们来不是做陪客的，而是做先生的，我们做学生。"13 日，毛泽东作了会议总结，批准了 1945 年 6 月七届一中全会以来中央政治局的工作报告、关于召开新的政治协商会议及成立民主联合政府的建议，批准了毛泽东关于以八项条件作为与南京政府进行和平谈判的基础的声明，通过了《关于军旗的决议》等。最后，党的七届二中全会在热烈的掌声中胜利闭幕。

党的七届二中全会为新中国的诞生在政治上、思想上、理论上作了全面准备。这标志着旧的社会制度、旧的国家机器行将灭亡，新中国将迎着朝阳从西柏坡走来。毛泽东和老一辈革命家在西柏坡确立的建党、建国方略一直指引着全党和全国人民在社会主义道路上阔步前进，毛泽东在七届二中全会上的讲话依然萦绕在人民的脑海里。

"请他们来共商建国大事"

西柏坡是毛泽东指挥作战的统帅部，也是国内外爱好和平人士神往的地方。为筹备新政协会议，1948 年 10 月到 1949 年 3 月，数十位军事、政治、文化、经济界的朋友应邀来到西柏坡，与共产党共商建国大计。一时间，柏坡岭名人荟萃，滹沱河冰雪消融。在毛泽东晓之以理，动之以情、诙谐幽默的交谈中，共产党众望所归，蒋家王朝灰飞烟灭，民主共和国向人民走来。

1948 年夏，著名社会活动家胡愈之来到了西柏坡。毛泽东在简陋的办公室里接见了这位进步人士。交谈中，胡愈之认为中国革命胜利的时间用不了两年，因为随着革命形势的发展，国民党不仅军事崩溃了，经济也要崩溃，因而人心也崩溃了，国民党区域不论哪一个阶层，都希望解放军胜利，希望蒋介石垮台，这是一个人心向背的问题，因此，毛泽东对中国革命胜利的预期应该变化。毛泽东

胡愈之、沈兹九夫妇在李家庄

听后，对他的看法十分重视，随后就此问题与中共中央的其他领导人进行了专门研究。1948年11月14日，毛泽东写成了《中国军事形势的重大变化》，其中对自己原先的估计进行了更改："这样，就使我们原来预计的战争进程，大为缩短。原来预计，从1946年7月起，大约需要5年左右时间，便可能从根本上打倒国民党反动政府。现在看来，只需从现时起，再有一年左右的时间，就可能将国民党反动政府从根本上打倒了……"

　　1948年10月，剧作家田汉和安娥以赴外地写剧本为掩护从上海来到了西柏坡。毛泽东在摆满电报的办公桌旁接见了田汉。田汉怀着对中国革命的一腔热忱，从衣袋里掏出一份材料，非常珍重地送给毛泽东。毛泽东不解，眼里露出惊奇的目光。田汉解释说这是他应泰山电影公司之邀，去台湾采访时写的材料，自己在游历宝岛的过程中，几乎绕着海岛转了一圈半。他想到总有一天我们的解放军会去解放这个地方，便把历代对台湾用兵的登陆地点做了一些考察，都记在那份材料里。

　　毛泽东拉着田汉的手笑着说："谢谢你，寿昌（田汉）同志，我想这份材料一定大有益处！现在还有一个重要任务想交给你。"田汉一听，马上急切地问是什么任务。毛泽东说："一些著名的民主人士已经从香港、上海等地陆续集中到了沈阳，其中不少人如李济深、沈钧儒、马叙伦、郭沫若等，你都是很熟识的。请你陪林伯渠同志出关，去迎接这批人士入关。北平很快就要解放了，请他们来共商建国大事！"

此后，田汉全然像一个初上战场的战士，全身心投入到迎接民主人士入关的工作中。

1948 年秋，已逾古稀之年的进步民主人士陈叔通，应毛泽东的邀请来到西柏坡。毛泽东亲自迎接他，并热情地拉着他走进简陋的办公室

毛泽东与陈叔通在一起

嘘寒问暖。毛泽东对他说："你是清朝的翰林，经历了几个时代，见多识广，你的经验是很宝贵的。"陈叔通秉性耿直，他经常思考重要问题，认为自己意见是正确的，就直率陈述。例如，在讨论新政协是否提早在石家庄召开时，他主张待北平解放，确定首都后，在北平召开为好。又如新中国是否要另立年号时，他主张用公历，如此等等，都是和党中央的决策相符的。

在西柏坡，陈叔通深深感到，中共中央的领导人是真心实意地同他商量，所以他总是表示说："你们让我做什么，我一定全力去做！"并以诗言志表达心情，曰："迟暮长征两鬓皤，未除元恶肯投戈。书疆玉气成狐鼠，夹道军声乱鸭鹅。姑息终贻他日患，纵谈遥

忆故人多。正如夜尽方迎曙，回首中原发浩歌。"

1948 年 10 月，著名教育家符定一受中国共产党邀请前往解放区商议新政协事宜。到达西柏坡时，夜幕已降临。符定一见毛泽东等中央领导亲自迎接于院门口，十分感动。吃过饭后，谈话从晚上11 点一直持续到凌晨 3 点。

毛泽东与符定一在一起

不久，和平解放北平的消息传到西柏坡，毛泽东马上叫人派车亲自前往中央统战部驻地李家庄会见符定一，毛泽东亲切地握住符定一的手说："好久没有见到你老人家了。今天一方面来看你，一方面向你报告一个好消息，傅作义已经同意了我们的条件，北平和平解放了。"符定一听后，高兴地说："这可是大家的希望，这都是毛主席胸怀广阔和共产党的英明使然，否则，北平怎能和平解放？"毛泽东笑着对符定一说，这是民主起了决定作用，广集群言，也包括您老人家的意见。符定一感动地说："还是毛主席和共产党伟大，创造出了奇迹。"

当符定一知道毛泽东已两天两夜没有休息，不顾疲劳，把好的消息第一个告诉自己时，紧紧握住毛泽东的手，激动地流出了眼泪，说："毛主席为中国人民解放事业作出了多么伟大的贡献呀！"毛泽东谦虚地说："符先生夸奖了。"临分手时，毛泽东看到李家庄符定一的居所十分简陋，条件很差，想到符先生年纪大了，坐硬椅子会腰痛，便马上派人从西柏坡送来了一个软沙发。

符定一把毛泽东送到门外。在门口，毛泽东竟风趣地突然打了一个立正，恭敬地行了一个举手礼，大声说："符先生保重，北平见！"

毛泽东走后，符定一深情地说："得民心者得天下，毛主席如此敬老崇文，必得人心。"

1948年冬，杰出的女作家、记者、国际问题专家杨刚应召回国，来到了党中央所在地西柏坡。在一所普通的北方民宅里，杨刚见到身穿灰棉布军服，裤膝上打着补丁，衣着朴素，和蔼可亲的毛泽东时，激动得热泪盈眶。

毛泽东用浓郁的湖南乡音亲切地和她谈话，询问她是哪里人，有几个孩子，孩子在哪里。陪同的周恩来介绍说，杨刚背叛封建家庭，参加革命，入党较早，不仅是一个有才华的女作家、记者，而且是一位国际事务活动家。毛泽东点头微笑，露出赞许的目光，紧紧地握住了她的手。

杨刚向毛泽东介绍了在《大公报》工作的同志是如何利用报社老板给的一点自由，巧妙地与敌人进行斗争的情况。毛泽东笑着赞赏说："哈哈，巧妙地和敌人作斗争，你是其中突出的一个女同志嘛！"当杨刚说起从纽约到香港，策动香港《大公报》同仁转变立场，弃暗投明的情况时，毛泽东高兴地说："好！好！我们欢迎香港大公报主编王芸生先生到解放区来！"

离开西柏坡后，杨刚随军南下，以军代表的身份同王芸生一起奔赴上海，接管上海《大公报》。1949年6月17日，上海《大公报》发表《新生宣言》。从这一天起，《大公报》全体同仁正式加入了革命队伍。

1949年1月中旬，受中共中央邀请，雷洁琼、严景耀、费孝通、张东荪等知识分子从北平八大处出发，由8名解放军战士陪同，乘大卡车前往西柏坡。

到达西柏坡后，在朴素整洁的饭厅里，毛泽东、刘少奇、周恩来、朱德、任弼时、邓颖超等人都来看望他们。毛泽东亲切地和他们一一握手问好，很快就缓解了他们拘谨的情绪。

饭后，他们随着毛泽东走进办公室，围绕着放满电报的书桌坐下。政治学教授张东荪很高兴有机会向中共中央领导人当面阐述自己的政治主张，他送给了毛泽东一本封笔之作《民主主义与社会主义》，毛泽东也回赠一套东北解放区出版的《毛泽东选集》。

当晚，毛泽东同他们谈了四个方面内容。一是谈当时的国内形势和对民主党派的要求。毛泽东说，人民解放战争已经在全国范围内取得决定性胜利，但是敌人是不会自行消灭的，正在玩弄反革命的两手。一手是继续组织残余的军事力量在长江以南负隅顽抗，另一手是策动中间力量在革命阵营内部组成反对派，极力使革命就此止步。针对在民主党派和知识界中有些人主张"和谈"、"划江而治"、"中间路线"的错误主张，毛泽东精辟地分析了当时的形势，指出，摆在中国人民和民主党派、人民团体面前的问题必须是将革命进行到底，如果使革命半途而废，那就是违背人民的意志，使国民党反动派赢得反扑机会，将革命扼杀，使中国又回到黑暗世界。毛泽东还以蛇和农夫的寓言作形象比喻，指出，决不能怜悯恶人，要求民主党派必须选择自己应走哪条道路。毛泽东这番话讲得生动形象，给在座的四位教授以很深刻的教育，增强了他们对革命必将迅速在全国获得最后胜利的信心，也更坚定他们继续参加爱国民主运动的决心。二是共同探讨了知识分子的问题。毛泽东详细询问了北平西北郊区解放后，知识分子的思想、工作和生活情况，询问是否还有前清的翰林、进士，还询问了留在上海的张澜、罗隆基等爱国民主人士的情况，并希望在座的四位贤达广泛推荐人才。四位教授谈到在国民党腐败政治的统治下，通货膨胀，物价飞涨，清华、燕京两校的教师生活困苦，仍然坚守岗位，等待解放，有的人在蒋介石派飞机接他们去南京拒绝离开时，毛泽东十分高兴地说，中国的知识分子绝大多数是爱国的，是要革命的。三是谈到全国解放后的经济建设和科学、教育、文化事业的发展问题。毛泽东在强调发展交通铁路运输事业对经济建设的重要性时，指出，中国幅员辽阔，内地和边疆地区更是落后，一定要建设一个四通八达的铁路网。在谈到学术思想的各种派别问题时，毛泽东主张通过自由讨论来统一思想，促进艺术的发展、科学的进步和文化的繁荣。四是谈到对美国的问题。毛泽东告诉他们，要把美国政府当权者同广大美国人民区别开来。一定要警惕美帝挑拨知识分子同党的关系，要丢掉幻想。但是也指出，美国的广大人民是友好的，同中国人民有传统的友谊。

一席长谈，从傍晚开始直到深夜才结束。雷洁琼、严景耀、费孝通、张东荪四人听了毛泽东敞开心扉的一席话，非常兴奋。

1948 年冬，各民主党派代表和进步人士在西柏坡讨论了《关于召开新的政治协商会议诸问题》草案和《新的政治协商会议筹备会组织条例》草案等。经过反复协商，共产党与各民主党派和进步人士形成了共识，加强了团结。11 月 25 日，中国共产党同各民主党派达成了召开新的政治协商会议的共同协议。

1949 年 2 月 22 日下午，上海人民和平代表团的邵力子、章士钊等来到西柏坡。毛泽东在接见他们时说，你们为和平远道而来，共产党是爱好和平的，有什么事尽可商量，只是时间、地点、人选值得考虑。当有人提出蒋介石愿意进行谈判时，毛泽东说：蒋介石在 1 月 1 日提出了愿意和中国共产党进行和平谈判的建议，但他又提出了先决条件，他还是想继续打仗，不是和平谈判。为了迅速结束战争，实现真正和平，减少人民的痛苦，中国共产党愿意和南京政府及国民党地方政府和军事集团进行谈判。

之后，中共方面与上海人民和平代表团达成了 8 点秘密协定。即：谈判以中共与南京政府各派同数代表为之，地点在石家庄或北

上海人民和平代表团成员在西柏坡

平；谈判方式取绝对秘密及速议速决的方法；谈判以中共 1 月 14 日声明及所提八条为基础；谈判协议发表后，南京政府团结力量与中共共同克服可能发生之困难；迅速召集新政协成立民主联合政府；南京政府参加新政协及参加联合政府之人选，由中共（包括民主人士）与南京政府商定之；南方工商业按照原来环境，依据中共城市政策，充分保障实施；有步骤地解决土地问题。

上述八条秘密协定，为以后的正式和谈铺平了道路。

1949 年 2 月 22 日，毛泽东在西柏坡接见了傅作义等。他风趣地说："过去我们在战场见面，清清楚楚，今天我们是姑舅亲戚，难舍难分。蒋介石一辈子耍码头，最后还是你把他甩掉了。""北平和平解决最好，你这是为人民做了一件大好事。""北平是闻名的文化古都，八国联军欺负我们，烧毁了圆明园，破坏了许多名胜古迹，订立了一系列不平等条约。如果我们中国人自己打起来，把紫禁城打毁了，文明古都被破坏了，我们的子孙后代是会骂我们的。""你带个好头，立个大功。今后的事，可能还不少。你可以向你的

部下讲清楚，既然是和平解决，你原来
的部队要进行改编，将来你们都是人民
解放军的一员了，和解放军一样看待，
决不歧视。你知道，我们历来说话是算
数的。"

傅作义

一席话，使傅作义心里的疑团解开
了，他表示自己半生戎马，除抗日战争
时期外，是罪恶累累，今后决心要在共
产党的领导下，全心全意地做一些力所
能及的工作，决不会半心半意和三心二
意。傅作义说："请问主席，我是回北平
还是住在这里？"毛泽东笑着说："你现
在住在北平很好，不久我们也要到北平去。将来咱可以更好地合
作，建设我们的国家。我们到北平以后就要召集民主党派、人民团
体、无党派人士、少数民族和华侨等各方面的代表人物开会，成立
中华人民共和国政府，你也将被邀请参加会议，你有功，也有代表
性。"傅作义激动地说："我回北平以后，一定向部下传达毛主席和
其他中央首长的指导和关心，一定要在共产党和部队首长的领导
下，做好部队的和平整编工作。我个人也要无条件地服从毛主席和
党中央的决定，叫我做任何工作，我都保证做好。在我有生之年，
做一些对人民有益的事情，也好弥补我过去的过错。"

毛泽东问到傅作义愿意做什么工作时，傅作义说："我想，我
不能在军队里工作了，最好让我回到河套一带去做点水利建设方面
的工作。"毛泽东说："你对水利工作感兴趣吗？那河套水利工作面
太小了，将来你可以当水利部长嘛，那不是更能发挥作用吗？"

当谈到对傅部原有人员的政策时，毛泽东说："我俘虏你的人
员，都给你放回去，你可以接见他们。我们准备把他们都送到绥远
去。"傅作义问："还要送到绥远去，为什么？"毛泽东说："国民党
不是一贯宣传共产党杀人放火，共产共妻吗？他们到了绥远，可以

现身说法，共产党对他们一不搜腰包，二不侮辱人格；可以帮助在绥远的人学习学习，提高认识嘛。这些人我们以后还要用哩！"

谈到绥远问题，毛泽东说："有了北平的和平解放，绥远就好解决了。可以先放一下嘛，等待他们的起义。还是以前说的，给你们编两个军。对于你们来说，走革命的道路，要过好几个关，但主要的是要过好军事关。这一关过好了，以后土改关、民主改革关，将来还有社会主义关等就好过了。"

周恩来与傅作义（右三）、邓宝珊（右四）等合影

傅作义听了毛泽东对自己及所率原部队人员的安排，心里非常感动。这一番交谈，使他受到极大的鼓励，精神非常振奋。1949年2月24日上午，傅作义离开西柏坡返回北平。4月1日，他向全世界公开发表《和平通电》，决心在毛泽东领导下，实现新民主主义，建设新中国。第二天，毛泽东亲笔致信傅作义，对其行为给予了充分肯定，并表示"贵将军复愿于今后站在人民方面，参加新民主主义的建设事业，我们认为这是很好的，这是应当欢迎的。"

　　除了会见各界民主人士之外，毛泽东还在西柏坡向各民主党派领导人和知名人士宋庆龄、李济深、冯玉祥、何香凝、柳亚子、沈钧儒、郭沫若、张澜、黄炎培、许德珩、陈嘉庚等发出邀请，希望他们前来参加新政协会议，共同建设新中国。

　　陈嘉庚是著名的南洋华侨领袖。1948 年底，毛泽东亲自在西柏坡向他发出邀请函：

　　嘉庚先生：

　　中国人民解放斗争日益接近全国胜利，需要召开新的政治协商会议，建立民主联合政府，团结全国人民及海外侨胞力量，完成中国人民独立解放事业。为此亟待各民主党派及各界领袖共同商讨。先生南侨硕望，谨请命驾北来，参加会议，肃电欢迎，并祈赐复。

毛泽东

　　接到毛泽东的邀请信后，陈嘉庚立即复电："革命大功将告完成，曷胜兴奋，严寒后决回国敬贺。"4 月初，70 多岁的陈嘉庚踏上了归国的旅程，途经香港，再乘船北上，最后到达北京。

　　在给陈嘉庚发函的同一天，毛泽东又给住在大洋彼岸的司徒美堂写了一封语气真切、态度诚恳的亲笔信：

　　司徒美堂先生：

　　去年 10 月 23 日惠书，因交通阻梗，今始获悉。热情卓见，感佩殊深。中国人民解放斗争日益接近全国胜利，召开新的政治协商会议，建立民主联合政府，团结全国人民及海外侨胞的力量，完全实现中国人民的独立解放事业，实为当务之急。为此，亟待各民主党派各界民主人士共同商讨，至盼先生摒挡公务早日回国，莅临解放区参加会议。如旅途尚需时间，亦将筹备意见先行电示，以利进行。谨电欢迎，并盼赐复。

毛泽东

　　由于远隔重洋，收到毛泽东的信时，国民党南京政府已经宣告灭亡。83 岁的司徒美堂读罢毛泽东的来信，异常激动，表示：忠诚爱国、义气团结、侠义除奸乃我洪门精神，现今举国民主进步团体及代表会聚北平，与中共共商建国大计，如此国家大事，我洪门焉有逃避不参与之道理？是年夏，司徒美堂辗转到达北京。

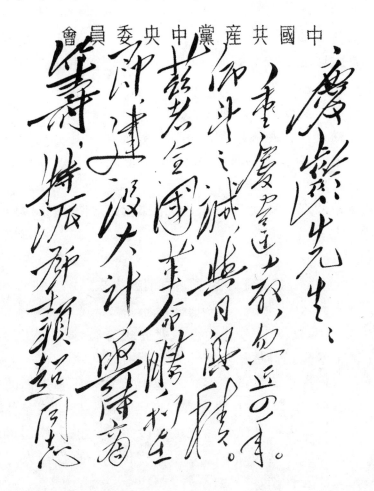

毛泽东写给宋庆龄的亲笔信

宋庆龄是一位杰出女性，是中国共产党的亲密朋友。1949 年 1 月 19 日，毛泽东、周恩来在西柏坡联名给留居上海的宋庆龄写信：

中国革命胜利的形势已使反动派濒临死亡的末日，沪上环境如何，至所系念。新的政治协商会议将在华北召开，中国人民革命历尽艰辛，中山先生遗志迄今始告实现，至祈先生命驾北来，参加此一人民历史伟大的事业，并对于如何建设新中国予以指导。至于如何由沪北上，已告梦醒与汉年、仲华切商，总期以安全为第一。谨电致意，伫盼回音。

宋庆龄接到信后，因身体有病不宜旅行，加上当时在上海受到国民党的严密监视，暂时未能动身。后来，毛泽东又让邓颖超带给宋庆龄一封亲笔信：

重庆违教，忽近四年。仰望之诚，与日俱积。兹者全国革命胜利在即，建设大计，亟待商筹，特派邓颖超同志趋前致候，专诚欢迎先生北上。敬希命驾莅平，以便就近请教，至祈勿却为盼！专此。敬颂大安！

在毛泽东的真情打动下，宋庆龄由邓颖超等陪同于 1949 年 8 月 28 日由上海抵达北平。

"打扫干净屋子，再请客人来"

1949 年 1 月 31 日，苏共代表、中央政治局委员、部长会议副主席阿·伊·米高扬等从旅顺辗转来到西柏坡。

毛泽东一见远道而来的贵客，就迎上前去握住客人们的手，热情地说："欢迎，欢迎！"并请大家到自己住的小院里喝茶休息。毛泽东对客人说："从石家庄到西柏坡这段路程虽说不算远，可是很难走，早就提出要修这段路，可是因为打仗，一直没有人力、财力修这条路，只能先打仗，再建设了。"

米高扬介绍了自己的来意，他说："斯大林十分关心中国革命形势的发展，派我代表他到中国来听取你们的意见。你们所讲的话我回国后向斯大林汇报。任何事都由斯大林决定。"

毛泽东告诉米高扬："在你来这里的路上，华北最重要的大城市北平已和平解放了，天津在半个月前也已经解放了，所以你来回的路上就安全了，没有太大的担心了。"这天的交谈是在轻松愉快的氛围中进行的，屋子里不时传出爽朗的笑声。

2月1日下午，双方举行正式会谈。毛泽东与米高扬就中国国内的政治、军事、外交各个方面进行了交谈。毛泽东在谈到中国革命时说："敌人不投降，就坚决、彻底、干净、全部地歼灭它。我们在1947年10月就提出了'打到南京去，活捉蒋介石'的口号。后来还提出过'打过长江去，解放全中国'。这都是我们的战略性的指导口号，而且将要在实际行动中逐步实现的。"

米高扬问道："人民解放军准备什么时候渡过长江，占领南京和上海？"

毛泽东说："这大概要在4月份以后。因为要确保南京和上海地区的胜利，就需要把林彪的部队从北平调往南方和西南，以遏制那里的国民党军队，使他们不能调兵增援南京、上海一带。一般情况下，我们首先致力于夺取广大的乡村，避免攻占大城市。这是因为中共的基本成分是农民，管理南京、上海这样的中心城市是一个很大的工程，需要相当多的干部。再加上上海这样的大城市是靠外地的原料和燃料维持的，那里粮食本来就十分紧张。拿下上海，这方面的问题一旦解决不好，工业就会停滞，失业就会蔓延，人民的境遇就会恶化。"

米高扬对此提出了异议，明确表示：占领大城市一事，越快越好。同时劝毛泽东要尽快在联合的基础上成立革命政府。这样做即使在国际关系方面也是有利的——此后共产党人就不必再像游击队那样神出鬼没，而是以一个政府的名义出面，这一定有利于进一步的反蒋斗争。

毛泽东说："不应急于建立政府，有了政府，那就要搞联合，这意味着，共产党要为自己的所作所为对其他党派负责，这就复杂了，眼下共产党人是以革命委员会的名义活动，该委员会虽然与其他党派有联系，但它是独立的。"

谈及农村问题，米高扬认为中国共产党更多地注意农民，而较少关注城市和工人阶级。他认为这种立场根源于过去的时期，因为往时党和军队一直生活在山区，远离工人集中的地区。时代变了，

毛泽东会见米高扬

可是对工人阶级的态度还是老样子。

毛泽东强调说："共产党在农村的影响是独一无二的，无人可望其项背。是蒋介石对农民的政策帮了共产党人的忙。城市的情况是有所不同的。"接着又重申道："中国农民要比所有的美国工人和许多英国工人觉悟高得多。"

关于国际关系和中国对外政策的总方针，毛泽东做了一个通俗的比喻说：我们这个国家，因为被帝国主义的铁蹄踏过，垃圾、尘土、跳蚤、臭虫、虱子什么都有。解放后，我们必须把那些脏东西通通打扫一番，等屋内打扫清洁、干净，有了秩序，陈设好了，再请客人进来。我们真正的朋友，可以早点进屋子来，也可以帮我们做点整理工作，但别的客人得等一等，暂时还不能让他们进门。米高扬听后频频点头。

毛泽东与米高扬在一起

　　当天晚上，毛泽东又到米高扬的住处拜会，说："我们认为，我们越胜利地向前发展，也就越需要更多的朋友，同时也更需要朋友对我们的同情和支持。朋友是有真朋友和假朋友之分的。真朋友对我们是同情、支持和帮助的，是真心诚意地友好。假朋友们是表面上的友好，他们口是心非或者还出些坏主意，使人上当受骗，然后他们幸灾乐祸。我们会警惕这点的。"

在谈话中，毛泽东以东方人表示谦虚的方式，说："中国共产党的经验还很少，我们只不过是斯大林的学生，请苏共中央给予指示。""用马克思主义教育干部是中国共产党的首要任务之一。过去以为干部自己就应该阅读全部马克思主义著作。现在看清楚了，这是不可能的，因为干部们一面学习，一面还进行着大量实际工作，所以决定要求每个干部必须读 12 本马克思主义著作。比如《共产党宣言》、《社会主义从空想到科学的发展》、《国家与革命》、《列宁主义问题》等等。"

周恩来会见米高扬

2 月 7 日，在米高扬临离开西柏坡的最后一个晚上，这位使者给斯大林发电报称：与我交谈的政治局委员们，在一般政治、党务、农民及整体经济问题上完全是行家。毛泽东对马克思列宁主义有巨大的创造和发展，中国共产党人在中国并不是机械地搬用马克思主义，而是在充分考虑并结合了中国特点和具体条件的基础上加以运用的。因此，中国革命有自己的道路，有自己的特点。阐述中国共产党的经验本身就非常重要，它的总结至少对亚洲国家革命运动具有重大理论意义。

回到莫斯科后，斯大林对米高扬的工作表示非常满意，赞扬米高扬此行未辱使命，让他更进一步地了解了中国革命及其领袖毛泽东。

第八章　风范永留西柏坡

西柏坡时期是毛泽东革命生涯中最繁忙的时期之一，然而，他依然念念不忘人民群众。从毛泽东在西柏坡时期的几个事例可以看出，他是党的群众路线的倡导者，更是党的群众路线的实践者。

"数谁年纪大，谁就去住新房"

在毛泽东即将到达西柏坡前，中央工委领导都觉得他在陕北转战一年多，条件十分艰苦，现又要运筹和指挥更大的战役，应该有一处相对好点的房子休息与办公。

经过商定，大家在西柏坡后沟专为毛泽东建起了一幢坚固、安全的新房，形状像三间并排的窑洞，旁边还有一个简易防空洞，环境比较安静、安全。

毛泽东到西柏坡后，在工作人员引领下首先进了中央书记处集体办公和开会的一座小院儿稍事休息。晚饭后，几位书记陪他去看后沟的住处。看罢，他既没说好也没说不好。周恩来对跟在身边的叶子龙说："把主席的东西搬过去吧。"不料，毛泽东却拉住了叶子龙说："等一等！"然后又对大家说："我不能住那儿。"原来他已经决定住在下车后最先进入的那座院落。

毛泽东说："总司令和少奇住在一起太挤了，后沟新房那里还安静些，总司令年纪大了，还是请他搬到那里住吧！""另外，根据你们介绍的情况，我看住在哪里都是可以的，我就住在这里吧。我如果到后沟去住，整天开会，是我一个人往这里跑呢，还是让你们四个人往后沟跑呢？"

　　毛泽东这一说，大家便明白了，他不是看中了前边的小院儿和那房子，而是要把好房子让给别人住。大家都想再劝他，可又都知道他的脾气，在这些事上，他既然这么说了，就很难改变。朱德听毛泽东说让他去住后沟的新房子，就推让着让刘少奇去住，刘少奇自然也不会去。朱德见推不过去，就对毛泽东说："我们大家都愿意让你住那里，可你在这件事上，就不坚持少数服从多数了？"毛

毛泽东让给朱德住的三间新房

泽东笑着点了点头对大家说："好啊，现在我来发扬民主。我提议，我们五位书记中，数谁年纪大，谁就去住新房，你们同意不同意？"刘少奇、周恩来、任弼时一听就清楚了毛泽东的真实意图，没等朱德说话，都说："同意！"

　　"那好，少数服从多数，总司令去住新房，就这么……"没等毛泽东说完，大家都会心地笑起来。

　　毛泽东住的那座农家小院很普通，两进两出，里院的北房曾被侵华日军烧了，只剩下几堵墙壁。不久前，工作人员在原有的残墙断壁上又棚起房顶子，临时作为中央书记处集体办公和开会的地

方。前院西边有一个磨盘和一个猪圈，最热的时候，毛泽东曾在院子里办公，在"磨盘上布下百万兵"，推演出了战争史上的一个个奇迹。

安顿好后，许多人都不约而同地汇聚到毛泽东的住处，热情问候。当谈起敌机轰炸城南庄一事时，大家都为毛泽东遇险而后怕。毛泽东十分感激老战友们的关心，并风趣地说："你们害怕，我倒觉得好玩。我还是第一次看到飞机在我头上丢炸弹呢。有的炸弹落在地上爆炸了，有的没有响，我看了看住房，屋里炸得很厉害。如果我一个人在屋里睡觉，没有人管我，最好的结果是现在住在医院里，也可能直接到马克思那里报到去了。"任弼时笑着说："现在去报到太早了，还是你说的，不打败蒋介石，不建立新中国，谁也不能去报到。""对，完不成建立新中国的任务，谁也不准去见马克思。"大家异口同声地说。

"我还为你们担心呢"

为欢迎毛泽东来到西柏坡，也为庆祝五位领袖会师和中央机关会合，1948 年 5 月底，中央办公厅在毛泽东和周恩来住房前的打谷场上组织了一次晚会。当时，警卫排长阎长林向毛泽东报告说："我们来到西柏坡，中央机关的工作人员已经会合了，为了庆祝这个大团圆，今天晚上举办一个晚会，大家都希望主席也参加。"毛泽东边看文件边说："好嘛，我也想看看同志们。"

饭后，中央机关各部门的同志都从附近陆陆续续地来到了打谷场。当朱德总司令和夫人康克清、刘少奇与正在热恋的王光美、任弼时和夫人陈琮英到来时，大家都热烈欢迎。不一会儿，叶子龙派李讷等几个小孩拉着毛泽东走进来，一阵热烈掌声后，大家上前将毛泽东团团围住握手、问候。一个女同志说："在转战陕北时期，我们在河东，主席在河西，听说您带的都是中央机关工作人员，武装部队很少，有几个旅的敌人追了你们好几次，真担心啊。当时，我们光想听到河西的情况，真是急死人了。"毛泽东说："你们为我担心，我还为你们担心呢。延安十多年没打过仗，战争一来，真担心阎锡山向你们捣乱。因此就让贺老总特别保护你们。现在我们见面了，你们没有想到会这么快吧？我也没有想到这么快。现在看来，整个形势的发展都比我们预料的要快。你们要加倍努力工作，争取让全国的胜利早日到来啊！"

"这主要靠毛主席和党中央的英明领导，我们做不了什么事。"一个干部说。毛泽东说："你说的不对，你们都是做主要工作的人啊。比如说，我们写了一份作战计划或作战命令，离开你们机要处的人，就不能发出去，就不能指挥全国的作战。如果你们耽误了时机，错过了机会，敌人可能逃跑，也可能转败为胜，我们吃亏，这样一来，战争的胜利就要推迟了嘛。"在周恩来、邓颖超的动员下，大家边跳舞、边交流工作体会，领袖和群众像一家人一样其乐融融。

"艰苦奋斗是我党我军的光荣传统"

为了保证毛泽东有充沛的体力和精力处理党政军民的各项大事，食堂的同志们准备在生活上进行一些改善。毛泽东知道后，对行政处的工作人员说："你们不要为我吃东西费心费力，一个星期给我吃两次肥肉，那就足矣。"他还对卫士长李银桥说："不要乱忙，你弄了，我也顾不上吃。我就是补补脑子好工作，你只要隔三天给我吃一顿红烧肉，我肯定能够打败蒋介石。"这就是毛泽东生活中的最高奢望。

毛泽东从延安辗转到西柏坡时带来一身毛衣，这身毛衣不知道穿了多少年，也不知补过多少次，从里到外都是补丁摞补丁。用韩桂馨（毛泽东女儿李讷的保姆）的话说，用手一戳都是洞，越补洞越大。到达西柏坡后，警卫员发现那毛衣有好几个大窟窿，还有不少地方脱了线，实在不能再穿了，就建议买点毛线织身新的。可是，他们知道毛泽东有个不成文的规定，不经他本人同意，谁也不能给他添置东西。于是，大家便推选卫士长李银桥和韩桂馨去"说服"毛泽东。

李银桥开门见山地说："主席，天气快冷了，您的毛衣毛裤太破了，不好再补了，大家研究了一下，想给主席买身新毛衣或买点毛线让小韩来织，保证天冷时叫您穿上新毛衣。"毛泽东则说："我的衣服破了，补一补还可以穿嘛，就是这样，我们比

毛泽东的旧裤子

前线也好多了。"他还说："艰苦奋斗是我党我军的光荣传统，旧点难看点都不要紧，能穿就行。"就这样，大家的计划告吹了。韩桂馨只得将那身毛衣拿回去又补了补。

多年来，毛泽东洗脸、洗脚一直用同一条旧毛巾擦，李银桥觉得西柏坡比延安条件好了，于是提议领一条新毛巾擦脸，旧毛巾擦脚，毛泽东却幽默地说："我们整天行军打仗，脚比脸辛苦，分开就不平等了，脚会有意见。"李银桥说："那就用新毛巾擦脚，旧毛巾擦脸。"毛泽东摇头说："账不能那么算，我多一条毛巾可能贵不到哪里，可是全军如果每人节约一条毛巾，省下来的钱我看就能打一次沙家店战役了。"

"不能说毛泽东主义"

在西柏坡时，吴玉章拟提出"学习毛泽东主义"。毛泽东得知后指出："现在没有什么毛泽东主义，因此不能说毛泽东主义，不是什么'主要的要学习毛泽东主义'，而是必须号召学生们学习马恩列斯的理论和中国革命的经验。""另外，有些同志在刊物上将我

毛泽东与夫人江青、女儿李讷

的名字和马恩列斯并列，说什么'马恩列斯毛'也是错误的。你的说法和后一说法一样，都是不符合实际的，是无益有害的，必须坚决反对这样说。"

　　也是在西柏坡，中国人民银行筹备处设计人民币时，准备把毛泽东像作为主图绘制在人民币上。当票版报请中央审查时，被毛泽东谢绝了。他说："我是党的主席，还不是中央人民政府主席，在人民币上印我的头像不合适。"建国后，已是中国人民银行行长的南汉宸又向毛泽东请示："毛主席，您现在已经是中央人民政府主席了，人民币上可以印主席像了吧！"毛泽东笑了笑，回答道："中央人民政府主席是当上了，但当上了政府主席也不能印。在西柏坡七届二中全会上已作了决议，不以人名作地名，禁止歌功颂德，防止滋生骄傲自大、以功臣自居的现象。因此，现在也不能印我的像。"不在人民币上印领袖像，它打破了以往票版的传统习惯，确立了人民币票版的图案设计以反映生产建设和各族人民形象为主的设计原则，这在新中国成立后陆续设计发行的第二、三套人民币上得到了充分展现。这也是毛泽东生前在人民币上未出现领袖像的原因所在。

"谁让你是毛泽东的儿子"

1948年，26岁的毛岸英与革命烈士刘谦初的女儿刘思齐在西柏坡相恋了。

毛岸英、刘思齐一起去见毛泽东，征求意见。毛泽东和蔼地说："你们俩都同意，我没有什么意见。你们俩接近、交谈，康克清阿姨早已给我说过了，我早同意了。结婚后，你们要好好工作，好好学习。"父亲同意了，两人非常高兴。

毛泽东与毛岸英

毛泽东又关切地向刘思齐问道："你正在学习，还没有毕业，现在结婚不怕影响你的学习？""结婚后好好安排，不会影响我的学习。"刘思齐认真地答道。

两个年轻人以为没什么问题了，该告辞了，谁知毛泽东突然问刘思齐："岸英是 1922 年出生的，你是哪一年出生的?""我是 1931 年出生的。"刘思齐如实地回答。此时刘思齐差几个月才满 18 岁，按照边区政府规定是不合法的。"你还不到 18 周岁呀! 过几个月满 18 周岁再结婚吧。反正我同意你们结婚，等一等好不好?"毛泽东建议。两人勉强表示同意，离开了毛泽东办公室。

不一会儿，毛岸英返回来说："爸，我们已经准备好了，明天结婚。"毛泽东觉得有些突然，问道："不是告诉你暂时不要结婚吗?""我自己的事还是让我自己做主吧。"毛岸英着急了。"你找谁结婚由你做主，结婚年龄不到，你做得了主吗? 那就要由制度和纪律做主。"毛泽东也生气了。"岁数不到就结婚的人多着呢。"毛岸英争辩。

"谁叫你是毛泽东的儿子呢! 我们的纪律你不遵守谁遵守?"毛泽东更生气了，"我再说一遍，思齐不满 18 岁就不许你们结婚!"

毛岸英转身回去后，躺在床上哭了起来。毛泽东知道后更为恼火，大步走到毛岸英的门口，大吼一声："毛岸英，你想干什么?"这一嗓子出来，毛岸英屋内立刻鸦雀无声了。

过了一段时间，毛泽东在村边散步，截住了试图躲着他走的毛岸英，关心地问："结婚的事想通了吗?"毛岸英低着头说："想通了，是我不对。"并说刘思齐也想通了，两人已商量好，过年以后再结婚。毛泽东听了很满意，表扬说："这才像我的儿子么。"

就这样，直至 1949 年新中国成立后，毛岸英和刘思齐才结婚。

"为什么当时不告诉我呢"

1948 年冬天，一直跟随毛泽东转战陕北给他喂马的侯登科因积劳成疾，医治无效，在西柏坡病故了。当时正值三大战役最紧张的时期，为了不干扰毛泽东的工作，经有关领导研究决定，没有把老侯去世的消息告诉他。

追悼会由任弼时亲自主持，朱德参加了追悼会，并讲了话。他说，侯登科把革命工作都看成是一样光荣和重要，没有贵贱之分。他在喂马工作中不怕脏和累，从来不提个人的要求，是一个无名英雄。我们革命队伍中就需要这样的好同志。

毛泽东对侯登科是很有感情的。在艰苦的战争岁月，毛泽东用的三匹牲口都是由他喂养。尽管老侯比毛泽东年纪还大几岁，但为了毛泽东的身体和安全，不管怎么劳累，情况多么紧张，他从来没有掉过队。他喂的牲口始终膘肥体壮，没有出过任何事情。

过了好久，毛泽东才知道老侯去世的消息，怅然良久，喃喃地问："老侯在我身边工作了多年，他病故了，这么大的事，为什么当时不告诉我呢？""老侯同志可是个好同志呀，他是河南人，从参加革命以后，就没有回过家。家中有老有小，为了革命，他把一切都献出来了。"

"学好文化，是做好一切工作的钥匙"

在西柏坡时期，毛泽东还十分关心警卫战士的生活和学习，经常对他们问寒问暖，亲如一家。毛泽东对身边工作人员的谆谆教导和无私关怀，让他们感到特别温暖，终身难忘。

1947 年 2 月，王笃恭被选入中央警备团，担任骑兵连连长。当时他想给家里去封信，告诉家人在部队的情况，但王笃恭大字不识一个，怎么办呢？于是就以画代字。当了骑兵，就画一匹马，向家里要鞋、袜，就画了鞋、袜。

毛泽东知道这件事后笑了起来，并教导大家说："我知道你们出身都很苦，大字不识几个。你们在战争年代还能应付一阵子，但到了和平建设年代就不行了，你们要抓紧时间学文化。没有文化知识，就没有做好一切工作的资本，学好文化，是做好一切工作的钥匙。你们和我一起工作，希望我们互相帮助。"

当时没笔、没纸、没老师，大家就抽出所有空闲时间，利用一切形式学习，努力终见成效。一次，毛泽东见了王笃恭，又开玩笑

毛泽东与警卫战士在一起

的说："现在还以画代字吗？"王笃恭答道："现在不画画了，我还被士兵委员会选为墙报委员呢！"

1948 年 5 月，马武义调到毛泽东身边工作，担任内卫，和李银桥两人主要负责毛泽东的生活。由于人少，他俩休息的时间有限，只能抽空睡觉。

7 月初，西柏坡的天气十分炎热，晚间毛泽东由室内迁到院里办公。一天，毛泽东在院里紧张地批阅文件。凌晨一点多钟，马武义正在值班室削铅笔，这时毛泽东点燃一支烟来到他的跟前，让他去打壶水，再拿一包烟来。办完后毛泽东微笑着说："睡吧，去睡吧，没事了，有事我再招呼你。"说着把马武义拉到床边，并蹲下身给小战士脱了鞋。

马武义深感自己的责任重大，哪敢睡觉，不时小心翼翼地爬起来，探头看毛泽东。不一会儿，毛泽东蹑手蹑脚地向值班室走来，检查马武义到底睡了没有。马武义慌忙躺回床上，假装睡觉。毛泽东见小战士睡了，才悄悄地走回去继续工作。

1948 年夏天的一个晚上，西柏坡放电影，手枪连连长高富有的妻子带着一周岁的女儿高英来看电影。不知不觉毛泽东走近了她们，问小孩都吃些什么？高的妻子如实回答："吃些米粥之类的"。毛泽东听后说："那怎么行，小孩子要吃些有营养的东西才行。从明天开始把我的那份奶给孩子吃！"

第二天一大早，行政处就有人给高英送来了牛奶。说是主席让送的，以后还可以天天有牛奶吃。看着牛奶，高富有说什么也不让女儿吃，非要让送奶的人把牛奶给毛泽东端回去，又亲自到毛泽东那儿说明了情况。毛泽东却笑笑说："小孩子要为身体打下坚实的基础，将来才能为国家做事啊。"几经相让，高富有终于拗不过毛泽东，最后把牛奶端走了。从此高英有了牛奶吃。

供给处处长赖祖烈知道了，就给高英送来了一桶奶粉。于是高富有才借口说孩子爱吃奶粉，不爱吃牛奶，一吃牛奶就哭。这样，毛泽东才肯继续吃他的那份儿牛奶。

1948 年 10 月的一天，武象廷和其他警卫员一起，跟随毛泽东散步来到西柏坡村南的一条水渠边。在一个水坑边，毛泽东低头仔细端详着说："你们看，这坑里准有鱼。"武象廷说："主席，我下去摸摸看有没有鱼？"

毛泽东关心地说："天凉了，水太冷，不要下去，怕把你的腿冻坏了。"

"没关系，我下去试探一下就出来。"说罢就下到水坑里弯下腰摸起鱼来。不一会儿工夫，就摸到了一条大鲇鱼。

武象廷站在水坑里，把鱼高高举起，说："这条鱼足够主席吃一顿的。"

毛泽东关心地对他说："水挺冷的，你先上来"。"看来这坑里鱼还不少，不要我一个人吃。你们回去一个人，拿一只水桶来，咱们多捞上一些鱼，警卫班今天也改善一下生活，美餐一顿。另外再带两瓶酒来。"

按照毛泽东的吩咐，警卫员回去拿来了水桶和酒。

毛泽东以长者的口吻对大家说："今天天气冷，水也很凉，下水里捞鱼的同志每人喝几口酒，赶赶心里的寒气，暖和暖和身子，要不然会得病的。"会喝酒的同志打开酒瓶盖对着嘴扬起头就喝开了。武象廷当时还没学会喝酒，就请示："主席，我不会喝酒，就不喝了，年轻人没事。"

毛泽东很有经验地说："那你就把酒倒在手里，往腿上和胳膊上搓，以免以后得关节炎！"

不大会儿，战士们就在水里捞了一桶鱼。毛泽东看着桶里那些活蹦乱跳的鲇鱼，高兴地说："今天收获不小，把鱼拿回去，叫老高同志给咱们一块儿做。做好了鱼，今天晚上咱们警卫班的同志们可以来个小会餐。"

晚上，炊事员老高给警卫班端去了一大盘鱼，毛泽东让他的卫士送来了两瓶酒。警卫班十几个人在一起高高兴兴地吃鱼喝酒，有说有笑，十分热闹。

"我的卫士要自力更生啊，自由恋爱么"

1948 年的一天，毛泽东在院外散步时悄悄问李银桥："你和小韩（毛泽东女儿李讷的保姆韩桂馨）谈得怎么样啊？"李银桥不好意思地低下了头只是笑，不说话。毛泽东慈爱地拉着李银桥的一只手，拍拍肩膀鼓励说："不要封建么，你们谈我是赞成的。"

几天后，毛泽东又鼓励李银桥说："不要靠媒人。我的卫士要自力更生啊，自由恋爱么！"

不久，李银桥收到家里的一封来信，这封来信谈的就是给他介绍对象的事。该怎样答复家里的人呢？李银桥去向毛泽东讨个主意。

"主席，你看这件事怎么办？"

毛泽东把信拿在手上，很快看完了，反问道："你打算怎么办啊？"李银桥低着头不吭声了，急得直挠耳根子。

毛泽东哈哈大笑起来，说："你呀，银桥，你就是太老实，谈

毛泽东与李银桥、韩桂馨夫妇

恋爱也要动脑筋么！你就不会拿着信去问问小韩？她比你有文化，你正好找借口要她帮你写封回信么！"

后来，在毛泽东的撮合下，李银桥和韩桂馨结为连理，共度一生。

"可不能忘了我这个姓毛的乡亲哟"

毛泽东在西柏坡时，住的是阎受朝家的房子。房子外边有几分园子地，阎受朝常到那边去干活儿。

一天傍晚，阎受朝在给菜地浇水，毛泽东看到了他，便走过来跟他说："让你搬出去了，过来种地不方便了！"

"不算远，没关系。主席不忙了？"

"不忙。你们这儿的庄稼和蔬菜长得都很好，土地肥沃，还有水浇，是个好地方哩！"

"俺们这里的地是不赖，人们说俺这里是'晋察冀的乌克兰'，也就是沾了这滹沱河的光。"

毛泽东对阎受朝的介绍很感兴趣。他看见菜地边上有一畦搭架串蔓的东西，又问："这是什么菜呢？"

"这是白山药，能长三四尺长呢，刮了皮雪白雪白，放上白糖，很好吃。我的窖里还有，改天送你几根尝尝。"

"山药不必送。但愿你有空回到你的老院里，到我屋里串个门儿，我们俩能聊到一块呢！"毛泽东愉快地说。

回到家，阎受朝把还没舍得吃的白山药全都拿出来，把上面的土弄干净，两手托着给毛泽东送来了。他边走边嘀咕：人家那么大的官，啥好吃的没有，也稀罕你这么几根儿山药！我这送来了他不要，或者收下了根本不想吃，要再扔出来……我这脸面是小事，白给人家添麻烦。因毛泽东去开会了，没有在家。主席的卫士和警卫都认得他是房东，就客客气气地把他迎进了南屋。

第二天下午，毛泽东的卫士马武义找到阎受朝家，递给他一条儿纸烟说："主席让我来谢你。你送他的白山药，他让小伙房照你说的做法给他做好吃过了，他说好吃得很，要你明年再给他多种几棵。"

阎受朝听了这话，高兴地说："你回去告诉主席，就说明年我专为他种上一大畦，问他够不够吃？"

1948年夏，毛泽东看到西柏坡田地里的花生、玉米等作物长势很好，只有稻田里的秧苗显得很细弱。他马上停下脚步向一位正在稻田里拔草的农民了解情况。他用浓重的湖南口音问："你们这里种稻子不是插秧吗？"一边说一边做了个插秧的动作。

这位农民解释说："不是，俺们这里没有栽过稻子，都是直接往地里种。"

　　毛泽东又问："一亩地能打多少啊？""好年成顶多打两石，平常年景也就打一石五六（120 斤为一石）。"农民回答。

　　毛泽东说："这么好的地打这么点稻子，产量太低了。我的家乡也种水稻，一亩地能产七八百斤。我们那里不是直接播种，都是先育苗后插秧，稻子长出来后，又粗又壮，一亩地能打七八百斤呢！不信，你明年试一试。"

　　这位农民叫阎志亭，当他事后得知教他种稻子的人就是毛泽东时，激动地把这件事讲给了村里的乡亲们。此后，西柏坡的老百姓按照毛泽东的教诲，改为插秧种植稻子，产量翻了几番。

　　1948 年 6 月，西柏坡村阎九林正在田园里培育南瓜秧苗。不一会儿，外出散步的毛泽东来到他的面前。

　　"老兄，西柏坡大都姓阎王爷的阎，你也和阎王爷是一家吧？"毛泽东亲切而又风趣地与阎九林搭话。

　　阎九林惊喜难抑，习惯地挺一挺胸膛，晃一晃膀子，文不对题地回答："阎九林很不简单！"

　　"你阎九林的确很不简单，瞧你培育的瓜秧多么肥壮！"毛泽东笑呵呵地赞扬着，伸手拉一拉他，同他一起蹲下拉起了家常，还要过小锄，要学习培育瓜秧。

　　"老阎啊，我们不能只动口不动手。请您允许我拜您为师，跟您学徒，您教会我如何栽培瓜秧好吗？"

　　阎九林毫不谦辞地应诺："成！成！"

　　阎九林吩咐毛泽东将一株疯长的瓜蔓拧两遭再压入坑内，毛泽东害怕瓜秧受损，一拧未拧埋进坑里。

　　阎九林用教训的口气说："不拧它两遭埋下就会长疯不给结瓜！知道不知道？"同时，他知道自己的话重了很不好意思。

　　毛泽东说："没有关系，严师出高徒！"

　　毛泽东在与阎九林的交谈中了解到，有些人家或因人手不齐、或因农具不够影响生产。根据这种情况，毛泽东介绍了陕北农民组织变工组的经验。受此启发，西柏坡成立了第一个变工组，解决了一些农民的困难，获得了好收成。

　　1949 年 3 月，毛泽东将率中央机关和人民解放军总部人员离开西柏坡了。临行前，乡亲们纷纷赶来送行，毛泽东频频回头挥手，目光里饱含着依依惜别的深情。他发自内心地对大家说："我也是西柏坡人哩，可不能忘了我这个姓毛的乡亲哟！"

第九章　进京途中话"赶考"

1949 年 3 月 23 日，毛泽东离开居住了 10 个月的西柏坡前往北平，途中在唐县、保定、涿县做了停留，3 月 25 日到达北平。一路上，毛泽东的一言一行都表现出对进京执政的严肃思考。

"进京'赶考'去"

1949 年 3 月 23 日，西柏坡村边的大路旁顺序排列着 11 辆吉普车和 10 辆大卡车，司机和保卫人员在旁边整装待命。吉普车是首长坐的车，依次为开道车以及毛泽东、朱德、刘少奇、周恩来、任弼时等乘坐的车辆。卡车前边的五辆拉着少数机关工作人员和行李，殿后的五辆拉的是中央警卫团的手枪连和一个步兵排。

上午 11 时许，毛泽东、朱德、刘少奇、周恩来、任弼时等在工作人员的陪同下，陆续向吉普车队走去。

西柏坡及邻村的乡亲们听说住在这里的亲人要走，都从四面八方涌来。街头、崖畔、山坡、田垄，站满了男女老少。有的手里拎着大红枣儿，有的竹篮子里盛满了鸡蛋……乡亲们眼含热泪，真是打心眼里舍不得啊！

毛泽东走到村民们面前，望着一张张憨厚朴实的古铜色的脸庞，摘下帽子举在手中，默默地向西柏坡的父老乡亲们致意。这时正在招呼登车的周恩来走了过来："主席，昨晚你睡得很晚，休息好了吗？""休息好了。今天是进京的日子，不睡觉也高兴啊！"毛泽东笑了笑，转而提高了语调："进京'赶考'去，精神不好怎么行啊！"周恩来说："我们应当都能考试及格，不要退回来。""退回来就失败了。我们决不当李自成!"毛泽东一脚车下,一脚踏上车板,用力挥了一下手臂,斩钉截铁地说。

一支绿色的车队缓缓驶离了西柏坡。

车队离开西柏坡之后,沿着山间道路在飞舞的扬尘中向北颠簸前进。路上,毛泽东意味深长地问道:

"你们还记得吗?1947年的3月我们在干什么?"

"我记得最清楚了,那年3月18日,我们跟着主席撤离延安。"警卫员回答说。

"去年的3月呢?"毛泽东又问。

"去年的3月22日,我们跟着主席由陕北米脂县的杨家沟出发,向华北前进。"

"好,好!你们都记得的。今天是3月23日,比去年只差一天,我们又出发向北平前进了。"

"主席,我们明年的3月还会从北平搬家吗?"

毛泽东听后一怔,沉吟了相当长的时间后,低沉地说道:"明年3月再搬家,我们的革命就有问题了。"

毛泽东脸上始终是严肃认真的神情。这时,他转过脸来望着身边的卫士,又接着问道:"进北平以后干什么,你们想过没有?有没有进城享福的思想?"

"这些年,天天行军、打仗,吃尽了苦。进了城,生活当然会好啦,大概不会吃小米饭了吧?"

"哎哟,可不要轻视小米饭喽!中国革命就是靠小米加步枪起家的。进城以后,人民政权刚刚建立,肯定还会遇到很多困难,还要准备过艰苦的生活。"说到这里,毛泽东随手指了指太阳穴说:"这里要当心哟,不要中了资产阶级的糖衣炮弹。"

毛泽东回头看了看卫士们,接着语调深沉地说道:"你们读过郭沫若先生的《甲申三百年祭》吗?300多年以前,也是在这条路上,陕北米脂有个叫李自成的农民,统率起义军杀进北京。但是,一个流血流汗打下的政权居然没有几天便糟蹋垮了。所谓'打江山十八年，坐江山十八天'，他们又退回来了……"

汽车穿过一个小村庄。崖畔上，大都是怀里抱着孩子、手里拿着针线活儿的妇女，一个个显得面容憔悴。一群稚气的儿童穿着破破烂烂的棉衣，跟着缓行的车队跑来跑去。车队行进的这一带是革命根据地。眼前这些妇女和孩子，她们中有不少人在战争中失去了自己的亲人。看着这些人，大家的心里有说不出的滋味。为了人民的解放，大批青壮年踊跃参军参战，父母送儿子，妻子送丈夫，还有的父子都参了军。男人去前方打仗，参加运输队、抬担架，妇女们留在家中，挑起了生产和支前的重担。当时在解放区曾流传这样的歌谣："最后的一碗米用来做军粮，最后的一尺布用来做军装，最后的老棉被盖在担架上，最后的亲骨肉送去上战场。"毛泽东感慨万分地说："为了战争的胜利，农民们付出了多么大的代价啊！如果没有广大人民群众的积极支持，我们要想取得胜利是不可能的。"

毛泽东进京乘坐的吉普车

车队出了村，毛泽东郑重地说："等全国胜利了，我们要让千千万万的老百姓都过上好日子，还要为那些倒下的先烈们竖一座大纪念碑。"

路过曲阳时，毛泽东饶有兴致地参观了北岳庙。他神采奕奕，健步登上大殿，仔细观看了东西两壁上唐代画家吴道子所绘的壁画后，赞叹不已。进驻北京后，毛泽东还指示河北省委于 1950 年春天为北岳庙拨了 4000 斤小米的折合款，新建了大殿内东西壁画的木制护栏。

曲阳县北岳庙

　　3 月 23 日晚，毛泽东和中共中央来到唐县，当晚住在唐县城东淑间村李成瑞家。

　　在抗战期间，淑间村是个英雄村。1938 年 2 月 20 日，侵华日军 300 多人将村庄包围，对村中的男女老少进行了大肆虐杀，一天的时间杀害了 151 人，这就是震惊晋察冀的淑间村惨案。

　　毛泽东当年在淑间村所住的院子还在，但房子已重新翻盖。据原房主人李成瑞（离休干部，国家统计局原局长，全国人大财经委员会顾问）回忆：

　　当年为什么会安排毛泽东住我家，据我自己了解，因为我家是革命家庭，也是烈士家庭。我父亲是烈士，我四叔和我都参加了革命。我叔叫李冷，16 岁就参加了革命工作。当时担任晋察冀边区政府公安处处长许建国的秘书，后来在张家口市做保安工作。1949 年

3月23日，毛主席等中央领导住在我家的北房。那天主席用临时搭的木板床当桌子，一盏小油灯伴他一直工作到天明，第二天一早就离开了。

"不要把在农村斗争地主的办法拿来对待资本家"

1949年3月24日上午，车队继续向保定前进。离保定越来越近，路面越来越好，汽车也跑得越来越快。在离保定还有几公里路程时，后边汽车的喇叭响了，司机老周便停下车。不多时，周恩来的车赶了上来。周恩来走过来对毛泽东说："主席，前面就是保定城了，是不是停一停，扫扫身上的尘土？"

毛泽东说："好吧，咱们休息休息。我们的汽车在前面，占便宜了，尘土少些。要等一等后边的汽车，一块儿进保定城。"

这样，大家都下了车，拍了拍身上的尘土，休息了十几分钟后，又向保定进发。

保定是当时中共冀中区党委所在地。汽车开到保定城西门外广场时，毛泽东嘱咐司机："开慢一点，等等恩来他们。"汽车便放慢速度，一会儿，后边的车都跟上来了。这样，十几辆汽车便一起往保定西门外冀中区党委机关大院开去。

因为车辆多，目标大，许多老百姓便朝着汽车跑来。有的人边跑边说："嘿，快看！哪来的这么多小汽车呀？"有的说："这么多的小汽车，里头肯定有当大官的。"由于刚刚解放，为了安全起见，卫士长阎长林便对司机说："开快点，不然老百姓会把车围住的。"

不料，毛泽东却完全不这样想。他见司机加快速度，就阻止道：不要开快了，应该慢点开。你们看，这里人很多，开快车要出事的。万一伤着老百姓，那就不好了。他们想看就让他们看看嘛。因为他们知道这是自己人坐的汽车嘛。如果这里开来的是日本人坐的汽车或国民党坐的汽车，老百姓不但不看，恐怕还会远远躲开的。说完，毛泽东坐在汽车里往外看，还不断地向群众招手致意。

汽车开进了冀中区党委机关大院（1949 年 7 月恢复河北省建制后为省委大院，位于火车站广场以东，裕华路以南，今十方商贸城一带）。毛泽东、朱德、刘少奇、周恩来、任弼时等中央领导人走下汽车，受到冀中区党委领导热烈欢迎。

休息一会儿后，冀中区党委领导陪毛泽东等中央首长共进午餐。吃饭时，毛泽东指着一盘清蒸鲤鱼问区党委书记林铁："这鲤鱼是从哪里买来的呀？"

林铁还说："是白洋淀的鱼。白洋淀就在保定以东七八十里远的地方。保定吃的鱼，大部分是从白洋淀来的。现在市场上能买到鱼，买到菜，城里的饭馆也不少了。保定刚解放不久，但变化还是不小的。"

听了林铁的回答，毛泽东不无感慨地说：敌人在这里占领了那么多年，在敌人占领时期，这一带的人民群众可遭了大难呀。解放才几个月，看来已经有了很大的变化，取得了不少的成绩。今后还要抓紧，以后就好办了，人民群众的心情安定了，工作就好做了。饭后，中央领导听取了林铁的汇报。

林铁在汇报中，主要讲了保定解放几个月来区党委所做的工作，以及当前要抓的几件主要事情。他谈到，由于我们长期在农村搞工作，习惯了，不能适应城市工作，一开始也遇到不少问题。我们已经体会到，城市的工作很复杂，做了这几个月的工作刚摸到了点头绪。林铁还说，现在除了支前外，首先要抓的就是城市恢复工业生产，恢复商业，开门营业。农业也要很好地去抓，先解决老百姓吃饭的问题。还要动员大量民工，尽快把京汉铁路恢复起来。他还谈到，由于敌人长期以来的反动宣传，说共产党共产共妻杀人等，所以群众对我党还抱着怀疑的态度，特别是民族工商业者还有顾虑。再有恢复生产，保证市场供应，各方面问题不少。

听完汇报，毛泽东等中央领导表示赞许，并分别做了重要指示。毛泽东首先说，工作千头万绪，要抓党的领导，抓党对城市各项政策的宣传和实行，要使各界人士都能认清形势，以国家和民族

冀中区党委书记林铁

的利益为重，同我们合作，恢复和发展生产，繁荣市场，解决多年来战争带来的创伤，为将来工农业的恢复和发展打好基础。毛泽东强调，在城市中，不要把在农村中斗争地主和对待富农的办法拿来对待资本家，要按中央的政策办事。毛泽东还提出了恢复京汉铁路交通的问题，说这不仅是战争的需要，而且也是和平建设的需要。林铁代表区党委当场表示，一定尽快做好恢复交通这一重要工作。

汇报会一直进行到下午 3 时多。

"净街？净街干什么"

冀中区党委的汇报会结束后，车队又要离开。当地群众听说毛泽东和中央首长要走，在冀中区党委门口，街道两旁到处都是围观的群众，他们渴望着能见到毛泽东和中央首长。这时，区党委负责保卫工作的人员来请示林铁说，上午在街上有人认出了毛主席和朱总司令，中央首长出发之前，是不是要停止一切行人通行、净街？毛泽东听到后，对净街、驱赶群众这一套封建的国民党军阀的传统做法很不赞成。厉声说："净街？净街干什么！看一看死不了人嘛。"

周恩来立即说，安全工作要布置好，要保卫毛主席和中央同志的安全。但不要净街，不要限制群众的自由，更不能影响商店开门营业，重要的是要把街上的交通秩序搞好。办事周到的周恩来和负责保卫的负责人商量后请毛泽东乘第四辆车。群众欢呼雀跃，车队在万人注目下缓缓驶出保定。

汽车驶出保定，在坑坑洼洼、高低不平的道路上继续前行。当汽车来到已在战争中被破坏了的大沙河桥头时，毛泽东看着桥面上大大小小的窟窿，对周恩来说："恩来，这桥看来是不好通过呀。"

周恩来说："想想办法。"最后按司机的办法，车上的人下来，东西也拿下来，开空车过桥。就这样，等车开过桥后，大家才搬着东西走过桥去。

据李银桥回忆：

毛主席坐在吉普车上，从保定到涿州一路上观望着西边的群山，他向周围的警卫员说，狼牙山五壮士的故事就发生在这一带。他还饶有兴趣地讲述了有关保定这一带的历史故事。他既讲了杨六郎镇守三关的故事，又讲了当年荆轲刺秦王告别燕国太子丹的故事，他还不由自主地念出"风萧萧兮易水寒，壮士一去兮不复还"的诗句。快到涿州时，他还讲了《三国演义》中"桃园三结义"的故事。

"老百姓关心的，正是我们要办的"

1949 年 3 月 24 日下午，车队驶出保定，来到涿县县城（今涿州市）。刚到城门口，持枪哨兵就挡住汽车不让进城。卫士长阎长林忙下车向哨兵解释说："这是首长的汽车，有紧急任务，请你们不要挡车。"

哨兵说："那也不行，没有我们首长的命令，不管你是谁，就是毛主席来了也不行，我们要执行命令！"然后一个哨兵进城找他们的领导去了。毛泽东对卫士长说：他们做得对，不要紧，可以等一等。

正在大家等得着急的时候，中央机关打前站的人和涿县县委领导，急急忙忙从城里跑来，边跑边喊："进！进！快让汽车进去！"哨兵这才敬礼放行。

汽车在涿县街上通过时，毛泽东看到素以"商旅辐辏，货物云集"著称的涿县，街上冷冷清清，即使开门的店铺，货物也不多，心里纳闷起来。他走进一家杂货店，一边买烟一边问：近来买卖兴隆么？卖货人回答："比战时好多了，但是，市场没回城，买卖难兴隆呀。"

晚上，涿县县委书记王成俊向中央领导汇报时，毛泽东问：据说过去涿县县城很繁华，眼下却挺冷清。市场没回城，买卖难兴隆，是这么回事吗？

王成俊回答说："国民党九十四军在这里驻防时，为了'防共'，把所有的小商小贩都赶到东关去了，不让人们进城里来。解放后，我们还没有顾得上这个市场问题。"

毛泽东听后语重心长地对他说："老百姓关心的，正是我们要办的。解放了，工作千头万绪，要抓主要的，就是着眼于进行和平建设，恢复和发展生产，繁荣经济，没有市场不行，要尽快把市场迁回来。""请主席放心，我们一定尽快办理！"王成俊坚定地向毛泽东做了保证。

据涿州市委党史研究室原副主任、离休干部赵海声讲：

毛主席在路过涿县城南"三义宫"时，下车进入宫内参观。毛主席在这里对三国鼎立还发了一段议论。毛主席说："曹操占天时，孙权占地利，刘备占人和。什么是人和？人和就是团结，就是民心，团结就是力量。"

涿州三义宫

夜幕降临，毛泽东等中央首长当晚就在涿县住下。据孙毅（总参军训部原副部长、第五届全国政协常委）回忆：

晚餐中，毛主席说："明天，我们就要进北平喽，接管全国的政权，筹建中华人民共和国，这是中国共产党奋斗28年，用千百万烈士的生命换来的全局性的胜利啊！""我们要进北平啦，有一个人我想了很久很久。历史上不是有个李自成吗？他进了北京，失败了，被人家赶了出来！"这时周总理插话："这是一个历史的悲剧，给后人留下了沉痛的教训。""是的！"毛主席接着说，"李自成打进了北京，住进皇帝住的金銮殿，忙着做皇帝。他的丞相牛金星张罗着登基大典。大将军刘宗敏不讲政策，胡乱杀人。当官的只知享受，当兵的只知吃喝玩乐……胜利冲昏头脑，李自成进北京没多久，就被吴三桂赶出来了。"看得出来，作为中共中央主席的毛主席心事重重。当时我任冀中军区司令员，心里想着尽量让首长们吃好、吃饱好赶路。可是，毛主席仍然不愿意离开"李自成"这个话题，他继续说："李自成是农民领袖，揭竿领兵，前仆后继，好不容易取得了胜利，一骄傲就失败了，连他自己的性命都没有保住，我们可不要当李自成呀!"

当天晚上,新任北平市市长兼军管会主任叶剑英亲自带专列从北平赶来涿州,向中央五大书记汇报了赴北平的具体安排和入城阅兵的部署。

叶剑英说,考虑到乘汽车经长辛店到西苑机场无好公路可走,还是改乘火车为妥。进城后稍事休息,下午在西苑机场举行入城阅兵式,检阅部队,并会见各界民主人士代表。

叶剑英又汇报说:"党中央和毛主席进北平是胜利后进城,有的同志主张声势要搞大一些,让北平人民夹道欢迎,造成轰轰烈烈、声势浩大的气氛……"

毛泽东听罢摆了摆手。中央书记们一致认为:以党中央迁移的名义号召人民庆贺并不适当,等到中国革命取得最后胜利的时候,再组织群众隆重地庆祝。

接着,大家具体研究了从涿县出发的问题。决定第二天凌晨两时半,毛泽东、朱德、刘少奇、周恩来、任弼时、陆定一和胡乔木等,先乘火车进北平,其余的人乘汽车随中央机关出发。叶剑英说:"中央机关的住房已经安排好了,到北平广安门后,有人负责带路,中央办公厅系统都住在香山。"

周恩来提议:到北平住下以后,要在西苑机场举行入城式。先检阅部队,然后与各界代表见面,特别是与那些知名党外人士,如张澜、李济深、沈钧儒、陈叔通、郭沫若、黄炎培、柳亚子、茅盾等见面。这些人过去就和我们合作共事,今天胜利了,他们更高兴了,他们急于想见到我们。他们也在考虑今后怎么办,成立新政府后,他们能安排什么工作等等。周恩来还说,关于党外人士如何安排工作的问题,我们到北平以后,还要召开各种会议征求意见,进行协商。

毛泽东说:我赞成恩来的意见。对做过贡献的民主人士和各民主党派的领导人,应该在政府里安排适当的职务。在蒋介石反动统治下,由于各个时期的情况不同,他们所采取的斗争形式也不同。有时是公开的,有时是秘密的。他们的斗争很坚决,不怕抓,不怕关，不怕杀，在斗争中作出了贡献。那个时候，在蒋介石的血腥统治下，他们能做到那样就很不简单了，对他们的要求，不能和对共产党人的要求一样。

毛泽东在西苑机场阅兵

说到这里，毛泽东颇有感触地说：明天我们就要和他们当中的一些人见面了。明天见面，是他们欢迎我们，也是我们欢迎他们，并向他们表示感谢。我们希望他们继续同我们合作，在今后的政府工作和其他工作中，他们能够作出应有的贡献。

最后，毛泽东决定，党中央进北平，是党和军队历史上最有意义的大事，叶剑英、聂荣臻、彭真等要计划好，安排好，中央派周恩来主管这次进城活动。

1949 年 3 月 25 日凌晨，毛泽东和各位中央领导人精神焕发，毫无倦容，健步登上了赴北平的专列。列车载着中国革命的风云人物，风驰电掣地驶向北平。

第十章 驻石家庄编《毛选》

1951 年 3 月到 4 月底，毛泽东离开北京在石家庄住了近两个月。这是他建国后第一次离京休假。在这期间，毛泽东对拟定出版的《毛泽东选集》进行选编，对所收集的文章进行修改，对当时开展的土改、镇反和抗美援朝三大运动进行了指导。

"找个合适的地方，离北京不要太远"

毛泽东离京到石家庄休假，目的是想利用休养的时间，集中精力编辑《毛泽东选集》。再则，他的休养，又是在得知毛岸英牺牲后提出的意愿，并得到中央同意，进行妥善安排的。

1950 年 6 月，朝鲜战争爆发后，毛泽东送自己的爱子毛岸英赴朝参战。然而，1950 年 11 月 25 日，毛岸英不幸在一次空袭中牺牲。噩耗传回国内，当周恩来从叶子龙手中看到电文时，不禁心中一震，他又默默想了想，"先放一放吧！主席正指挥二次战役，老年丧子怕会对主席是一种难以名状的伤害啊！"

一晃一个多月过去了，直到 1951 年元旦过后，抗美援朝第三次战役的捷报，从朝鲜前线传来。住在中南海颐年堂的毛泽东，起床后看到传来的电报，面带笑容，心情非常好，禁不住在清冷的空气中散步。不知不觉自吟一首诗："最喜诗人高唱至，正和前线捷音联，妙香山上战旗妍……"正巧，走来的周恩来听到毛泽东喜雪吟诗，不禁心中一动。岸英的事无论如何也得向主席有个交待啊！1 月 2 日，周恩来让秘书叶子龙把电报交给毛泽东，并嘱咐了几句话。据叶子龙回忆：

当时，毛主席将电报足足看了三四分钟，他的头埋得很深。当他抬起头时，脸色非常难看，他向我摆了摆手，强压着悲痛的心情说："战争嘛，总要有牺牲，这没有什么！"

时任中央办公厅主任的杨尚昆也曾在当天的日记中记到：

岸英死讯，今天不能不告诉李德胜了！在他见了程颂云等之后，即将此息告他。知道消息后的主席长叹了一声之后，他说：牺牲的成千上万，无法只顾及此一人。事已过去，不必说了。精神伟大，而实际打击则不小！这是没有办法的事。有下乡休息之意。

此时，抗美援朝第三次战役的胜利，使朝鲜战局大体稳定下来。为减轻毛泽东老年丧子的哀痛，中央决定让他休养一个时期。毛泽东来到了北京新六所。一天，毛泽东说：我得离开北京，在这里什么也干不成。我想找一个安静的地方，集中一段时间，编辑《毛泽东选集》。毛泽东对负责警卫的汪东兴说："搞《毛选》在北京事情太多，要找个合适的地方，离北京不要太远。"

当时，正值抗美援朝战争时期，外地哪里合适？汪东兴提出了三个地方征求毛泽东的意见。提到天津，毛泽东说：天津不行，天津和北京一样乱；提到张家口，毛泽东说张家口不行，交通不便；提到石家庄时，毛泽东连声说：好，石家庄好。

1951年1月23日，毛泽东在给陈伯达的信中提到：拟于一周后去附近地点正式休息一时期。这"附近地点"就是中央为毛泽东休养选择的石家庄。

石家庄距北京约270公里，地处华北要冲，纵南北、贯东西的京广、石太、石德几条铁路干线交汇于此，另有机场可供飞机起落。这里不仅交通方便，而且社会稳定，早在1947年就已解放。为毛泽东的休养，中央办公厅警卫处处长汪东兴和行政处副处长田畴先期到达石家庄，察看环境选定住所，最后与石家庄市委领导一起将毛泽东的住所选在了位于石家庄西郊落成时间不长的保育院（今河北太行国宾馆）。为毛泽东的休养，由田畴负责对毛泽东下榻的住所专门进行了改造装修，安装了暖气设施。与石家庄保育院一墙之隔的小楼，则成了值班室和电话总机房，这里架起了机要通讯专线，与北京和外地日夜联系着。毛泽东的房间就在这座瓦房进门的左边，穿过长长的走廊，中间是他的办公室，办公室中间摆着宽大的写字台，写字台左侧是为他准备的可躺可靠的沙发。

1951年3月初，毛泽东从北京新六所出发，到西直门火车站乘车，前往石家庄。

据毛泽东书信记载：

1951年3月19日，毛泽东曾在给湖南第一师范时的同窗好友周世钊的复信中说："我在乡下住，没有病，专为休养，暂不进城。容后面叙。"

这里的"乡下"，指的则是石家庄。此时，毛泽东正在石家庄。

"校对后再送我看"

毛泽东住所是新建成的一座保育院，四周的环境很好。院西侧是胜利公园（即今华北军区烈士陵园），北侧是庄稼地（即今河北省人大和政协办公地），东侧是今维明大街，南侧是今中山西路。院内苍松翠柏、绿树成荫，南部是一座灰白色小楼，北部是一幢青砖红瓦的小平房。所以这座保育院又被称为"一号楼"、"小白楼"。这里还曾称作"白楼宾馆"。

毛泽东在石家庄休养的日子里，集中精力投入了《毛选》编辑工作。在这里，他对《毛选》的选编工作主要是选稿编目、修改文章、撰写题解注释，此外还亲自参加了一些校对工作。他的办公桌上、床铺一侧摆的都是书籍、文件。他每天上午8点钟左右睡下，下午三四点钟起床，然后就是伏案工作。入夜，万籁俱寂，只有毛泽东办公室的灯光彻夜通亮。他聚精会神地审稿、写作。他时而为一个问题凝思熟虑一动不动，时而在房间里踱来踱去，累了，就倚在沙发上休息一下。

毛泽东在石家庄修改《毛选》第一卷的日子里，惟一的休息是

毛泽东休养时住过的小白楼旧址

在院中散步。偶尔和身边工作人员聊聊天、打打扑克牌，自己哼两句京戏或湖南花鼓戏。经过近两个月的辛勤工作，《毛选》第一卷的编辑工作终告完成，脱手发排。

毛泽东对《毛选》要收入的文章，慎之又慎，对每篇文稿都详审细阅，反复斟酌，多次修改。仅以《矛盾论》这篇文章为例。1951年3月8日，毛泽东在给陈伯达、田家英的信中写道："《矛盾论》做了一次修改，请即重排清样两份，一份交伯达看，一份送我再看。论形式逻辑的后面几段，词意不畅，还须修改。其他有些部分还须作小的修改。此件在重看之后，觉得以不加入此次选集为宜，因为太像哲学教科书，放入选集将妨碍《实践论》这篇论文的效力，不知你们感觉如何？此点待将来再决定。"

3月15日，毛泽东又致信秘书田家英："《矛盾论》的原稿请即送来。"在反复修改后，他对原来第二章的"形式伦理的同一律与辩证法的矛盾律"这一部分仍不满意，遂整章删去。即便这样，《矛盾论》虽已列入《毛选》第一卷的选稿目录中，但毛泽东还是将其从文稿中抽了出来，没有收入1951年10月第一版的《毛选》第一卷。后又经修改补充，直到毛泽东感到满意，才收入到1952年4月10日出版的《毛选》第二卷中。

毛泽东在石家庄写给田家英的信

在选编工作中，毛泽东对每一篇文章总是对照原稿反复修改、补充，然后付印、校阅、再修改。比如《实践论》一文，已修改了多遍，但毛泽东仍在清样上批道："此件改正后，连同原稿，再送我看。"4月1日，毛泽东信告田家英："《中国共产党在民族战争中的地位》、《矛盾论》，请不要送去翻译，校对后再送我看。"半个月后，4月16日，他又在信中对田家英交代："以上这些（指9篇已修改过的文章）及昨付第二次看过的一大批，都可付翻译——惟其中的一篇，即《井冈山的斗争》，请送来再看一次。""看一遍"，"再看一遍"，"校对后再送我看"……足见毛泽东在选编《毛选》中付出的艰辛和耗费的心血。

在对文章内容进行修改的同时，毛泽东对文章的题目也都重新选拟或进行了修改。如《毛选》第一卷中，将原题《政治问题和边界党的任务》改为《中国的红色政权为什么能够存在?》、原题为《中国抗日民族统一战线在目前阶段的任务》改为《中国共产党在抗日时期的任务》。类似的重新拟题和更改的有数十篇之多，使题目既准确又鲜明切文。

除对文章内容和题目充实、修改外，毛泽东还对文章的题解和注释也进行了逐条审改。仅在《毛选》第一卷的题解中，毛泽东就撰写和修改了10条。在249条注释中，撰写和修改了120条以上。《毛选》第一卷中《中国社会各阶级的分析》、《关于纠正党内的错误思想》的题解、《怎样分析农村阶级》一文中关于"管公堂"和"收学租"的注释都是毛泽东自己写的。这些题解经毛泽东修改后，内容更充实，思想性、理论性也更强了。此外，毛泽东对注释的内容和前后排列顺序都提出要求。

在编辑工作的同时，毛泽东还亲自做了一些校对工作。1951年3月15日，他给秘书田家英的信中写道："凡校对，都须将原稿连同清样一起送来。以前的一切原稿均请送来。"毛泽东往往亲自对照原稿或清样逐字逐句进行校阅。比如在校对《为争取千百万群众进入抗日民族统一战线而斗争》一文时，他发现有两个铅字磨损，字体比其它字瘦小，就在一旁提笔批道："换一个铅字。"文中有一处字号不符，几乎看不出来，他也划了出来，在一旁批道："改老五号。"在校阅《中国共产党在抗日时期的任务》一文时，有三处字排得不好。毛泽东看到后即在此批道："排拢"、"排齐"，还划出校对符号。不仅如此，校对中发现数字有疑问也打上问号要求重新核实。在审阅一篇文章原稿时，毛泽东看到文中提到："国民党去年十一月初至今年一月底不足三个月中丧失约 105 万人，包括国民党正规军 105 个整师"。毛泽东觉得似有出入，遂进行查核。查核后将"十一月"改为十月，将"三个月"改为四个月。在"105万"与"105 师"处各打上问号，后经秘书核查，数字确实有误，"105 万"应为"154 万"，"105 个师"应为"144 个整师"。

毛泽东对收入《毛选》第一卷的文章要求很严，许多原来认为不太满意的文稿，虽几经修改，反复审阅，但最后还是未能入选。在审定过的文稿中有 30 多篇批上了"此件不用"、"此件不收"、"不用不收"等字样。例如《在陕甘宁边区第二届农工展览会讲演词》最初曾考虑选入第三卷，毛泽东曾将标题改为《反对吃磨擦饭》，并定了题解，最后仍觉不满意，还是未能入选。

经毛泽东亲自修改过的《毛选》第一卷和建国前出版的几种版本的《毛泽东选集》，还有一个明显的特点，即毛泽东将原文中的"与"字都改为"和"字。《毛选》第一卷收录的《中国共产党在抗日时期的任务》一文的第一个小标题"民族矛盾和国内矛盾的目前发展阶段"，原稿在民族矛盾和国内矛盾之间用的是"与"字，毛泽东在校阅时把小标题用的"与"字统统改为"和"字。所以这样改，是毛泽东为了避免产生歧异，也为了使文章更容易为工农干部，特别是普通群众明白易懂，他不赞成这种半文半白的文字用法。

在《毛选》第一卷出版纪念会上，出版总署署长胡愈之讲道：1949 年 5 月 6 日，中共中央宣传部出版委员会开始接受了《毛选》的一部分稿子发排，到现在差不多两年半，才出了第一卷。这一段时间很久，是因为毛主席对自己的著作采取了那样慎重的态度，亲自几次校阅修改。出版总署副署长叶圣陶则在《毛选》第一卷出版的当天在日记中写道："选集凡四卷，今出版为第一卷。各篇取舍，经毛氏审慎考虑，存录者复亲加修订校阅，多者六七遍，少者亦两遍。"由此可见《毛选》第一卷的编辑质量之精，要求之高。

"凡工作好坏，应以群众反映如何为断"

在紧张地修订《毛选》期间，毛泽东对石家庄的情况和活动也很感兴趣，他曾调阅过石家庄市解放后城市管理方面的文件，还寻找机会到外边了解情况。

1951年4月13日下午5时左右，毛泽东起床后招呼卫士外出散步。

三辆汽车从住地出发，沿石（家庄）获（鹿）公路一直向西驶去。冬去春来，阳光和煦，万物复苏，远处大山耸立，公路两侧返青的麦苗在微风吹拂之下，如同绿色绸缎一样起伏波动。毛泽东心情非常好，不时从车内向路旁麦田眺望。车子快开到山脚下的地方，他看到路旁麦田里有老乡在干活，便叫车停了下来。毛泽东走下公路，来到麦田，一边弯腰俯看小麦长势，一边与地里干活的老乡交谈起来。

毛泽东指着远处一座山问他们：那座山叫什么山？老乡们回答说：叫抱犊寨。

为什么叫抱犊寨呢？毛泽东又问。

老乡们说：传说过去老百姓上山干活，因为山高坡陡，老牛上去了，小牛上不去，老牛见小牛在山下乱蹦乱叫，也不肯安生干活，只好由人把小牛犊抱上去，所以就叫"抱犊寨"。

听了老乡的介绍，毛泽东爽朗地笑了起来。

接着，毛泽东又问了麦子长势如何，一亩地能打多少斤，现在农民生活怎样？附近的农民见到毛泽东，都围拢过来。毛泽东同他们谈了好一会儿，才被警卫人员劝说返回了住所。

得知毛泽东外出这一情况后，石家庄市委领导为毛泽东的安全而深感不安。当时，正值抗美援朝期间，美蒋特务活动频繁。当晚，他们就向毛泽东的秘书叶子龙作了反映，叶子龙向毛泽东汇报后，毛泽东笑着说："好，尊重他们的意见，以后不出去了。"

毛泽东在石家庄休养时指导土改、镇反工作的电报、信函

在石家庄期间，毛泽东说是来休养的，可是并不轻松，除修改和选编《毛选》外，还组织领导了重大的党务和国务活动，每天还要处理大量的来文来电和书信。对抗美援朝、镇压反革命和土地改革这三项中心工作做了许多重要指示和数百件批语，正确领导和指挥了各项运动的开展。同时，又多次同专门赶来的刘少奇、周恩来等中央领导人共同研究工作。在这里还审阅、修改了《关于解放西藏办法的协议（草案）》，接见了秘密来华访问的日共领袖德田球一。

1950 年朝鲜战争爆发后，国民党反动政权遗留在大陆的反革命分子、特务及潜藏的土匪、恶霸、反动党团、封建道会门分子蠢蠢欲动。他们盼望蒋介石卷土重来，叫嚷"第三次世界大战要打起来"、"美军即将打进中国"。这些人不仅造谣煽动、蛊惑人心，而且以暗杀、投毒、破坏等各种方式残害人民群众和革命干部。面对国外敌人的威胁和国内敌人的捣乱，为了保卫新生的政权和人民群众利益，中央人民政府于 1950 年 7 月发出了镇压反革命的指示，一场镇压反革命的运动在城乡轰轰烈烈地展开。毛泽东虽然离开了京城来到石家庄，但他依然关注并领导着镇反工作。他在石家庄多次写信指示中央办公厅主任杨尚昆，要求："将镇反工作的重要材料随时送给我。"以后又要求："凡各地镇反电报及综合报告，均请送我。此外，其它电报，你认为值得看的，也请送我。"不仅如此，毛泽东还去信，要求各大中城市都向中央做一个镇反工作报告。

在镇反运动初期，由于许多地方片面强调宽大，对镇反方针执行不利，出现了"宽大无边"的偏向，致使一些继续作恶的反革命分子未能得到应有的惩处，人民群众的生命财产受到危害。对此，人民有怨气，批评政府"有天无法"、"简直不象人民政府的样子"。看到各地报送的一份份电文，毛泽东神情严肃。他在一份电报中指示："各大中城市的镇反工作，过去几个月一般劲头很小，这主要是领导机关对反革命的严重性及镇反工作的极端重要性认识不起来。"他从来电来文中选了两个"宽大无边"的典型材料批给一位领导，指出：不杀匪首和惯匪，则匪剿不净，且越剿越多，不杀恶霸，则农会不能组成，农民不敢分田，不杀重要特务，则破坏暗杀层出不穷。总之，对匪首、恶霸、特务（重要的）必须采取坚决镇压的政策，群众才能翻身，人民政权才能巩固。毛泽东还指出，如同宽大应有边，镇压也应有边，无边是不对的。应杀者均杀之，应判刑者均判刑，应管制者均应给予管制，务使反动势力肃清，民气伸张，政权巩固。

1951 年 3 月 20 日，毛泽东批道：凡工作好坏，应以群众反映如何为断。直到现在，党内还有不少干部不了解坚决地正确地镇压反革命的必要性和重要性。你们应当将镇反经验及群众欢迎镇反的反映随时通报各地，使此项经验及反映迅速传播，以利仿行，并使胆怯的同志振奋起来。

3 月 23 日，毛泽东看到河北省沧县地委在镇反工作中取得思想一致，在群众中广为宣传的经验，极为重视，他指示从中央局到各大中城市所属区委书记，"每人一份，并请每人看一遍，至要至盼"。就在全国镇反运动走向高潮的时候，山东军区政治部副主任黄祖炎被反革命分子开枪杀害。黄祖炎是 1926 年参加革命的老干部，曾任毛泽东的秘书，长期担任军队中重要职务。1951 年 3 月 13日在济南出席军区会议时被暗藏在军队内部的反革命分子杀害。这一消息引起毛泽东的巨大震惊和高度警觉。他立即去信给山东军区询问，并在一个月中三次起草文件和指示，通报全党全军。毛泽东指出："这是我党高级干部被党内暗藏的反革命分子所刺杀，而为过去所少见的，应当引起全党的警惕。""中央严重地唤起你们注意，务须重视此事，切勿等闲视之。"

一天午后，毛泽东在院中散步，他问身旁的汪东兴，现在全国镇反，我们警卫连的战士恨不恨反革命呀？汪东兴回答：恨，非常恨！我们经常组织战士学习中央的方针、政策，学习报纸和时事，战士们都控诉反革命的罪行，坚决拥护中央关于镇压反革命的决策。毛泽东听了点了点头："噢，这很好啊！"面对内忧外患，毛泽东心情沉重，他所忧虑的是全国开展的抗美援朝、土改和镇反三大运动能不能取得胜利，事关能不能战胜国内外敌人，政权能不能巩固，人民的根本利益能不能得到维护的大问题。

为教育和团结各界人士，毛泽东多次致信各大区领导，并以中央名义发出指示，要求土改和镇反两项工作，也必须使民主党派、民主人士参加，越多越好。他指出，应组织他们到农村、工厂了解土改和镇反的真实情况，以便听取他们的意见。毛泽东特别强调：要取得党内思想的一致和各界人民的拥护。只要我们的工作做得好，是可以取得民主人士和资产阶级拥护的。镇反是一场伟大的斗争，这件事做好了，政权才能巩固。

在党的号召下，一些著名人士、知识分子参加土改工作队，并到各地考察。他们深入到农村、工矿中去了解土改和镇反的真实情况，倾听人民群众的心声。考察结束后，他们积极向各界朋友介绍考察情况，盛赞土改和镇反的成就，从巨大变化中，深切感受到共产党的政策好，坚定了对新中国的信心。

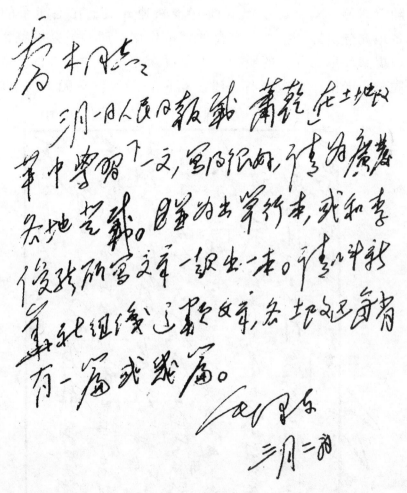

1951 年 3 月 2 日，毛泽东写给胡乔木的信

　　看到这些报道和汇报，毛泽东非常高兴，他多次致信政务院新闻总署署长胡乔木，要他对此广为宣传。"3 月 1 日人民日报载萧乾《在土地改革中学习》一文，写得很好，请广发各地登载。并许单行本，或和李俊龙所写文章一起出一本。请新华社组织这类文章，各土改区每省有一篇或几篇。" 3 月 28 日，毛泽东看到《光明日

报》载吴景超的文章《参加土改工作的心得》，很是高兴。3 月 29
日，他再次致信胡乔木，认为吴文"写得很好，请令人民日报予以
转载，并令新华社广播各地。"

　　随着纠偏、镇反运动深入而有步骤地开展，在毛泽东的指示
下，各地充分发挥了报纸、电台的宣传作用，通过举办展览，广泛
发动、揭露反革命分子的罪行，人民群众充分行动起来，反革命分
子如同过街老鼠，人人喊打，纷纷落网，广大群众无不扬眉吐气，

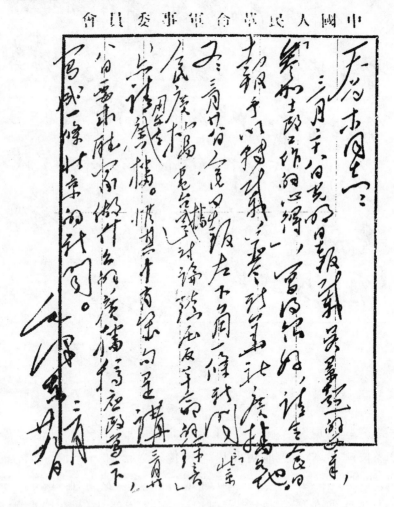

1951 年 3 月 29 日，毛泽东在石家庄写给胡乔木的信

拍手称快。然而，随着运动走向高潮，各地又出现草率从事的倾向。毛泽东从各地报来的材料中洞察到这种情况，他在1951年3月30日转发山东分局关于镇反工作报告中，挥笔写道："山东有些地方存在着劲头不足的偏向，有些地方存在着草率从事的偏向，这是全国各省市大体上都存在的两种偏向，都应注意纠正。特别是草率从事的偏向，危险最大。因为劲头不足，经过教育说服，劲头总会足起来的，反革命早几天杀，迟几天杀，关系并不甚大。惟独草率从事，错捕错杀了人，则影响很坏。请你们对镇反工作，实行严格控制，务必谨慎从事，务必纠正一切草率从事的偏向。我们一定要镇压一切反革命，但是一定不可捕错杀错。"这一次次的指示，及时纠正和扭转了正在出现和已经出现的偏向和失误，使镇反工作按党的方针、政策健康发展，不断深入。

1951年4月中旬，石家庄市镇反运动进入高潮，市里接连召开了几次万人参加的公判会，大张旗鼓地处理了几批反革命分子。4月中旬的一天，毛泽东听说市里又要在离他住地不远的人民体育场（今中山路体育场）召开有三万人参加的公判大会，处决一批反革命分子及反动道会门头子，便提出要去看看公判会，看看"你们是怎样镇压反革命的"。市委领导得知后，连夜赶到毛泽东住地进行了说明和劝阻。

"要回北京了，临行前见见他们"

一晃近两个月过去了。4月27日，石家庄市委的领导突然接到通知，说毛泽东要回北京了，临行前要见见他们。市委书记毛铎、副市长臧伯平及公安局长封云甫等人立即赶到毛泽东住处。毛泽东正聚精会神地看材料，见到他们进来，便放下手中的材料站了起来。叶子龙把他们向毛泽东做了介绍，毛泽东微笑着同他们握手，示意他们坐下，自己也坐在对面沙发上。

毛泽东说，我来石家庄住了几十天，今天就要回北京了，特意把你们找来谈谈。他接着说，石家庄这个地方很重要，历来是兵家必争之地。石家庄往西是井陉口的娘子关，可以通往山西的腹地，石家庄就像通往山西的门户，故曰石门。国民党不就是把石家庄叫石门吗？所以，我们首先收复了石家庄，这对国民党是一个沉重的打击，对孤立北平、收复北平都起过重要作用。

接着，毛泽东又问到石家庄市有多少人口，工业生产和农业生产的发展情况，毛铎简要做了汇报。毛泽东谈到建设石家庄的问题时，特别指出，石家庄附近的土地肥沃，你们一定要把农业搞上去，这对支援城市的建设是很重要的。

这时，叶子龙站在门外向毛铎、臧伯平等人打手势。他们怕耽误了毛泽东的行程，便站起来告退。毛泽东谈话正在兴致上，他摆了摆手，兴致勃勃地说：不要紧，再坐坐。

毛泽东又接着问石家庄市的文化教育情况、对私有工商业改造的情况。他特别问到现在一亩地能收多少斤麦子，听回答说可打200多斤。毛泽东说，你们还要多下点功夫，多打一些井，还可以把滹沱河的水引来浇田。

不知不觉谈话又进行了半个多小时，叶子龙再次示意，谈话该结束了。

毛铎、臧伯平等人只好站起身，向毛泽东道别。毛泽东微笑着同他们一一握手。

当日，毛泽东乘车离开石家庄，返回北京。

毛泽东离开后，石家庄市委、市政府领导商定，将保育院保留下来，用作内部招待所，接待中央领导和其他重要宾客。从此，"小白楼"便代替了保育院的称呼。省会迁到石家庄后，这里成了省委的招待宾馆，称作"白楼宾馆"，现在称作"太行国宾馆"。

第十一章　处理"新中国第一案"

1951 年 11 月 30 日，中共中央根据同年秋季全国工农业战线开展的爱国增产运动中揭发出的大量贪污、浪费现象和官僚主义问题，向全党指出：必须严重地注意干部的贪污行为，注意发现、揭发和惩处。12 月 1 日，中共中央作出《关于实行精兵简政、增产节约、反对贪污、反对浪费和反对官僚主义的决定》，把反贪污、反浪费、反官僚主义作为贯彻精兵简政、增产节约这一中心任务的重大措施，要求普遍地检查贪污、浪费和官僚主义问题。12 月 8 日，中共中央又发出《关于"三反"斗争必须大张旗鼓进行的指示》。此后，一个全国性大规模的"三反"运动普遍地开展起来。

新中国成立后，共产党在全国执掌政权，对如何保持党政机关廉洁，反对贪污腐败问题，毛泽东极为重视，特别对河北"三反"运动中揭发出高级领导干部刘青山、张子善的贪污案，更是亲自过问和处理，力主"挥泪斩马谡"，震动全国。

"须当作一场大斗争来处理"

1951 年 11 月 29 日，一份标有四个字母 A 的特急电报，由华北局呈达中共中央。电文传到中南海时已近午夜。中央办公厅按规定程序送到毛泽东的办公桌上时，已经是 11 月 30 日凌晨。

夜间工作、批阅文件是毛泽东多年的习惯。而面前的这封电报，让毛泽东震怒不已。电文的标题是《河北省天津地委贪污浪费现象严重拟将刘张逮捕法办》。"刘"指的是前任天津地委书记、时任石家庄市委副书记的刘青山，"张"是时任天津地委书记兼行署专员的张子善，二人"总计贪污挪用公款约二百亿元（旧币，下同）"，"日常生活铺张浪费，任意挥霍"……

在此电报之前，1951 年的 11 月间，毛泽东的案头就已经收到了大量类似内容的文件和报告。中国共产党刚刚取得政权，腐败现象就开始滋生，这让毛泽东先是震惊，继而愤怒。

毛泽东对新中国成立后党内可能出现的腐败蜕化现象早有警觉。早在中共七届二中全会上，毛泽东就提出了要警惕资产阶级"糖衣炮弹"的袭击和"两个务必"的重要思考。在讲话中，毛泽东提前做了预见：因为胜利，党内的骄傲情绪，以功臣自居的情绪，停顿起来不求进步的情绪，贪图享乐不愿再过艰苦生活的情绪，可能生长……可能有这样一些共产党人，他们是不曾被拿枪的敌人征服过的，他们在这些敌人面前不愧英雄的称号；但是经不起人们用糖衣裹着的炮弹的攻击，他们在糖弹面前要打败仗……

接到反映刘青山、张子善贪污案的特急电报后，毛泽东的愤怒是可想而知的。他当即以中央名义拟出电报稿，不但回复华北局，而且转发中央各局、分局、省、市、区党委，措辞极为严厉：华北天津地委前书记刘青山及现书记张子善均是大贪污犯，已经华北局发现，并着手处理，我们认为华北局的方针是正确的。这件事给中央、中央局、分局、省市区党委提出了警告，必须严重地注意干部被资产阶级腐蚀发生严重贪污行为这一事实，注意发现、揭露和惩处，并须当作一场大斗争来处理。

次日，毛泽东通宵未眠，拟就了长达 7000 多字的《关于实行精兵简政、增产节约、反对贪污、反对浪费和反对官僚主义的决定》。

新中国成立后的党内第一次廉政风暴就此展开。

"华北天津地委前书记刘青山及现书记张子善均是大贪污犯"

"三反"运动伊始，刘青山、张子善贪污案就成了具有"风暴

中央转发华北局
关于刘青山、张子善大贪污案
调查处理情况报告的批语

（一九五一年十一月三十日）

各中央局，并转分局、省市区党委：

华北天津地委前书记刘青山及现书记张子善均是大贪污犯，已经华北局发现，并着手处理，我们认为华北局的方针是正确的。这件事给中央、中央局、分局、省市区党委提出了警告，必须严重地注意干部被资产阶级腐蚀发生严重贪污行为这一事实，注意发现、揭露和惩处，并须当作一场大斗争来处理。兹将华北局一九五一年十一月二十九日给中央的报告〔1〕发给你们研究，望你们注意发现所属的同类事件而及时加以惩处。

中　央
十一月三十日

中共中央关于刘青山、张子善处理情况的批语

眼"式的大案要案，除了贪污数额特别巨大之外，更惹人注目的是这两个人的特殊身份——他们都是身居高位要职、从战火硝烟中走过来的革命功臣。

对于刘、张二人在解放前的历史，中共河北省委在开除二人党籍的决议中，也有一段评价："刘青山、张子善参加革命斗争均已20年左右，他们在国民党血腥的白色恐怖下，在艰难的八年抗日战

争和三年多的人民解放战争中，都曾奋不顾身地为党和人民群众的解放，进行过英勇的斗争，建立过功绩。"

在两个人的履历中，都不乏历经考验而信仰坚定的亮点。

刘青山 1931 年入党，1932 年秋参加河北省高蠡暴动时才 16 岁，后常被人说成是"红小鬼"。他稚气未脱时，便已在鬼门关口走了一遭。而张子善在学校时就秘密加入了中国共产党，组织开展学生运动。当时是 1933 年，正是共产党遭遇白色恐怖的革命低潮期。后来，张子善因叛徒告密而被捕。直到 1937 年七七事变爆发，张子善才趁乱逃出了监狱，重新找到了党组织。

新中国成立前夕，1949 年 8 月，刘青山来到新组建的中共河北省天津地委任书记。和他"搭班子"的是张子善，任地委副书记兼行署专员。刘青山、张子善就此成了执掌一方的党委、政府负责人，在历尽艰险才走上重要岗位后，他们却走上了腐化蜕变的不归路。

据 1951 年 12 月 4 日河北省委《关于开除刘青山、张子善党籍的决议》中揭露："刘青山有几句口头禅：'天下是老子打下来的，享受一点还不应当吗？''革命胜利啦，老子该享受享受啦！'"一个极富代表性的例子是，刘青山大冬天里非要吃韭菜馅饺子，厨师不得不到北京郊区四季青暖房里买来韭菜。可包饺子的时候，他又嫌韭菜辣胃，不好消化。最后，逼得厨师想出了一个主意——把一整根韭菜洗干净后，不下刀就直接包在饺子里，外面露出一小截韭菜白，等煮熟了再顺着韭菜白把韭菜抽出来。这样，饺子就只留下了韭菜的鲜味而吃不着韭菜了。

刘青山追求的生活享受远远不止在"吃"上，他还是个汽车迷。天津地委当时只有一辆战争中缴获的美式吉普，这辆车就成了刘青山的专车。而他住进马场道 18 号后，嫌破旧的美式吉普配不上天津城的繁华，干脆动用三亿多元公款，从香港买了两辆美国高级轿车来。

与整日不去机关、对奢靡作风毫不遮掩的刘青山相比，坐镇地区行署的张子善倒是貌似"勤勤恳恳"。但是，他的挥霍铺张程度丝毫不亚于刘青山。张子善在审查中交代，他每个月光高档香烟就要吸八九条，衣着上由粗布到细布再到皮毛，饮食上先是非细粮不可，再到酒肉必备，行则非轿车不坐，两年时间里竟然换了五辆小轿车……

据后来专案组查证，仅直接用于两人生活挥霍的公款，刘青山就耗费了1.83亿元。按当时的粮价计算，可购买小米110多万斤，相当于当时3070名干部一年的定量标准。

而张子善更是挥霍了1.94亿元——这还仅是有据可查的。据张子善交代，他在1951年7月，一次就销毁了两人支取公款挥霍的三四百张单据。

如此巨额的花费，两人自己的收入自然不能满足，能够借助的，是他们手中的权力。

刘青山、张子善案件的刑事判决书里记录着他们的罪行，1950年到1951年的短短一年时间里，刘青山、张子善利用职权，盗用、贪污的钱款总计达171.6272亿元，相当于现今人民币171万余元。

仅凭数字，现在的人们很难真切感受到刘青山、张子善罪行的触目惊心。我们不妨做一下换算：按当时的币制标准和市场物价指数，这些钱可买粮食近2000万斤，可买棉布800万尺，足够50多万人吃一个月并做一身衣服。如果折合成黄金，171亿元在当时可以购买将近一吨黄金！

在刘青山、张子善大肆贪污盗用国家财产的时候，正值抗美援朝时期，著名豫剧表演艺术家常香玉在全国巡回义演，为志愿军捐款15.2亿元，购买了一架战斗机。同样的战斗机，刘青山、张子善贪污的巨款可以购买10架！

那么，刘青山、张子善是怎样在两年中就搜刮敛聚起这笔巨额财富呢？据1951年12月30日出版的《人民日报》刊登的《刘青山、张子善盗窃国家资财的罪行》中披露，他俩除投机倒把、克扣国家救灾粮款之外，还盗用"飞机场占地赔款"及国库粮，违法动支水利专款、骗取银行贷款、挪用灾民造船款、收受贿赂、对公有资产随意调拨侵吞、牟取暴利……而机关生产获得的合法或非法的利润，就成了刘青山、张子善任意取用挥霍的"私人金库"。

刘青山、张子善这样贪污腐化的党员干部，从他们第一次把手伸向不义之财时，就注定了要被党纪国法严惩的命运。这时，一批坚持原则的共产党员，对刘青山、张子善的违法乱纪行为进行了抵制和斗争。

1951年初，天津地区财委会的一位办事员发现刘青山、张子善在财务报销中存在问题，曾直接向张子善反映，反被张子善训斥一顿。办事员据理力争，与其大吵一架，又招致了长期的排挤、打击。这位办事员据此向河北省委写了申诉信。然而按照当时的组织原则，这封信要由地委转交，结果被暗中压了下来。

天津地委组织部副部长卢铁，由于多次反对刘青山、张子善挪用公款进行所谓的"机关生产"，而在工作中屡受排挤。张子善还给刘青山献策，把卢铁调到安次县任县委书记。这种看似"提拔"的任命其实暗藏祸心。他们不但拔去了天津地委机关中的一个异己，而且"眼看防汛任务就要来了，他完不成任务犯错误，咱们再撤他的职。"幸而，未等卢铁"犯错误"，刘、张二人就为自己的错误受到了应有的惩罚。

类似遭遇的还有天津地区行署教育科长李玉田、水利建设科科长刘立等。一批坚持原则的党员干部或被调离，或受排挤。而最终揭开疮口的人，是天津地委委员、行署副专员李克才。是他一而再再而三的举报，惊动了河北省委。1951年10月下旬，河北省委派出纪律调查组来到天津调查刘、张贪污违法行为。案件的审理和取证是雷厉风行的。案情本身也谈不上复杂，震动全党、全国的，就是刘青山、张子善这两个人的特殊身份和涉案金额之巨。

河北省人民法院临时法庭对刘青山、张子善的判决主文中指出：该二犯在资产阶级腐朽思想的严重侵蚀下，为达到个人挥霍，及假借经营机关生产为名，利用职权，狼狈为奸，于1950年春至被捕前先后盗窃国家救灾粮、治河专款、干部家属救济粮、地方粮、克扣民工粮、机场建筑款及骗取国家银行贷款等，总计达171.6272亿元。这个数字，创造了新中国成立后腐败案件涉案金额之最。而刘青山、张子善地委书记、行署专员的身份，也创造了当时贪腐分子职务之最。

"只有处决他们，才可能挽救二十个，两百个，两千个，两万个犯有各种不同程度错误的干部"

两个革命事业的有功之臣、党政高级领导干部，在中国共产党走上执政地位不久，就蜕变成了腐化堕落分子。如何处理他们，考量着刚刚取得执政地位的中国共产党，是否有勇气和决心清除自身的毒瘤，是否能始终如一地保持纯洁的党性。

事实上，刘青山、张子善案发时，新中国还没有形成完善的法律体系，对刘、张二犯的处理，既无明确法律依据和量刑标准，又无现成的案例可以参照。最终是党组织做出了严惩的决定。1951年12月14日，中共河北省委根据调查和侦讯结果，向中共中央华北局提出了处理意见：刘青山、张子善凭借职权，盗窃国家资财，贪污自肥，为数甚巨，实为国法党纪所不容。以如此高级干部知法犯法，欺骗党，剥削民工血汗，侵吞灾民粮款，勾结奸商，非法营利，腐化堕落达于极点。若不严加惩处，我党将无词以对人民群众，国法将不能绳他人，对党损害异常严重。因此，我们一致意见处以死刑。

华北局随即向党中央作了报告，原则上同意河北省委的处理意见，但是在"死刑"之后加了一个括号"或缓期二年执行"。时任中共中央华北局第一书记的薄一波回忆，当时之所以加了"或缓期二年执行"，是考虑到中央决策时可以有回旋的余地。

但严惩贪污腐化分子是用不着回旋余地的。当时薄一波还担任中央人民政府节约检查委员会主任，直接负责已经如火如荼开展起来的"反贪污、反浪费、反官僚主义"运动。他回忆说：

1951 年 12 月下旬，华北局通过河北省委征求了天津地委及所属部门对刘、张两犯量刑的意见。结果是，地委在家的 8 个委员的一致意见是处以死刑。地区参加讨论的 552 名党员干部的意见是，对刘青山同意判处死刑的 535 人，判处死缓的 8 人，判处无期徒刑的 3 人，判处有期徒刑的 6 人；对张子善同意判处死刑的 536 人，判处死缓的 7 人，判处无期徒刑的 3 人，判处有期徒刑的 6 人。

毛泽东在看到上述材料后，又请党外民主人士传阅，听取他们对量刑的意见。最后，当毛泽东看到报告后许久沉吟不语。周恩来便问："主席的意见呢？"

毛泽东说出了两个字："死刑。"

周恩来又问："万一有人出面讲情呢？"

毛泽东又说了两个字："不准。"

据薄一波回忆：

在最高人民法院的判决书下达之前，刘青山、张子善案件经毛泽东批示，由《人民日报》公之于众，两人将被处以极刑的消息也早已传开。当时，广大群众尤其是天津地区的群众，无不咬牙切齿，痛恨万分。改组后的天津地委曾组织八个县镇的党员积极分子，讨论对刘、张的处理意见，无一人不主张枪毙的。杨柳青镇的农民说：刘青山、张子善的罪行，真比反革命分子还大，应该把他们弄回来公审枪决。

刘青山、张子善将被处决的消息，在河北省各级干部中引起极大的震动。一些干部特别是当年曾和刘青山、张子善一起出生入死闹革命的干部，感到惋惜，有不少的议论。有的说："他们是有功之臣，不能杀呀！"有的认为："可以判个重刑，让他们劳动改造，重新做人。"有的呼吁："希望中央能刀下留情！"有的感叹："三十多岁正是好年华，说杀就杀了，实在可惜，应该给他们一个立功赎罪的机会。"……

这些意见和呼声，集中地反映到了当时担任天津市委书记的黄敬那里。他觉得有必要向毛泽东和党中央反映一下，于是找到了华北局第一书记薄一波。他对薄一波说：刘青山、张子善错误严重，罪有应得，当判重刑。但考虑到他们在战争年代出生入死，有过功劳，在干部中影响较大，是否可以向毛主席说说，不要枪毙了，给他们一个改过的机会。

在这种情况下，薄一波如实地向毛泽东转达了"枪下留人"的意见。毛泽东在听了薄一波转述的意见后，抽着烟，沉思了一会儿，对薄一波说了这样几句话："正因为他们两人的地位高，功劳大，影响大，所以才要下决心处决他们。只有处决他们，才可能挽救二十个，两百个，两千个，两万个犯有各种不同程度错误的干部。"对此，薄一波在《若干重大决策与事件的回顾》一书中写道："由此可见毛泽东在处理这个问题时所下的决心和所做的深思熟虑，他当时的心思完全倾注在如何维护党的事业上面，如何更好地挽救犯错误干部的多数上面，如何更有效地防止干部队伍的腐化上面。严惩刘青山、张子善决定的果断作出，实际上是再一次用行动向全社会表明，我们党决不会做李自成！决不会放任腐败现象滋长下去！决不会让千千万万先烈用鲜血和生命换来的江山改变颜色！"

　　当时，还有一些人找毛泽东，替刘青山、张子善"说情"。毛泽东对工作人员下了命令："凡是为刘青山、张子善讲情的人，一律不见！"以后，他还在别的场合讲过"非杀不可"的道理：我们杀了几个有功之臣，也是万般无奈。我建议重读一下《资治通鉴》。治国就是治吏！"礼义廉耻，国之四维，四维不张，国之不国。"国民党是这样，共产党也是这样。杀张子善、刘青山时我讲过，杀他们两个，就是救了两百个、两千个、两万个啊！我说过的，杀人不是割韭菜，要慎之又慎。但是事出无奈，不得已啊！问题若是成了堆，就要积重难返了啊！崇祯皇帝是个好皇帝，可他面对那样一个烂摊子，只好哭天抹泪地去了哟。我们共产党不是明朝的崇祯，我们绝不会腐败到那种程度。

　　1952 年 2 月 10 日，星期日，农历正月十五。刘青山、张子善贪污案公审大会在保定市体育场举行。会场中，涌进了两万余名保定当地的干部群众。会场外，河北省委通过广播，现场直播了公审大会，几百万干部群众听到了正义的审判。

1952 年 2 月 10 日，河北省人民法院在保定举行公审刘青山、张子善大会会场

　　此前一天晚上，河北省人民检察署检察长孙光瑞到看守所，与刘青山、张子善做最后一次谈话，向他们传达了"死刑，立即执行"的最后判决。孙光瑞询问两人，还有什么话要讲。

　　"拿我作个典型吧，处理算了，在历史上说也有用。"这是刘青山的遗言。

　　"伤痛！万分伤痛！现在已经来不及说别的了，只有接受这血的教训！"这是张子善的遗言。

　　公审大会于当日正午12时开始。经过必要的庭审程序，下午1时30分，河北省人民法院院长宋志毅宣读审判书，刘青山、张子善被押赴刑场，执行枪决。两声枪响，乍响如惊雷，宣示着中国共产党对贪污腐败绝不容忍、毫不姑息的态度，表明了中国共产党保持党性、维护纯洁的决心。处决刘青山、张子善的第二天，《人民日报》在一版显要位置报道了公审大会的消息。

　　毛泽东对于刘青山、张子善案件的新闻报道，也是关注的。这里的新闻报道指河北省第三次党的代表会议揭发刘、张的新闻，河北省委开除刘、张党籍的决议等。毛泽东于1951年12月29日审阅胡乔木（时任中央人民政府新闻总署署长）送审的有关新闻稿件批示："照发。应于三十日见报。"根据毛泽东的批示，《人民日报》在12月30日头版将刘青山、张子善贪污侵吞国家资产的犯罪事实及处理决定，公之于众。

　　1952年2月3日，中共中央华北局在"三反"运动中作出了停止当时河北省一位副主席和河北省军区司令员的党内外一切职务，进行反省，并限期一星期作出彻底检查的决定，以及为加强河北省委领导，新任命一位省委副书记和两位省委常委的决定等，还规定了河北省的打虎任务，并将此决定报告了毛泽东。毛泽东于2月4日转发了华北局的决定并写了批语，批语说："各同志：华北局关于河北省委的几项决定及规定河北省打虎数目，请在你处党刊上发

刘青山、张子善被押赴刑场

表。河北省（不包括京津两市）人口三千万，规定打小老虎二千三
百只，大虎二百只，这是适当的。请各省按照人口及其他特点规定
计划。目前的特点，正像镇反初期同志们对于反革命的严重性估计
不足一样，是对于大贪污分子的存在估计不足，就是说存在着严重
的右倾思想，必须不断地给以批判，才能克服此种错误思想。其严
重者须由各中央局、分局和军区党委做出单独的决定，如同华北局
对河北省委所做的决定那样，并且要迅速，不要迟疑不决。"

　　刘青山、张子善贪腐案件的发生和处理，直接推动了全国性
"反贪污、反浪费、反官僚主义"斗争的兴起和深入发展，掀起了
共和国历史上第一场反腐肃贪风暴。发生在党的高级领导干部身上

的腐化变质案件，让全党进一步认识到抵御腐朽思想侵蚀的紧迫性和加强执政党建设的重要性。刘青山、张子善被执行枪决两个月后，《中华人民共和国惩治贪污条例》出台。这是新中国第一部专门惩治贪污腐败的法律条例。

刘青山、张子善案件，自此成为教育全党的典型案例。直到今天，枪毙刘青山、张子善的两声枪响，依然警钟般振聋发聩，引人警醒。

第十二章　关心公私合营发展工业

　　1953 年，中共中央公布了过渡时期的总路线，我国开始了对农业、手工业和资本主义工商业的社会主义改造。为了加快公私合营的步伐，毛泽东于 1954 年 4 月 21 日视察了秦皇岛港口和耀华玻璃厂，22 日，接着又乘车赶到唐山视察了启新水泥厂，专门就公私合营问题和工厂负责人进行面对面座谈。在领导国家进行工业化建设过程中，毛泽东多次对河北的工业建设提出希望。

"来到你的天下了"

　　1954 年 4 月 21 日上午 10 时，毛泽东的专列到达秦皇岛车站。在中央办公厅主任杨尚昆、铁道部长滕代远、民主人士李烛尘、天津市委书记黄火青等人的陪同下，毛泽东乘汽车来到秦皇岛国际海员俱乐部。当时接待的市委领导有市委书记、市长王植范，市委第一副书记苏锋和一九七师政委宋长庚。

　　在国际海员俱乐部阅览室里，毛泽东问黄火青："你们天津有这样的海员俱乐部吗？"黄火青回答："也有，和这里差不多。"毛泽东一边翻阅杂志，一边说："对外国人搞宣传，我赞成。"毛泽东还询问外轮管理的情况，问："外轮来得多吗？"市委领导汇报说，还不少，主要是从这里运煤出去。毛泽东又问："你们怎么管理？"市委领导汇报说外轮进港后，对外联系主要依靠当地的邮电部门。当汇报到跟我国没有外交关系国家的船舶，进港后必须把该国国旗降下来时，毛泽东问："他们满意吗？"市委领导说，也有不满意的，可还得按我们的规定办。当汇报外轮进出港都由港务局引水员引领，不得自行开走时，毛泽东问："他要偷着开走你怎么办？"市委领导回答说，目前还没有出现这种情况，再说我们还有那么多驻

现今的国际海员俱乐部

军呢。毛泽东听后认为这些做法不利于对外发展，感到对外轮限制多了些，但没有直说，只是风趣地笑着说："你们要开炮啊！"毛泽东问得很详细，说："这是哪的规定？"回答说，交通部。毛泽东视察后不久，中央主管部门就下来通知，对外轮管理规定做了一些修改，允许跟我国没有外交关系的外国船舶进港后船尾悬挂本国国旗。

下午，毛泽东一行先到秦皇岛海港码头，港务局局长石新首先迎上前去。王植范将他介绍给毛泽东，毛泽东握着他的手，风趣地说：来到你的天下了。接着问：你怎么叫石新呢？石新回答：这是抗战时，怕连累家庭，改的假名。毛泽东说：你改假名也没用，敌人照样知道，他们是会调查的嘛。石新陪着毛泽东他们首先登上码头旁边的东山俯瞰码头的全景，只见大小两个码头，就像一对龙角伸向海中，远望大海，烟波浩渺，天水相连。通过石新的介绍，毛泽东知道了港口的发展简史。它是1898年开始修建的，1900年八国联军由此登陆后，一直由英国占据着港口的主权。日本侵华后，又被日本侵占。日本把它作为一条水上通道把大量军火装备运到中国，又将掠夺中国的物资源源不断地运回日本。日本投降以后，美

· 199 ·

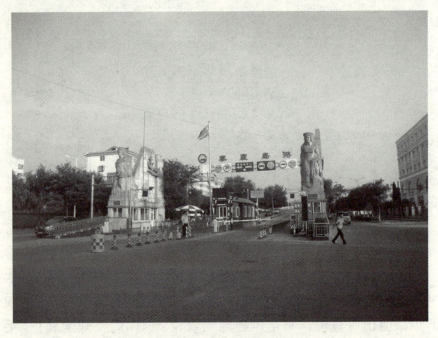

现今的秦皇岛港入口处

国海军又帮助国民党把军队运到这里，以抢占东北，打内战。国民党败退时曾企图炸毁码头，是地下党组织和工人保护了港口的安全，把它完整地交给了人民政府。毛泽东看着码头工人装卸货物的繁忙景象，对石新说：干得很好！我们还要靠他们把海港管好。当石新说到这是一个天然不冻港时，毛泽东问：为什么不冻呢？石新说：为什么不冻这个谜，至今也无人能说清楚。毛泽东又问：现在都有哪些国家的船只来往？石新说：除美国外，差不多的都有了，数日本的最多。毛泽东听了很高兴地说：帝国主义对我们实行封锁，是封锁不住的。

　　毛泽东边走边问，来到南山街一号房门前，随行记者看到白墙红瓦的西式建筑背景很好，要为毛泽东拍张纪念照。他一听很高兴，便招呼大家过来。随行人员靠拢在毛泽东身边，留下了珍贵的历史瞬间。随后，毛泽东又带头来到海边，招呼随行和陪同人员靠拢一起，分两排站立，以沙滩和大海为背景，拍下了由21人组成的大合影。

"你们要注意工人的健康"

1954 年 4 月 21 日下午两点多钟，毛泽东来到距码头很近的耀华玻璃厂视察。这是一个和中国共产党几乎同龄的企业，已经公私合营了。早在三年前，毛泽东就和这个厂打过交道。那是因为耀华厂的玻璃产生了大量"气泡"的事故，导致减产造成经济损失很大，在毛泽东的亲自过问下，请来苏联专家才解决的。

轿车驶入工厂东北门，在办公楼前停下来。时任耀华玻璃厂党委书记赵衡和厂长高志正在迎候毛泽东的到来。毛泽东身着灰色外衣，神采奕奕地走下车来，陪同前来的有市委领导王植范、苏锋等人。在厂门口和厂党委书记赵衡见面时，听说他正在生病，就关切地说，你有病就好好休息嘛！赵衡激动地回答："我可以坚持工作。"

在厂负责同志的陪同下，毛泽东边视察边问："生产玻璃都需要什么材料？"厂长高志回答："有砂岩、石灰石、纯碱等。"毛泽东说："你们有样品吗？给我一点看看。"高志当即让副书记李玉文去化验室取样品。毛泽东问："你们有玻璃丝吗？"高志回答："现在还没有，国内也没有。"高志接着说："听说上海要研究试验呢！"毛泽东看着大家说："是要有一点的。"化验室就在办公楼的一楼，李玉文很快拿来原料样品。毛泽东仔细看着样品上的标签，上面写着品名、化学成分等，边看边询问这些样品在制造玻璃时的作用。高志一一作了回答。毛泽东问："你们厂产量多大？"高志回答："在国内算产量高的，约占全国产量的三分之一。"毛泽东高兴地说："那很好嘛。"毛泽东又问："车间温度多高？"高志回答："1500 度左右。"毛泽东迟疑了一下，说："工人怎么工作呢？受得了吗？"苏锋赶紧接着说："他说的是熔窑里的温度，车间温度没有那么高。"高志也紧接上说："我说错了。车间温度三十度至四十度，是大窑高温的辐射热。"毛泽东语重心长地说："车间温度也够高的，工人同志们很辛苦了，你们要注意工人的健康。"厂负责同志表示一定把劳保工作做好，把工人的生活安排好。毛泽东听后点点头。

这时王植范请毛泽东参观车间，说："主席，看看去吧！""那好！"毛泽东同意。赵衡和高志在前边带路。毛泽东和同来的领导同志，仍由王植范、苏锋陪同，跟随着向二熔车间走去。为防粉尘，毛泽东和同来的同志都带上了口罩，毛泽东还带上了宽边眼镜。毛泽东来到车间，先在玻璃熔窑窑头站住了。毛泽东接过高志递给的蓝色看火镜头，摘下了自己的眼镜。他聚精会神地观察火焰和原料的熔解，高志在一旁解说。毛泽东看得高兴了，笑着站直身子，摘下了口罩。现场的工人都看清楚了是毛泽东，非常兴奋。毛泽东看了看现场的人员，就随高志向熔炉西侧走去。来到引上窑，毛泽东非常认真地观察玻璃引上作业，不断提问，高志在旁解答，一位看炉工人离他很近，兴奋中带着几分腼腆，不时回答几句问话，毛泽东点头微笑。

高志搀扶毛泽东从引上窑上楼到了采板场，毛泽东看到一架一架的整片玻璃十分高兴。稍停一刻，在工人崇敬而喜悦的注视下，毛泽东来到切装车间。进了车间门往左一拐，看到工人切玻璃，工人把整片玻璃双手一提，"腾"地一下，铺在切桌上，就象空中飘起一张极平的纸，轻轻贴落在案面上。毛泽东站在这里，凝神观看。工人把切好的玻璃搬下来，顺势回头一看，才知是毛主席，想说什么又没说出来，显得非常激动。看到工人们铺玻璃、切玻璃的动作十分娴熟，毛泽东露出了赞许的笑容。

毛泽东边看边笑问高志："你是厂长，你会切玻璃吗？"高志回答："我不会！"毛泽东亲切地说："你还不如工人哪，要向工人学习。"高志回答："是，我要好好向工人学习！"附近的工人看到了毛泽东，都幸福地笑了，但没有一个人放下工作，操作得更认真了。一位钉箱工人，一看毛泽东走过来，钉得更起劲了，等毛泽东走过他的身边，却身不由己地站起来深情地目送毛泽东。

毛泽东从切装车间走到东边门口下楼时，抬头一看，停下脚步，目光落在左边墙上的一条标语上，笑着说："噢，丢了一个字！"大家一看，标语写着："开展爱国生运动！"丢了一个"卫"字。高志赶紧说："我们工作不仔细，马上换一张。"毛泽东从切装车间出来，仍然步履稳健地走到厂门口，转过身来，和大家一一道别，连笑说："谢谢你们！谢谢你们！"几辆轿车慢慢地驶离工厂，毛泽东还在车里挥手。

"毛主席到咱厂来了！"人们深受鼓舞，奔走相告，全厂沸腾起来了！各班组、科室都在开会，修订增产节约计划，全厂职工提出一个共同的口号"创造生产新成绩，报答毛主席的亲切关怀"，掀起了增产节约的高潮。1954 年当年，玻璃产量比 1953 年提高 20.6%，是耀华建厂以来的最高产量。同时恢复了玻璃出口贸易。在这个基础上，1955 年又进一步提高了玻璃的质量、产量和出口数额，还生产出 294 标箱特选品。耀华全厂职工以创造优异成绩的实际行动，实现了报答毛泽东的心愿。

"公私合营舍得吗"

为了加快公私合营的步伐，毛泽东在 4 月 21 日视察秦皇岛耀华玻璃厂，与总经理张鄂联谈话时，问他：公私合营舍得吗？张鄂联说，我虽然是这个厂的总经理，但这个企业不是我的，它隶属于唐山启新，总经理在唐山。22 日毛泽东又来到了唐山，视察了当时还是私营企业的唐山启新洋灰股份有限公司唐山工厂——唐山启新水泥厂。

毛泽东乘坐的汽车驶入厂区后，稳稳地停在了小南门。这时，

启新水泥厂旧址中央树立的"马牌"水泥标志建筑

厂党委书记、军代表赵光已在这里迎候。车门打开，赵光立即迎了上去。毛泽东健步走出汽车，滕代远向毛泽东介绍说："这位是启新厂党委书记、军代表赵光同志。"毛泽东与赵光一边握手一边问："你们总经理呢？"赵光回答说："总经理在天津。"毛泽东听完赵光的回答略感失望。毛泽东要见的启新总经理叫周叔弢，系周学熙的侄子，1891年生于江苏扬州。他是我国北方民族工商业界的代表人物，是个拥护共产党领导、愿意接受社会主义改造的实业家、水泥专家。他所经营的启新水泥厂不仅在水泥行业中占有举足轻重的位置，而且在其他的一些工商业中，也有相当的影响。天津解放后，他担任天津市副市长、全国政协常委等职。毛泽东、周恩来在中南海曾先后接见过他。

毛泽东得知周叔弢不在启新水泥厂，紧接着又问赵光："副总经理呢？"赵光马上回答："副总经理姒南笙、汪公勤、娄育后、陈

达有、章元美他们都在厂里。""我要见见他们。"毛泽东边说边向
生产车间走去。启新水泥厂的甬路，是一条普通的路，毛泽东在这
里留下闪光的足迹。后来这条路被启新工人称为"幸福路"。

毛泽东走过的"幸福路"，后改为"幸福广场"

　毛泽东在启新水泥厂内边走边指着路旁一大堆深灰色的块状物
问："这是什么？"赵光回答："这是水泥生产的半成品，叫熟料。
将熟料加入适当的石膏，磨成粉状，就是水泥。"毛泽东听后点点
头，继续往前走。先参观原料车间的三号、四号、五号磨。这三台
生料磨，都是1921年安装的丹麦产球磨机。三台磨的大小、产量略
有不同，各内装钢球、钢锻24至46吨，靠磨机旋转，钢球、钢锻
连续撞击，将石灰石块砸成粉状。因而噪音很大，相互说话，很难
听清。大家只好从磨机旁走出来。他们参观原料车间后，启新公司
副总经理姒南笙赶到了毛泽东跟前。赵光马上向毛泽东介绍说：
"这是启新公司副总经理姒南笙。"毛泽东和他握手。接着，毛泽东
一行来到了烧成车间八号水泥窑。这是1941年安装的丹麦产回转
窑，靠1600左右摄氏度的高温将"生料"锻烧成"熟料"。这是水

泥生产的重要工序。毛泽东一行从八号窑屋扶着铁栏杆，从宽不足一米、高三米的铁梯爬上去，刚爬了几步，一股高达六七十度的热浪突然从北向南压了过来。

这时滕代远着急地对赵光说："你怎么搞的。温度那么高，主席会感冒的！转过去！"赵光回答："没法转，只能原路回去。"毛泽东听到滕代远和赵光的对话后问赵光："工人一天干几个小时？"赵光回答："解放前两班倒，一天干 12 个小时，现在改为三班倒，一天干 8 个小时。"毛泽东听后有些不高兴地说："工人一天干 8 个小时，我们从这儿走一走有什么关系！你前面走！"赵光按照毛泽东的指示，领着大家继续往前走，滕代远追到赵光跟前说："你赶快走，离开大窑之前别站脚，主席问你什么也别说。"赵光越走越快，不一会儿就出了窑门，但他回头望去，毛泽东还迈着稳健的步子，边走边看，并和一位正在当班的老炉工亲切地交谈起来。

"你是当班的师傅吗？"毛泽东和蔼地问。

"是。"老炉工心里很紧张。

"师傅贵姓？"

"免贵，姓杨。"

毛泽东和这位老工人交谈后，转过身来又和一名青年工人聊了起来。

"干几年啦？"

"三年。"

"技术怎么样？"

"比老工人还差得远。"

毛泽东笑着对这位青年工人说："要好好向老师傅学，向书本学，边干边学。"毛泽东还通过紫色玻璃窗口，观看了大窑里面的火光。走出八号窑，赵光向毛泽东汇报说："启新的水泥窑一共 8 台，刚才看的是最大的一台，都是回转窑，构造是一样的。按照生产流程，下面是制成车间，同原料车间一样，也是球磨机。水泥的生产过程就是这样，没什么新东西了。"

因厂里的会议室顶棚破裂，不安全，警卫人员建议去毛泽东的

毛泽东参观过的水泥窑旧址

专列上交谈。随后赵光、姒南笙与毛泽东一起来到了唐山火车站，他们二人同时被引进毛泽东的专列上。此时，他们俩人的心情既兴奋，又紧张。在列车上，毛泽东递给赵光、姒南笙每人一支香烟，他自己也燃起一支，然后与赵光、姒南笙交谈起来。他先问赵光："你是哪里人？"

"河北省丰润县人。"

"年纪多大了？"

"36 岁。"

"什么时候参加工作的？"

"1940 年。"

"哪年到工厂的？"

"1949 年 3 月。"

"读过几年书？"

"两年私塾，两冬夜校。"

"工作起来有困难么？"

"在农村工作时，文化低点问题不大，进城以后就感到有困难了。"

毛泽东说："文化低，确实有困难。但经过努力，文化是可以提高的。过去，我们有的同志没有上过学，后来经过努力学习，写出了很好的文章。我们这里有个张宝金，他从前给人家放牛、当雇工，没有读过书，后来跟着我，他就很有眼光，学习很用功，他到人民大学读书，还考第一名呢！"

赵光急忙汇报说："我现在正上业余文化学校。"毛泽东亲切地对赵光说："到业校学习是个办法，但主要的还是要坚持在工作中自学。既要学文化，又要学技术、学管理，要向工人学习，向一切内行的人学。全都学懂不可能，但一点不懂也不行！"在谈话中，毛泽东递给赵光和姒南笙每人一个橘子。他自己也拿起一个橘子，剥开皮吃了一片，又问姒南笙："你是公司的副总经理？"

"是。"

"在哪个学校毕业？"

"上海交大。"

"学什么专业？"

"机电。"

"学机电的，怎么到水泥厂呢？"

"水泥厂有不少机电设备，我对水泥也比较感兴趣。"

"你们公司现有资产多少？搞合营舍得吗？"姒南笙不好回答。因为他本人确实无权决定，这是董事会才能决定的事情。毛泽东也没有要他立即回答。这时，列车服务员提醒主席："时间到了。"毛泽东与赵光、姒南笙亲切握手告别。赵光忙问："主席还有什么指示？"毛泽东对赵光说："要好好学习，努力工作。"

毛泽东视察启新水泥厂的第二天，启新副总经理姒南笙急急忙忙赶到天津，向总经理周叔弢作了汇报。4月23日，周叔弢听取姒南笙汇报后，表示积极拥护中国共产党过渡时期的总路线，并从天津赶回唐山，宣告董事会决议："申请合营。"

1954年6月16日，华北行政委员会批准了启新的合营申请。

经过几个月的准备和公私双方的 4 次协商，终于达成了合营协议，由国家重工业部建材局副局长杨思久和周叔弢分别代表公私双方于 1954 年 9 月 3 日正式举行了签字仪式，并隆重举行了庆祝活动。启新水泥厂实行公私合营后，在全国工商界引起了强烈反响，有力地促进了资本主义工商业的社会主义改造工作。

毛泽东视察启新水泥厂时指出，启新是国家民族工业的代表，今后新中国建设离不开它。希望搞好生产扩建，在不长的时间内，达到年产百万吨……为了贯彻落实毛泽东对启新水泥厂的指示，厂党委进行了具体研究，并组织人员座谈。最后决定，以厂党委名义给毛泽东写一篇题为《为年产 100 万吨水泥而奋斗》的报告。

在毛泽东的关怀指导下，唐山启新水泥厂在建国后半个世纪的时间里，为社会主义建设事业立下了显赫功绩。20 世纪 50 年代的北京人民大会堂等十大建筑，70 年代的毛主席纪念堂，80 年代的引滦入津工程，90 年代的亚运村和北京西客站等国家重点工程，马牌水泥都占了很大比重，并获得国家建材行业第一块银牌。

启新水泥厂新貌

"钻进去，学会我们所不熟悉的东西"

从 1953 年开始，河北进入了有计划经济建设的新时期。中共河北省各级党组织根据党在过渡时期的总路线和总任务，制定实施了河北省国民经济的第一个五年计划，开始了工业化的进程。

河北的"一五"计划在工业建设方面重点是煤炭、电力、纺织和冶金行业，完全符合国家"一五"计划提出的"集中必要的财力、物力进行重点建设，使河北的资源优势得到发挥"的要求。

工业化建设的速度飞快，形势逼人。当时的省委书记林铁为了在决策和指导上准确无误，组建和加强了主抓工业建设的机构，还特意挑选了一名工程技术人员作秘书。1956 年，他还曾带领省辖市的市委书记们，到东北三省参观学习。学习地方党委如何实现领导重心转移，加强对工业建设的领导；学习如何搞好工业建设的总体规划，合理布局。

毛泽东在得知林铁的东北之行后，约林铁进京汇报。林铁联系河北实际，讲了取经学习的收获和体会。毛泽东听了后，说："就是要这样钻，钻进去，学会我们所不熟悉的东西。"

"邯郸是要复兴的"

建国后，经过近 10 年的发展，邯郸的工业建设突飞猛进，有了一定的规模。钢铁、纺织、机械、电力等行业的许多工业项目有的已建成投产，有的正在建设，邯郸已经成为一座新兴的工业城市。1959 年 9 月，毛泽东视察了邯郸。为了鼓舞这座新兴工业城市产业工人的士气，应地方领导的要求，毛泽东决定在这次视察中，首先接见邯郸的纺织工人。

9 月 24 日早晨，毛泽东用过早餐，稍作歇息后，对陪同的省、地市领导说："去见见工人吧！"上午 9 时许，毛泽东走下专列，跨

1959 年 9 月 24 日，毛泽东在邯郸国棉二厂接见纺织工人

过铁道，从国棉二厂北门进入厂区，来到提前列队等候在那里的千余名纺织工人代表面前，人群中立即爆发出"毛主席万岁！"的欢呼声，欢呼声此起彼伏，一浪高过一浪，数百米长的工人队伍像沸腾的河流一样激荡如潮。毛泽东也很快被工人的情绪所感染，他不断地挥动手臂向工人队伍招手。

工作人员从专列上卸下一辆苏联进口的敞篷吉普车，想让毛泽东登上敞篷车接见工人，毛泽东笑着摇摇头，温和地说："见工人，我不坐车。"说着就走进了人群汇成的长廊中。毛泽东身材伟岸，步履稳健。为了走近工人，他时而靠左，时而靠右，呈折线形穿梭于工人队伍之间。随着毛泽东身影的靠近，人群的欢呼声更加热烈，许多工人都想一睹领袖的风采。

二厂的领导提前准备了一张三屉桌和一部扩音器，想让毛泽东接见完工人后发表讲话。车间的工人早已把车间打扫得一尘不染，盼望毛泽东能走进车间。由于日程紧张，毛泽东要去视察棉花万亩丰产方，之后还要赶往保定。因此，邯郸国棉二厂之行只能匆匆结束。

　　从邯郸国棉二厂出来，毛泽东视察了磁县成安公社的棉花万亩丰产方。或许是邯郸的自然禀赋，触发了灵感。中午座谈期间，毛泽东对中共邯郸地委书记庞均说起了邯郸城市的发展。他说：邯郸是赵国都城，是五大古都之一，那时有邯郸、洛阳、淄博。那时候没有上海、天津大城市。邯郸是要复兴的，因为它出铁、煤、棉花、粮食。邯郸有五万万吨铁的蕴藏，很有希望搞个大钢铁城。

　　邯郸的资源引起了国家的重视，上世纪 70 年代，国家投资建设邯邢基地，邯郸的钢铁工业建设进一步加快。

邯郸新貌

第十三章　关注河北农业合作化

建国以后，中国如何实现由新民主主义向社会主义过渡，毛泽东和中国共产党其他领导人原来设想，在新中国成立后的一段时间里，迅速地恢复和发展国民经济，进行大规模的国家工业化建设，使新民主主义的政治、经济、文化形态有相当程度的发展，为稳步地由农业国转变为工业国奠定基础。然而在 1952 年夏秋之交，中国社会经济的现实生活发生了一些超出原来预料的变化。在以巨大财力支持抗美援朝战争的情况下，恢复国民经济的任务奇迹般地提前完成，这使毛泽东改变了原来的设想，决定开始向社会主义过渡。对于这个在中国社会主义革命进程中带有转折意义的大事，毛泽东通过刘少奇征求了斯大林的意见，得到了肯定。之后，毛泽东多次在中央领导层提出自己的设想。经过几个月的酝酿，毛泽东对于向社会主义过渡问题的考虑已经比较成熟。但他感到仍需要下去做些调查，听听地方和基层干部的意见，同时也向下面一定范围的干部通通气，做些宣传。基于这些原因，毛泽东便开始他建国后向基层干部调查研究的行动之旅。

"互助合作要比单干好"

1953 年 2 月 15 日，毛泽东南下的火车停靠在邢台车站，时任邢台县委第二书记、县长的张玉美上车汇报。

一上车，罗瑞卿向毛泽东作了介绍。毛泽东听后，微笑着向张玉美点点头，并紧紧握住张玉美的手，随后拉着张玉美走到会议室桌子东侧，用手指了指身边的沙发椅，示意张玉美挨着他坐在

邢台火车站新貌

右侧。

接着，站在会议室桌子西侧的罗瑞卿、马国瑞（河北省委副书记）和桌子南端的杨尚昆、何载（记录员）也相继落座。

罗瑞卿见张玉美望着毛泽东出神，便说道："玉美，这就是主席。"

张玉美顺口答道："见过。"

"在什么地方见过呀？"毛泽东惊奇地问。

"见过你的相片。"一句话把毛泽东和在座的人全逗乐了。毛泽东见张玉美心情紧张，便与张玉美拉起家常，问张玉美是什么地方人、多大岁数、读过几年书？张玉美都一一作了回答。

当毛泽东听说张玉美只上过八个月夜校，现在认识不少字主要是从工作当中学来的时，便递给张玉美一支钢笔说："你写几个字，让我看看好吗？"于是，张玉美随手掏出装在兜里的笔记本，在上面写了"共产党万岁"、"毛主席万岁"等20多个字,把笔和本子一块儿送给毛泽东。

毛泽东看了之后,又默默翻了一阵笔记本,笑着鼓励张玉美说:"字写得不错嘛,相当于中学生了。你这不是'农大'毕业了吗,已经够上农民知识化了。"然后抬起头,面向随行人员说:"看来劳动人民要知识化,知识分子也要劳动化。"接着又问张玉美家里几口人,张玉美回答说:"35万!"毛泽东高兴地说:"好啊!你这个书记心里装着全县人民哩!"经过以上交谈,张玉美感到毛泽东平易近人、和蔼可亲,心情逐渐平静下来。

张玉美首先向毛泽东汇报了邢台县解放前后的基本情况,接着又汇报了邢台县建国后镇压反革命和"三反"、"五反"运动的情况。这时,毛泽东把话题一转,用商量的口气说,把你们县互助合作的情况给我讲讲好吗?

于是,张玉美便向毛泽东开始汇报全县互助合作运动的大致过程:邢台县自西向东,由山区、丘陵和平原三部分组成。抗日战争时期,山区是革命根据地,平原属敌占区,丘陵处于中间地带,敌我双方互相拉锯,属

张玉美

于游击区。随着三个地区解放时间的先后不同,互助合作运动搞得有早有晚,基本上呈梯形向前发展。放甲铺村以西属于老区,搞得最早。那是在1941年春,邢西县委和抗日县政府为了领导人民进行生产自救、度过灾荒,打破敌人的经济封锁,发出了"组织起来,搞好春耕"的号召,开始在根据地部分村成立变工队、组织互助组,并重点培养了王俊生、郭爱妮等带头开展互助合作的模范个

人。1943 年春，县委、县政府响应毛泽东"组织起来"的号召，领导群众走互助合作道路，并在水门、折户等村搞了变工队改互助组的试点。1944 年春，全县对互助合作进行整顿，肯定常年互助和临时互助两种形式，提出"耕三余一"的口号，推广了水门村王俊生互助组农副结合、发展生产的经验，使互助合作组织进一步得到普及。1945 年 10 月邢台解放后，开始向丘陵区扩展，后又发展到平原新区。丘陵区搞的好的有东川口、尹贾乡等村，平原区前炉子、东汪等村也不错。

听着听着，毛泽东插话说："解决群众的生产和生活问题，实际上是一个群众观点问题。只有解决了这个问题，生产运动才能开展起来。你这个地方是个老区，应当总结经验。农民一定要走互助合作的道路，不走不行。"毛泽东一边说，张玉美赶忙往本子上记，有时记不下来，就先划个记号。

张玉美又向毛泽东汇报了近两年来全县试办农业生产合作社的情况。1951 年，河北省第二次党代会上提出，各县可试办一、两个农业生产合作社。1952 年初，县委学习了《中共中央关于农业生产互助合作的决议》（草案），根据本县互助合作时间早、基础牢的特点，决定采取梅花布点的方法，适当加快办社的步伐。并按山区、丘陵、平原三大区域，选择水门、东川口、前炉子等七个搞得较好的村党支部书记和劳动模范，于 12 月中旬赴饶阳县五公村，参观了耿长锁创办的农业生产合作社。回来后经过一个多月的宣传发动，七个农业生产合作社就先后建立起来。由于农业生产合作社比互助组具有更大的优越性，所以七个社当年秋麦两季都普遍增产。这样一来，一下子吸引了全县农民。群众说，说一千道一万，不如场上粮食堆成山。

当张玉美谈到由于邢台县认真贯彻中央和省地委关于合作化的指示精神，开展互助合作运动后，夏秋两季普遍增产，群众参加合作社的热情很高时，毛泽东点点头说："是啊，农民就是经验主义者，办社就是为了多打粮食嘛。增产与否，应该成为检验农业社成败的主要标准，看来互助合作要比单干好啊。"张玉美接着说："邢台县互助合作有 10 多年的历史，组织起来搞生产互助已深入人心。近两年试办农业社的实践证明，党中央在《关于农业生产互助合作的决议》草案中提出的方针、原则及办法顺民心、合民意，广大农民群众打心眼里拥护欢迎。"随后又重点汇报了水门、东川口两个村建社的情况，当谈到东川口村由于群众发动得好，1952 年建立合作社的当年，粮食总产量就达到 27 万斤时，毛泽东点了点头，无比兴奋地说："是啊，多数农民是愿意走社会主义道路的，因为这是一条由穷变富的道路，关键是领导采取什么态度。这两个村群众办社的热情很高，思想发动工作搞得也不错。"接着，毛泽东问张玉美办社当中存在什么困难和问题，张玉美从劳动管理、分配办法、组织领导等方面作了汇报，毛泽东都一一提出了指导意见。

不知不觉已到了下午一点。一位工作人员走进车厢，罗瑞卿会意，请示说："主席，该吃饭了，上午就到这里吧。"毛泽东站起来对张玉美说："不讲了，吃饭去。"说完带张玉美走进餐厅，只见餐桌上摆着色酒和四个菜，主食是米饭、小饼和包子。毛泽东先斟酒和张玉美碰杯，还不断往他碗里夹菜，让他每样菜都尝尝，使他感到既亲切又温暖。

饭后，毛泽东只休息了十几分钟，又回到会议室，继续听张玉美汇报。毛泽东问："合作化搞起来了，妇女的情况怎样？参加没参加呀？"张玉美说："参加了。不但现在参加了互助合作，早在抗日战争时期就参加了。那时老区的妇女组织起来搞纺织，在太行全区都出名。特别是折户村的郭爱妮，曾两次参加了太行区群英会，被评为全区纺织英雄，1950 年还出席了全国工农兵劳动模范代表会，受到您老人家的亲切接见。建国后，妇女由纺织转向田间生产，郭爱妮为使孩子的母亲们腾出手脚参加劳动，带头在全村创办了托儿互助组，县委及时在全县进行了推广。"

　　毛泽东听后欠了欠身子，提高嗓音强调说："妇女要解放，必须在政治上解放，这是先决条件。但要真正解放，还必须在经济上和男人一样，必须参加生产劳动，这是基础。"又问《婚姻法》公布后，贯彻得怎么样？妇女地位提高了没有？张玉美说：《婚姻法》在全县已普遍贯彻。邢台县山区在抗日战争时期就开始贯彻边区制定的《婚姻法》，妇女和男人一样参加政治活动和生产劳动，真正实现了男女平等。县委对妇女工作也很重视，从1950年到1952年，三年有三位女劳模进京参加国庆观礼，一时在全县全省传为佳话。接着又以郭爱妮、王葆荣、韩秀娥等妇女典型为例，具体说明了妇女地位的变化。毛泽东一边听，一边频频点头，并对张玉美说："妇女的伟大作用在经济方面，没有她们，生产就不能进行。你们县妇女工作搞得不错，要充分发动妇女参加田间生产劳动，在生产中必须实行男女同工同酬，实现真正的男女平等。"

　　当毛泽东问到县委在互助合作运动中是怎样进行领导时，张玉美又从深入基层、调查研究、抓点带面等六个方面作了汇报。毛泽东听后满意地说："你们的做法不错，概括起来就是积极领导、全面规划、典型引路、稳步发展。"

　　这时，列车窗外的光线渐渐发暗，工作人员进来请毛泽东吃饭，张玉美便和毛泽东一块儿共进了晚餐。饭后，列车将到郑州站。毛泽东在会议室拍着张玉美的肩膀说："玉美，今天你谈得很好。看来农业不先搞机械化，也能实现合作化，中国不一定仿照苏联的做法。今后有什么新情况、新经验，可写成材料报中央办公厅给我看。"并抬起头来语重心长地说："邢台是个老区，合作化可以提前。在合作化问题上，一定要本着积极、稳妥、典型引路的方法去办。你们县妇女工作也不错，要很好总结这方面的经验。"最后，毛泽东用商量的口气问张玉美出过门没有，愿不愿意到外地转转。张玉美看到毛泽东工作很忙，不愿给他老人家再添麻烦，于是便说："县里已经安排召开三干会，这次就不去了。"毛泽东微笑着点点头说："也好。"

列车驶入郑州站，毛泽东让罗瑞卿打电话派人接张玉美。临下车时又一次握着张玉美的手说："今后有什么事就找我。"张玉美告别了毛泽东，第二天赶回县里及时向班子成员和全县人民报告了这一振奋人心的喜讯，并按照毛泽东的指示研究安排落实的措施，使全县的互助合作揭开了新的一页。

毛泽东的关怀和鼓舞，成为张玉美的光荣，也成为邢台县的光荣。在过渡时期总路线的鼓舞下，邢台县农业合作化运动得到长足发展。1955 年 7 月，中共中央办公厅通知邢台县委报送东川口农业生产合作社办社经验，时任邢台县委第一书记的张玉美和第二书记兼县长的何耀明亲自组织县委农工部和办公室的同志整理材料，上报中央。8 月 15 日，中央有关领导人邀请东川口农业合作社社长王志琪到北京汇报，王志琪详细介绍了东川口建立农业生产合作社的情况。

毛泽东的秘书田家英根据王志琪的谈话记录和县委报送的材料，重新整理了一篇文章，题目是《河北省邢台县东川口村是如何达到合作化的》，呈交毛泽东审阅。毛泽东在这个题目后面加了"东川口农业生产合作社社长王志琪谈话的记录（1955 年 8 月）"，并对文章个别地方进行了修改，还为文章写了按语。这年 9 月，为了展现全国农业合作化运动的规模、方向和前景，动员各级党委全力以赴，切实把合作化运动开展好，毛泽东用 11 天的工夫，闭门对廖鲁言和中央农村工作部选送的 120 篇介绍合作化运动的文章进行了阅读修改和研究，并对部分文章写了按语，开始编写《怎样办农业生产合作社》一书，介绍邢台县东川口村是如何完成合作化的文章题目改为《邢台县东川口是怎样完成合作化和达到增产的》被编入河北省部分，也是全书的第二篇。到 1955 年 12 月下旬，"中国的情况起了一个根本的变化"，毛泽东又对《怎样办农业生产合作社》进行了重编，书名改为《中国农村的社会主义高潮》，《邢台县东川

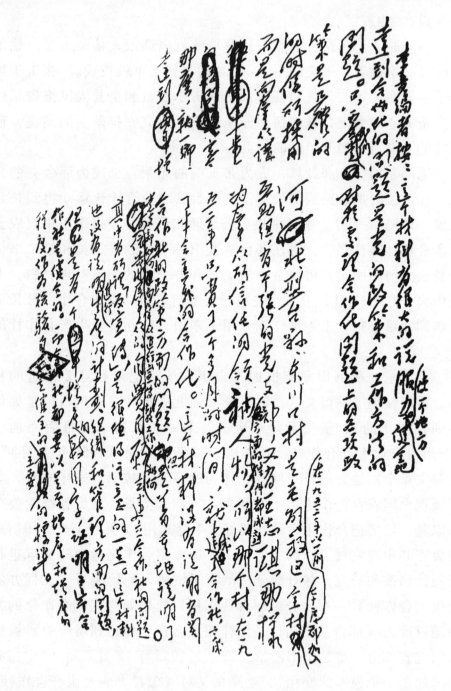

毛泽东为东川口农业合作社写的批语

口是怎样完成合作化和达到增产的》一文及毛泽东对此文的按语也被收入，但毛泽东将此文题目定为《只花一个月时间就使全村合作化》，邢台县委报送的《邢台县民主妇女联合会关于发展农业合作化运动中妇女工作中的规划》也被收入，毛泽东也为此文写了按语。毛泽东主持编写的指导全国农业社会主义改造的书，邢台县就有两篇被收入，并均被毛泽东亲笔写了按语。

"这就是我们整个国家的形象"

在全国农村乃至城市的基层单位中，跟毛泽东交往最多、时间最长的，要数河北省遵化县的西铺村王国藩领导的建明农林牧生产合作社了。从 1955 年 9 月毛泽东为收入《中国农村的社会主义高潮》一书首篇《书记动手，全党办社》一文写按语开始，到 1970 年 8 月 22 日跟王国藩最后一次见面、握手为止，总计对王国藩社写了七个批语，在六次重要场合和一封信中讲了王国藩社，跟王国藩本人则有 10 次见面、八次握手和谈话，时间跨度整整 15 年。这在毛泽东作为党和国家领袖与基层干部的交往中是绝无仅有的。

《书记动手，全党办社》这篇文章，发表在 1955 年 4 月 30 日的《唐山农民报》上。此文的那位没有署名的作者，是时任《唐山农民报》总编室主任的卢振川，文章开头的数字部分是时任中共唐山地委办公室副主任的赵亨运整理提供的。作者用满腔的热情、生动的笔调，详尽地叙述了遵化县第十区的农业合作化过程和王国藩社勤俭办社的经验。毛泽东于 1955 年 9 月和 12 月两次主持编辑了《中国农村的社会主义高潮》一书，此书共收文章 176 篇，毛泽东为其中的 104 篇写了按语，全书约 90 万字，分上、中、下三册，并于 1956 年 1 月由人民出版社出版。《书记动手，全党办社》一文被收入此书。毛泽东在编辑此书的过程中，经过反复比较，认为"这篇文章写得很好，值得作为本书的第一篇向读者们推荐。"他对这篇文章从大标题到小标题、从每个小题的内容到一个标点，做了大大小小 258 处修改，并为这篇文章写了长达 1534 个字的"本书编者按"。这样长的按语在全书 104 篇按语中居第二位，比最长 1742 字的那篇少 208 字。在这篇按语中有一段是专写王国藩社的，共 260 字，这段按语说："遵化县的合作化运动中，有一个王国藩合作社，二十三户贫农只有三条驴腿，被人称为'穷棒子社'。他们用自己

西铺村村史馆

的努力，在三年时间内，'从山上取来'了大批的生产资料，使得有些参观的人感动得落下泪。我看这就是我们整个国家的形象。难道六万万穷棒子不能在几十年内，由于自己的努力，变成一个社会主义的又富又强的国家吗？社会的财富是工人、农民和劳动知识分子自己创造的。只要这些人掌握了自己的命运，又有一条马克思列宁主义的路线，不是回避问题，而是用积极的态度去解决问题，任何人间的困难总是可以解决的。"

在《中国农村的社会主义高潮》一书中，紧接着《书记动手，全党办社》这篇文章的就是《勤俭办社》一文，毛泽东在此文的按语中说："这里介绍的合作社，就是王国藩领导的所谓'穷棒子社'。勤俭经营应当是全国一切农业生产合作社的方针，不，应当是一切经济事业的方针。""什么事情都应当执行勤俭的原则。这就是节约的原则，节约是社会主义经济的基本原则之一。"

随后，毛泽东又在这部书的《一个被人讥笑的穷合作社》和《翻身合作社一年翻身记》两篇文章的按语中，提到了"同河北省的王国藩合作社相似"和"河北有王国藩合作社"。

在这部书中，一而再、再而三、三而四地提到的只有王国藩合作社，对于创造"书记动手，全党办社"经验的遵化县第十区提到的是三次。可见王国藩合作社给毛泽东留下的印象之深，此种情况也是极少见的。这就使毛泽东此后经常想起这个"我们整个国家的形象"。

就在毛泽东两次编辑《中国农村的社会主义高潮》一书期间，1955 年 10 月 11 日，他在中共七届六中全会上做结论时还说："'勤俭办社'这个口号很好，这是下面提出来的。"并由此引申说："要严格地节约，反浪费。现在城市里头大反浪费，乡村里头也反浪费。要提倡勤俭持家，勤俭办社，勤俭建国。我们的国家一要勤，二要俭，不要懒，不要豪华。懒则衰，就不好。要勤俭办社，就要提高劳动生产率，严格节约，降低成本，实行经济核算，反对铺张浪费。"在这里，毛泽东把"勤俭办社"的内涵，大大地扩大了。

一年以后的 1957 年 2 月 18 日，王国藩到北京出席全国首届农业劳动模范代表会议期间，在一次招待会上见到了毛泽东。这是毛泽东首次和王国藩见面。当毛泽东走到王国藩身边时，陪同的周恩来介绍说："这位就是河北省遵化县'穷棒子社'主任王国藩同志。"毛泽东立刻伸出手来紧紧握住王国藩的手。王国藩激动地说：

毛泽东为王国藩合作社写的批语

"主席您好！"毛泽东回答："同志们好！"

在这次接见后不到 10 天的 2 月 27 日，毛泽东召集了最高国务会议第十一次（扩大）会议，讲《关于正确处理人民内部矛盾的问题》。他在其中讲到农业合作化问题时，又以王国藩合作社为例，说："今天会场上发的文件里面，有一个关于河北省遵化县王国藩合作社的材料，大家可以看一看。这个合作社所在的地方是一个山地，历来很穷，年年靠人民政府运粮去救济。一九五三年开始办社的时候，人们把它叫做'穷棒子社'。经过了四年艰苦奋斗，一年一年好起来，绝大多数的社员成了余粮户。王国藩合作社能做到的，别的合作社，在正常情况下也应该能做到，或者时间长一点也应该能做到。"

王国藩下地干活

　　1958 年 5 月 5 日，中共八大二次会议召开。5 月 17 日毛泽东在会上说：1956 年我们出了一本农村社会主义高潮的书，收集了各省、市、自治区一百几十个合作社的资料，哪一省都有几篇文章，只有西藏没有。其实不需要那么多，有一个河北省遵化县王国藩合作社的资料就差不多了。另外，冀中也有个穷棒子社，中农跑了，只剩下三户贫农不散，他们还是坚持下去，这三户指出了五亿农民的方向。

　　1959 年 2 月 27 日在郑州召开的中共中央政治局扩大会议，即第二次郑州会议，主要讨论人民公社的分配问题。毛泽东在第一天的会议上讲话，批评了"一平、二调、三收款"，大刮"共产风"的

"左"的错误。"一平、二调、三收款"即在公社范围内，实行贫富拉平，平均分配；对生产队的某些财产无代价地上调；银行方面，也把许多农村中的贷款一律收回。"共产风"主要内容有三条：一是穷富拉平；二是积累太多，义务劳动太多；三是"共"各种"产"。所谓"共"各种"产"，其中有各种不同情况，就是说，在某种范围内，实际上造成了一部分人无偿占有别人劳动成果的情况。在分析、批评了这种"左"的错误之后，毛泽东激动地说：无论如何，较穷的社、较穷的队和较穷的户，依靠自己的努力、公社的照顾和国家的支持，自力更生为主，争取公社和国家的帮助为辅，有个三、五、七年，就可以摆脱目前的比较困难的境地，完全用不着依靠占别人的便宜来解决问题。我们穷人，就是说，占农村人口大多数的贫农和下中农，应当有志气，如像河北省遵化县的被人称为'穷棒子社'的王国藩社那样，站立起来，用我们的双手艰苦奋斗，改变我们的世界，将我们现在还很落后的乡村建设成为一个繁荣昌盛的乐园。在3月2日的会议上，毛泽东在讲话中又说："我们穷人，就是不要靠揩别人的油来过活。东汉有个梁鸿，'举案齐眉'就是他的故事，不是很有名吗？他有个老婆，叫孟光。他们穷得要死，给人舂米度日。有一个人对他说：'我这里有火，你用它来烧饭吧。'他说：我'小子鸿，不因人热者也'。你有热，我不沾光。这个人后来到了无锡，成了经学家。这个人是硬汉。我看现在穷队和穷管理区要立这个志气。要自力更生，要有这个志向，我们人多，我们靠自己的双手起家。河北遵化县王国藩那个'穷棒子社'，开头啥也没有，也搞起来了。"直到3月5日会议结束的那天，毛泽东还在会上反复讲："要拿王国藩穷棒子社对穷户、穷队、穷社进行说服，解决穷社、穷队、穷户问题"；"要穷队赶上来，穷队变富队，穷变富每个省都可以找到例子，像王国藩那样，最大的希望是穷队"；"对穷队要讲王国藩，河北省遵化县鸡鸣村乡，'穷棒子'王国藩社现在是一个大社，很富了。开始只有二十三人、三条驴腿，无车无粮。他们的章程就是不要国家贷款，不要救济，砍柴卖，从此出了名，变为几十户、几百户，现在多少户了？各省都可以找出这样的例子来，自力更生为主、外援为辅，由穷到富的社，各省都有"。

1959 年 4 月 18 日至 28 日，王国藩作为人大代表，出席了第二届全国人民代表大会第一次会议，座位安排得比较靠前。有一次在会议中间休息时，周恩来把王国藩招呼到毛泽东面前，毛泽东首先伸出手来握住王国藩的手并询问说，你们这些穷棒子的生活怎么样了？王国藩回答，在您老人家的领导下，都由穷变富了！毛泽东微笑着说，很好嘛！就是要永远照这个样子搞下去。

1959 年 7 月 2 日至 8 月 1 日，在庐山召开中共中央政治局扩大会议。毛泽东 6 月 29 日在武汉至九江的船上，同各协作区主任委员座谈庐山会议准备讨论的若干问题，这些问题经 7 月 2 日中央政治局常委开会确定为 18 个，由毛泽东在会议开始时提出并作了说明。在谈第一个问题"读书"时他说："有鉴于去年许多领导同志，县、社干部，对于社会主义经济问题还不大了解，不懂得经济发展规律，有鉴于现在工作中还有事务主义，所以应当好好读书。""对县、社干部，山东、河北的想法，是给他们编三本书：一本是好人好事的书，收集去年大跃进中敢于坚持真理、不随风倒，工作有前进的，不说谎、不浮夸、实事求是的例子，如河北王国藩、山东菏泽一个生产队。一本是坏人坏事的书，收集专门说假话的、违法乱纪的或工作中犯了严重错误的例子。每省要找几个，各省编各省的，每本不超过二万五千字。第三本是中央从去年到现在的各种指示文件（加上各省的），有系统地编一本书。三本书大体十万字左右，每天读一万多字，一星期可以读完。读完后讨论，不仅读，还要考试。"

就在庐山会议后期的中共八届八中全会期间，毛泽东的秘书胡乔木于 8 月 5 日向毛泽东送阅了一期《经济消息》，上面登载了四篇文章，其中的《王国藩社的生产情况一直很好》一文说，曾被称为"穷棒子社"的河北省遵化县王国藩合作社，去年和其他农业社合并成建明人民公社以来，生产和生活都搞得很好，各项工作均名列前茅。远因是合作化以来，各地党组织一直坚持勤俭办社的原则，逐年搞农田基本建设、添置耕畜和大农具，提高了农业生产力；近因是在跃进中工作踏实，坚持群众路线，挡住了"共产风"，鼓励私人养猪，食堂实行"以人定量、节约归个人"的办法。王国藩等领导骨干一直同群众保持密切联系，遇事找群众商量，向上级请示。毛泽东阅后于8月6日写了批语，批语中说："将这四篇印发各同志。请各省、市、区党委负责同志将王国藩人民公社一篇印发所属一切人民公社党委，并加介绍，请各公社党委予以研究，有哪些经验是可以采纳的。据我看，都是可以采纳的。第一条，勤俭办社；第二条，多养猪（不养猪的回族除外）；第三条，增殖大牲畜；第四条，增加大农具；第五条，食堂办法；第六条，工作踏实，实事求是；第七条，有事同群众商量，坚持群众路线。这些都是很好的。我想，每一个专区总可以找到一个至几个办得较好如同王国藩那样的公社，请你们用心去找，找到了加以研究，写成文章，公开发表，予以推广。"

1959年8月19日，毛泽东为了对人民公社进行调查研究，给新华社社长、《人民日报》总编辑吴冷西和中央政治局候补委员、中央政治研究室主任、毛泽东的秘书陈伯达以及中央书记处候补书记、毛泽东的秘书胡乔木写了一封信。信中说："请冷西令新华社和人民日报将此信讨论一次，向各分社立即发出通知，叫他们对人民公社进行马克思主义的调查研究，每个省（市、区）选择五个典型，特别办得好的公社，例如广东省增城的石滩公社、河南省长葛县的坡胡公社（以上均见8月18日人民日报）、河北省遵化县的王国藩社，不要夸大，也不要缩小，总之，实事求是，反复核对，跟县委和公社党委认真研究，不适当的，修改而又修改，文字要既扎实又生动，引人入胜。"

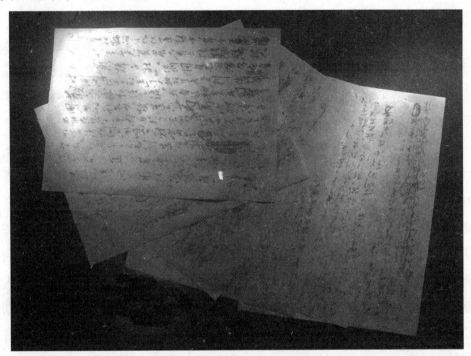

西铺村村史馆陈列的毛泽东批示复印件

1959 年 10 月 1 日，王国藩应庆祝国庆十周年筹委会邀请，进京参加了国庆大典。当天晚上，毛泽东在人民大会堂接见全体代表，他在同王国藩握手时说：看到了你们社里的新材料（指前面提到的《王国藩社的生产情况一直很好》），不错嘛，我已作了批示。王国藩回答说：请主席放心，我们一定把社办得更好。

1959 年 11 月 26 日，中共河北省委第一书记林铁给毛泽东写了一个关于王国藩人民公社的情况报告。报告说，前几天我到王国藩人民公社看了一下，发现他们今年是五业齐跃进，全面大丰收。这主要是因为他们依靠人民公社大集体的力量，鼓足干劲，继承和发扬了勤俭办社的光荣传统，艰苦奋斗，改善了生产条件。现在正着手大搞社营经济，为进一步发展创造条件。12 月 2 日，毛泽东对林铁的这个报告写了批语说："此件发给各人民公社参考。"并给这个报告拟了个《介绍王国藩人民公社》的题目。

1960 年 3 月 30 日至 4 月 10 日，王国藩进京参加第二届全国人大二次会议。3 月 30 日大会开幕的当天下午，毛泽东在人民大会堂休息厅接见工农代表，在毛泽东和王国藩握手时，摄影师拍下了一张珍贵的照片，送给了王国藩。

1961 年 5 月 21 日至 6 月 12 日，党中央在北京召开工作会议，主要讨论农村工作、商业工作和城乡手工业工作问题。在会议文件中有一篇关于王国藩社西铺生产大队粮食生产与畜牧业生产相结合的调查材料，是中共中央农村工作部的干部赵明、曾源在 1961 年 2 月写的。这个调查材料说：西铺大队是一个有 174 户的村子，王国藩就是在这里办起"穷棒子社"的。这个村是王国藩领导的建明人民公社的一个基本核算单位。这个村从个体生产时期到合作化时期以至现在，粮食生产和畜牧业生产结合得好，互相促进，粮食和畜牧业生产一直稳定地上升。而与西铺村一路之隔的东铺村，由于畜牧业逐年下降，粮食产量也不断下降。这两个村粮畜发展的相互关系，从正反两方面证明了粮多、畜多、肥多，畜多、肥多、粮多的道理。西铺村生猪逐年增加的主要原因，是他们一直坚持了公养与私养并举、以私养为主的方针，采取各种措施鼓励社员养猪。在整个畜牧业的发展上，贯彻了自养自繁的方针。这个材料由毛泽东于 1961 年 6 月 11 日批示印发会议："这个经验很好，印发会议各同志参考。"同时还在批示后注明："这个社在河北省北部的迁安县。"实际是遵化县，毛泽东记错了。

1964 年 12 月 21 日至 1965 年 1 月 4 日，王国藩参加第三届全国人大一次会议。这期间的一天中午，王国藩和几十名代表敬候毛泽东接见。当毛泽东由中央领导陪同进入接见厅后，他并没有和他周

现今的西铺村两委办公地点

围的代表握手，而是专门找到了王国藩，和他握手足足有一分钟，随后又专门找到鞍钢老劳模、出生于河北省丰润县山王寨村的孟泰，也和他长时间紧紧地握手。整个接见毛泽东没说一句话，也没有再和其他人握手。对此，王国藩迷惑不解，晚上他去找省委领导请教。省委领导说："通过握你俩的手，反映出毛主席、党中央的大政方针，国家今后就是要以农业为基础，以工业为主导嘛，工农就是依靠力量。"

1965年和1966年，王国藩都是国庆节的观礼代表，受到了毛泽东的接见。

王国藩曾是中共第九、十、十一届中央委员。1969年4月28日在中共九届一中全会上，休息时毛泽东和王国藩握手并问他：你今年多大岁数啦？王答：整50了。毛泽东又亲切地说：55正是出山虎呢，还很年轻嘛，要继续革命哟。两天以后的五一国际劳动节，王国藩作为观礼代表，在晚间登上了天安门城楼。当毛泽东在天安门城楼上与来宾、代表握手时，王国藩再一次握到了毛泽东的手。

毛泽东与王国藩的最后一次见面和握手，是在 1970 年 8 月 23 日至 9 月 6 日于庐山召开的中共九届二中全会期间。由于林彪、陈伯达等在会上发难，会议开得很紧张，在政治局常委扩大会决定陈伯达检讨后的一天晚上，毛泽东在庐山的山路上心情沉重地散步时，正碰上也在散步的王国藩，两个人有了最后一次握手。

"五亿农民的方向"

1954 年秋天，冀中平原农业合作化高潮到来的时候，南王庄村在原来三个小社的基础上，迅速发展为八个初级社。

《河北日报》发表的社论

　　1955 年春天，一些富裕中农煽起一股散社风。全村只剩下了王玉坤、王小其、王小庞三户贫农和三户中农组成的一个六户的小社。5 月初，那些富裕中农又闹退社。王玉坤经再三劝解仍不起作用，遂召集小其、小庞开会，对他俩说："党告诉我，要大家富裕，自己富裕，就坚决领导农民办社。我听党的话，一定要办下去，你们呢？"小其、小庞也都表示愿意办下去。于是，王玉坤在三户中农退社后，仍然同小其、小庞两户贫农继续走办社之路。当时，三

王玉坤、王小其、王小庞

户贫农只剩下了三条汉子和"三条牛腿"（王玉坤两户合养一头牛，王小其四户合养一头牛，王小庞没有牛，因此三户只有"三条牛腿"）。毛泽东听说此事后给予了高度赞扬。他在 1955 年 7 月 31 日至 8 月 1 日，中共中央召开的全国各省、市、自治区党委书记会议上，作了《关于农业合作化问题》的报告，其中对三户贫农坚持办社给予了高度赞扬："河北省有一个很小的合作社，只有六户，三户老中农坚决不想再干下去了，结果让他们走了；三户贫农则表示

无论如何要干下去，结果让他们留下，社的组织也保存了，其实，这三户贫农所表示的方向，就是五亿农民的方向。一切个体经营的农民，终归要走这三户贫农所坚决地选择了的道路的。"

　　1955年11月，《人民日报》发表了三户贫农坚持办社的报道——《五亿农民的方向》。后来，毛泽东把此文收入《中国农村的社会主义高潮》一书，并加了按语："这个三户贫农的合作社，几个月以来，在全国农村中产生了很大的影响，大家都知道河北省有这么一个了不起的英雄的合作社，给贫农壮了胆。"

1956年2月7日，毛泽东宴请全国政协委员时与王玉坤碰杯交谈

　　1956年1月16日，南王庄由初级社转为高级社，王玉坤被选举为高级社社长。

　　1956年1月30日至2月7日，王玉坤作为政协委员参加了全国政协二届二次会议。2月7日晚，委员们一起到中南海怀仁堂参加宴会。当走到怀仁堂门口时，在那里迎候各位委员的毛泽东紧紧握住了他的手："你是河北省安平县王玉坤同志？"王玉坤笑着频频点头，激动的一句话也没说出来。宴会期间，王玉坤专门被请到毛泽东和周恩来落座的那桌。毛泽东对他说："社大了，人多了，不如你那三户十口人的家好当了，以后要多考虑大事啊！"

　　同年11月，王玉坤被授予全国农业劳动模范荣誉称号并获中共中央颁发的金质奖章。此后，先后当选第二至五届全国政协委员，中共第九、第十、十一次全国代表大会代表，第四届全国人民代表大会代表。

第十四章 "大跃进"中的兴奋和忧虑

1958 年，在人民共和国的历史上，留下了一道深深的印迹。这一年，是第二个五年计划的头一年，也是实现十五年赶超英国目标的头一年。在"二五"计划开局之年，应当采取怎样的发展方针？毛泽东回顾新中国走过的八年历程，展望今后的发展。他说："现在要来一个技术革命，以便在十五年或者更多一点的时间内赶上和超过英国。我们的革命和打仗一样，在打了一个胜仗之后，马上就要提出新任务。这样就可以使干部和群众经常保持饱满的革命热情，减少骄傲情绪，想骄傲也没有骄傲的时间。"在毛泽东这一思想的引导下，2 月 1 日至 11 日，一届全国人大五次会议在北京召开。这次会议，实际上是实现国民经济新跃进的动员大会。

接着，5 月 5 日，中共八大二次会议在中南海怀仁堂开幕。中共八大二次会议通过了党的鼓足干劲、力争上游、多快好省地建设社会主义总路线，通过了十五年赶上和超过英国的目标，通过了提前五年完成全国农业发展纲要，还通过了"苦干三年，基本改变面貌"等口号。总路线和这一系列口号被党的全国代表大会通过，这就标志着经过南宁会议、成都会议直至八大二次会议，一步一步地发动"大跃进"的重大决策最后确定，全国"大跃进"已经进入高潮。发动"大跃进"的愿望是美好的，但由于在运动过程中，违背经济规律，造成了高指标、浮夸风、瞎指挥等问题的盛行。毛泽东也由最初的兴奋到逐渐发现和察觉问题，并加以纠正。"大跃进"期间，毛泽东在河北的视察活动反映了这一过程。

"徐水县的经验普遍推广"

徐水县隶属河北省保定地区，古时称武遂，是一个贫穷落后的小县，十年九旱，群众生活很苦。解放前，为了生活闯关东的人很多，到处流浪要饭的也很多。新中国成立后，情况虽有改善，但一直是个缺粮县，吃过全国 28 个省支援的救急粮，直至 1957 年，徐水在河北省还是"黑旗"县、"三类"县。这个县的工业几乎是一张白纸，农业基础条件较差，1957 年粮食亩产只有 200 多斤，人民生活十分穷苦。为改变贫穷落后面貌，1957 年秋末，徐水县委领导全县人民向大自然宣战，"白天赶太阳，晚上追月亮"。

1957 年底，全国农村掀起了大办农田水利建设的高潮。在这一过程中，一批大中型水利工程开始动工，由于这些工程超出了社、乡的界限，需要集中众多的劳动力进行"大兵团作战"，并且吃住在工地，公共食堂也就应运而生。

徐水县当时只有 31 万人口，除去老弱病残、妇女和各种脱产人员，能投入农业生产的劳动力实际不到 10 万人。徐水县委、县政府抓住广大农民根治水旱灾害的迫切要求，开始大搞水利建设。在 1957 年至 1958 年冬春之际的农田水利建设中，徐水组织了一支十多万人的劳动大军，打破社、乡界限搞大协作，实行全县劳动力统一调配。为此，徐水县委提出了"行动军事化，作风战斗化"的口号，把全县能调动的劳动力集中使用，按军事编制组成大队、中队，在工地搭棚宿营，组织了随营食堂。接着，徐水又开展了大规模的抗旱春种，成立了田间指挥部，划分"战区"，实行劳动力集体吃、集体住，开始了所谓的"全民军事化"。从 1957 年 11 月起，全县人民苦战三个月，实现了农田水利化，治理了 27 座山头，打了 5000 眼井，挖了 500 多里水渠，用工 8 万个，挖了 2400 万土石方。这些土石方如果铺成一米厚三米宽的路，可以从北京通到武汉。

1958 年 2 月，中央书记处分管农业的书记谭震林到保定视察，听了时任徐水县委第一书记张国忠的汇报后，对大兵团作战兴修水利的做法很感兴趣。他临时调整工作计划，挤出两天时间到徐水实地考察，随后在河北省三级干部大会上作报告，大力表彰徐水。回京后，他一方面向新闻界推荐徐水典型，一方面指示中央农村工作部副部长陈正人赶赴徐水，系统总结经验，准备向全国推广。谭震林的表彰与推荐，对于提升徐水经验的影响力发挥了重要作用。陈正人于 3 月 14 日给中央的报告肯定了徐水经验。毛泽东读了报告觉得很好，指示："徐水县的经验普遍推广。"此后，徐水名扬天下。

八届二次会议后，随着"总路线"提出，以片面追求工农业生产和建设高速度，大幅度提高和修改计划指标为标志的"大跃进"正式开始。高指标引发了浮夸风，进入夏季后，各地在夏收过程中，大放农作物的高产"卫星"，从而造成农产品大幅增产的假象。

8 月，毛泽东开始了他对华北农村的一次大巡查。为了迎接毛泽东的视察，在一个多星期之前，徐水县委就做了大量的准备工作。县委把大部分劳力、车辆集中在铁路两旁和准备让毛泽东看的地方，并且按照军事编制，明确连、排、班负责人。路两旁的庄稼不准有杂草，地里有人就得有红旗。

8 月 4 日下午四时，毛泽东乘坐的专列驶进河北省徐水。早已迎候着的河北省委书记处书记解学恭、河北省副省长张明河、保定地委第一书记李悦农、徐水县委第一书记张国忠等登上列车迎接。

毛泽东在专列上见到前来迎接的县委第一书记张国忠时，没有想到竟是一位年仅 33 岁的年轻人。当得知县委一班人小的二十二三岁，大的也不过三十三四岁，他笑着点头说："好，都是年轻人哟。"座谈片刻，毛泽东在陪同人员的簇拥下换乘汽车，从徐水火车站出来，汽车直接前往南梨园乡大寺各庄村农业社视察。因为大寺各庄村在农田水利建设和其他农业生产方面都搞得很好。一路上，毛泽东看到庄稼问收成，看到炼钢炉问产量，还不断掰着手指头和徐水县委第一书记张国忠一起算账。

大约四点半左右，汽车开进大寺各庄村，停在农业合作社俱乐部门前。毛泽东一到大寺各庄，就大步跨进社里的俱乐部。俱乐部墙上悬挂的各种锦旗和奖状，引起了他的浓厚兴趣。毛泽东环着屋子看了一下，就在准备好的会议桌前落座。

这时，毛泽东拿出笔、纸，让南梨园乡党委书记詹登科、大寺各庄合作社党支部书记闫玉如和社主任李江生，把他们名字写下，然后自己又念了一遍，随便问道："今年的麦子收得好吗？"

"很好！比哪一年都强。"李江生作了回答。

"每亩平均多少斤？"毛泽东接着问。

闫玉如接过话头："754斤！"

毛泽东笑了："不少呀！"他又问社里和县里大秋作物的预

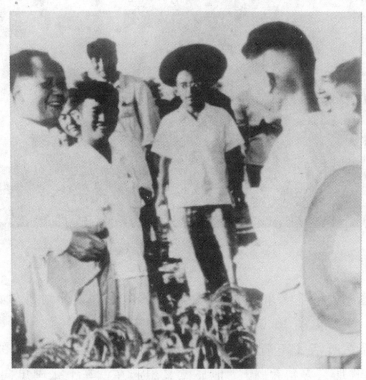

1958年8月4日，毛泽东视察徐水县大寺各庄村时与农民亲切交谈

毛泽东在徐水县大寺各庄村甘薯地察看密植栽培的长势

产量。

　　张国忠告诉毛泽东："今年全县夏秋两季一共计划要拿到12亿斤粮食，平均亩产2000斤。"

　　毛泽东听后，不觉睁大了眼睛。他笑着环顾着屋里的人们，说："要收那么多粮食呀！"他显然又想起在汽车上张国忠向他介绍的徐水的情况，伸出巴掌算账说："你们夏收才收到9000多万斤粮

1958 年 8 月 4 日，毛泽东与农业社社员亲切握手交谈

食呢！秋收要收 11 亿斤呀！你们全县 31 万多人口，怎么能吃得完那么多粮食啊？你们粮食多了怎么办？"

这个问题把大家问住了。事实上，回答不出这个问题实质是因为粮食当时并没有打得那么多。县委第一书记张国忠踌躇着开口答："我们粮食多了换机器。"

毛泽东说："又不光是你们粮食多，哪一个县的粮食都多！你换机器，人家不要你的粮食呀！"

李江生又出了个主意："我们拿山药造酒精。"

毛泽东认为这还不是答案："那就得每一个县都造酒精！哪里用得了那么多酒精啊？"大家答不出来。

县委第一书记张国忠打破尴尬说："我们只是考虑怎么多打粮食，其他没有多想！"

毛泽东说："也要考虑怎么吃粮食哩！"他又笑了笑说："其实

粮食多了还是好！多了，国家不要，谁也不要，社员们自己多吃嘛！一天吃五顿也行嘛！粮食多了，农民可以半天耕作，半天休息，搞文化、学技术。"

接着，毛泽东站起身要到村子里去看看。他先来到村子里两个食堂的厨房，亲自拿起社员们吃的大麦面馒头摸了摸，问道："这里面有没有山药面？""没有。"支书闫玉如回答。毛泽东又左右环顾地笑着向大家点头，他对社员们的生活感到满意。他还特意去看了看墙上贴的食堂规则和饭菜价目表，并且一句一句地念了一遍。从食堂出来，毛泽东向地里走去。正在地里劳动的社员见毛泽东一行，一起鼓掌欢呼："毛主席万岁！"毛泽东接连不断地挥手点头，同大家打招呼。他看到地里劳动的妇女很多，就对陪同的人们说："这妇女劳力解放得很彻底哩！"保定地委第一书记李悦农告诉毛泽东，这里的妇女都脱离了炕台、锅台、磨台、碾台这四台。毛泽东说："是呀！人人都吃食堂，社社都办幼儿园……"他随后又对省委书记处书记解学恭、副省长张明河说："他们这里又解放妇女劳力，又搞军事化，全县农业社搞了 90 多个团，200 多个营。他们就是这个办法哩！"

毛泽东随后来到一块齐腰深的棉花地边，仔细看了看棉花生长情况，啧啧称赞，然后就掰开密集的棉枝向棉田里走去。走了一会儿后，他停下来说："我钻不进去啦！"接着又问道："这一亩可以收多少棉花呀？""1000 斤皮棉。"社主任李江生说。毛泽东笑着说："那就是 3000 斤籽棉喽！"在每一块不同的地里，毛泽东都要问每亩栽多少棵秧子，施多少底肥，追肥怎么上，亩产多少斤。毛泽东听到那些山药都是亩产 25 万斤，有的竟准备实现亩产 100 万斤时，对乡、社干部说："粮食多了，以后就少种一些，一天做半天活儿，另半天搞文化，学科学，搞文化娱乐，办大学中学，你们看好么？"

离开大寺各庄后，毛泽东又在徐水城视察了县里的细菌肥料厂

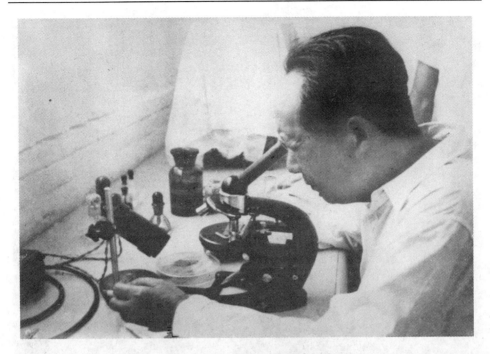

毛泽东在细菌肥料厂化验室显微镜前观察

毛泽东在细菌肥料厂同技术人员交流

1958 年 8 月 4 日，毛泽东在徐水县委会议室与干部群众座谈

和铁工厂。随后，毛泽东来到县委大院，在会议室里，听取了保定地委第一书记李悦农、徐水县县委第一书记张国忠的简要汇报。谈话间，毛泽东问起了徐水劳动组织军事化的情况。张国忠回答说："这是逼出来的，全县 11 万劳力，4 万人搞水库，打机井，办工业，支援外地，修路，逼出来了个军事化。全县成立了 90 多个团，200 多个营。"毛泽东感叹道："这是形势逼人哩。"

毛泽东还询问了河北省其他地区的庄稼情况，又了解了一下徐水去冬今春实现水利化和当年抗旱的情况。最后，他指示徐水县委要早抓次年的粮食规划，要多种小麦，多种油料作物，种菜也要多品种，这样来满足群众的需要。毛泽东又说："小麦地一定要深翻，翻到一尺以上；以后群众就主要吃小麦，玉米和山药喂牲口，喂猪；猪喂多了，群众就多吃肉。"他还赞叹道："下面真好啊！出的东西真多啊！""北京就不出什么东西。你们说，北京出什么呀？"

张国忠说："北京出政治领导，出党的总路线！"毛泽东笑着点头表示赞同。

毛泽东在视察徐水县的过程中，对于徐水的工作，讲了许多赞扬的话，尤其是对组织、管理军事化大为赞赏。他兴致很高，谈了很多。他的谈话都是即兴而发，但一经媒体报道便迅速传遍全国，并深刻影响着各地的"大跃进"进程。

毛泽东视察徐水，在徐水县的历史上是一件史无前例的大事。当天夜里，徐水县委召开了全县大型电话会议，传达毛泽东的指示。全县30多万人沸腾了，敲锣打鼓，欢呼雀跃。各个乡社都向党中央宣誓，保证当年粮食亩产超过2000斤，各个战线都要有无数卫星发射上天。毛泽东视察过的大寺各庄，当天夜里就宣布成立人民公社，宣布树木全部归集体，房屋也由公社统一分配，社员实行工资制。

8月5日，张国忠在徐水县共产主义思想文化跃进大会上做了《向共产主义进军》的讲话，提出"要建设共产主义，就要有共产主义思想。我们党领导群众多年，就是为建设共产主义，使人民进入生活、劳动幸福的乐园"。张国忠向社员群众讲解说："什么叫共产？共产就是大车、牲口全部归公。……除了生活用品和存款是自己的，其余都是公有的，这就叫共产。共产共产，越共越好，一共就富了。"会后，徐水县委宣布全县248个农业社转为人民公社。

"你们打这么多粮食怎么办"

地处华北的安国是我国著名的药都（古称祁州），其药材的生产和贸易源远流长。安国药材贸易的兴旺与药王庙有着密切关系。

8月5日，毛泽东乘坐的专列停在定县。从这里出发，毛泽东要去安国视察。因为在安国停留的时间只有半天多，所以安国县县长焦家驹一早便等候在定县车站，以便陪同毛泽东去安国时多介绍些情况。焦家驹是在专列上被引见给毛泽东的。问过姓名、籍贯、简历等基本情况后，毛泽东就征询道："我到你们县参观一下庄稼行吗？"焦家驹老老实实地回答说："我们正是来迎接毛主席去我们县视察工作的。"

1958年8月5日，毛泽东在安国县流村田间窝棚纵论农业发展形势

在去往安国的路上，毛泽东开始问起安国的情况："你们县小麦每亩能产多少斤？"

"亩产 491 斤。"焦家驹答。并介绍已经放出了一个亩产 5130 斤小麦的"卫星"。

"明年计划多少？"

"计划种 45 万亩，争取亩产 2000 斤。"焦家驹下保证似的说。

"怎么实现？"毛泽东似乎要追问下去。

焦家驹介绍了几种主要措施。当他讲到深耕要普遍翻到一尺半以上时，毛泽东又开口道："45万亩地，深翻一尺半以上，能翻完吗？夏种时间有多少天？"

焦家驹说，夏种时间是30天。至于深翻任务嘛，我们已经准备好了工具。拖拉机一次能翻一尺半，要是翻两次，就能达到三尺。

"能翻三尺，那就更好了。没有拖拉机呢？"毛泽东说。

"双铧犁用两头牲口，一次也能翻一尺半。"焦家驹答。

"那你们牲口够用吗？"毛泽东再问。

"牲口不大够用，全县只有两万多头。另从外头买回来2000头。"

"是在张家口买的吗？"

焦家驹答是。毛泽东说："还要增加点牲口。"

"你们今年每人能收多少粮食？"毛泽东关切地问起这个重要问题。在徐水问，到这里也问。

"按亩产3000斤算，35万人每人平均4000斤。"焦家驹说。

"主要种的是甘薯吧？"

"主要是甘薯。明年我们计划少种些甘薯，增加种植油料作物。"

毛泽东表示赞同，说多种油料作物，可以供应城市人民的食用油。顿了顿，他向这位安国县的县长提出了在徐水县提出的同一个问题：

"你们打这么多粮食怎么办？"

焦家驹的答案是搞储备，另外社员可以多吃点。

毛泽东乘坐的汽车在安国城东北的流村停下，他走进在田间的"瓜棚"，一边看一边同干部和群众亲切交谈。据王长锁（时任安国县流村大队党支部书记）讲，当年，毛泽东还在窝棚前，和流村大队农民王福江握了手，照了像。至今王福江还珍藏着那张照片，照片上毛泽东正与他握手。

1958 年 8 月 5 日，毛泽东视察安国县新安村药材田时与当地社员交谈

　　据 1958 年时任保定地区《东风日报》记者，现已 80 多岁高龄的王晓（离休时任保定地区广播电视局副局长兼广播电视台台长）讲：

　　因为我是搞摄影的，当时正在暗房里洗照片。总编室主任去找我说，赶紧准备一下，带着相机出发，有采访任务。我也不知道什么事，就赶紧把相机、闪光灯带好，跟他出来上了地委机关。到了以后我们就上车，当时在车上他们告诉我说毛主席要到安国，我们去是要拍照，当时安国县委就在南关，那院里头人们都挺高兴，干部早就都起来了，把那扫得干干净净的。到 10 点多钟，定州就打电话来了，说毛主席出发了，不到机关，先到农村。我们跟着车，赶紧到路上等着去。到了安国的流村，这里在安国城北四五里的地方。我们下了车后，主席早到地里去了。当时毛主席正在多穗高粱的地边站着呢，我一看，赶紧就照。

当时正是八月份，暑天，特别热。毛主席汗挺多，衣裳都溻了，当时有人递给毛主席一个扇子。后来毛主席在地里转，到了一个棉花地，地里有社员在整枝，有一个人带着个大草帽，看着毛主席挺热，就摘下递给毛主席。毛主席挺高兴，毛主席接过草帽来戴上，就问他："你叫什么名字？"他说："我叫包增福"，毛主席说："好，你这个名字叫的好，增福增寿"。这个老农民特别高兴。毛主席在地里看着多穗高粱、花生，看得很仔细，随走随谈。因为天太热，后来人们说让毛主席休息，毛主席到一个窝棚里，说我在这休息休息。当时在毛主席身边的是当时是安国县的县长焦家驹，主席问他："你们现在这个农业社怎么样，有什么困难？"焦家驹说："我们这个社原来小，后来大了。大了后来又变小了。"毛主席当时就说："你看过《三国演义》没有？"焦家驹就说"我看过。""头一句话是什么？"焦家驹就说："我不记得了。"毛主席说头一句话说"天下大势分久必合，合久必分。"咱们这个农业社也是这样，由小到大，由大到小，也是一个发展，是个过程。毛主席问地委书记李悦农，说你叫什么名字。李悦农说："我叫李悦农"。说哪个"悦"？是喜悦的"悦"，毛主席说："哦，悦农悦农，你喜欢农业，这很好，农业是革命的基础，咱们一定把农业搞好。"

毛主席在那边跟他们谈话，我们就在前头照相。当时记者们中摄影记者有我，县报里有一个，再一个就是跟着毛主席来的侯波。我在旁边照相，毛主席就问李悦农，他说这是哪个报馆的？李悦农看了看我，他也不知道我。我当时赶紧说："我是保定地委机关报《东风日报》的。"毛主席说很好，伸过手来，我赶紧着跟毛主席握

1958 年 8 月 5 日，毛泽东视察安国县流村棉花丰产田

握手，毛主席说："好，当新闻记者很好，很自由。"毛主席在田间看了两个多小时，后来又到机关去，过南关药王庙的时候，毛主席就问焦家驹是什么庙？他说这是药王庙。说药王爷是谁啊？焦家驹说不上来，毛主席说："你看，你这个县官光管人不管神啊"。他说这个药王啊，全国有很多，你们这的药王叫邳彤，"邳"就是一个"不"字下一横，右边一个耳朵。邳彤生前是东汉光武帝刘秀下边的二十八员大将之一，他喜好这个医药，给人们治病，死了之后人们纪念他，你们这个药王就是邳彤。焦家驹县长跟我们谈这个事情，他觉着有点内疚，他说毛主席真是知识渊博，我这个县长都不知道安国庙的药王爷是谁，毛主席就这么清楚。

毛泽东在县委机关稍事休息，就动身去了定县。

"徐水的全民所有制，不能称是建成社会主义"

1958 年 8 月 29 日，在北戴河召开的中央政治局扩大会议通过了《中共中央关于在农村建立人民公社的决议》。《决议》认为，向共产主义过渡的时间不会太长，有些地方可能较快，三四年内就可以完成，有些地方可能较慢，需要五六年或者更长一些时间。

徐水在全国出名，不只是因为搞水利建设，更因为这里搞了"共产主义试点。"9 月 15 日，徐水县人民总公社宣告成立，实行县级政社合一，搞全县范围内的一级核算。9 月 21 日，经保定地委批准，徐水与相邻的安新县、容城县合并成一个大县，仍叫徐水县。合并后的徐水县，人口由 31 万多一跃变为 73 万多，"共产主义"在更大范围内试行。

徐水搞共产主义试点，除了"一大二公"，办公共食堂，吃饭不要钱以外，最核心的内容就是实行全民供给制，干部、职工取消薪金，社员取消工分，全部实行"十五包"，即包吃饭、穿衣、住房、鞋、袜、毛巾、肥皂、灯油、火柴、洗澡、理发、看电影、医疗、殡葬等。

徐水共产主义试点的事情，也引起了毛泽东的关注。9 月，他把身边的 18 名工作人员派往徐水了解情况。这些人实地调查了半个月，反映了徐水县普遍存在的"共产风"和强迫命令等问题，引起了毛泽东的警觉。10 月 15 日至 17 日，毛泽东连续三天在河北省的省会天津听取徐水、安国、唐县的第一书记和河北省委负责人的工作汇报。当张国忠汇报到幸福院、幼儿园和建筑房屋的试点规划时，毛泽东批评说："太单调了嘛，也要大中小结合，老人不跟壮丁、小孩结合怎么办？""我就不愿进你的幸福院，幸福要有点分析，幸福之中有不幸福就不好。鳏寡孤独可以，但是幸福院作为一个生活单位，缺乏两端，大中小嘛，一天净是见老人，看不见青壮年，是不是好？"对于徐水的全民所有制，毛泽东指出："徐水还是全县人民的所有制，还不是六亿人民的所有制。六亿人的所有制要国务院发工资，你还是自己发工资嘛。"谈到徐水实行的供给制，毛泽东问："天有不测风云，你遇到大水、大旱、连旱三年怎么办？"

毛泽东对徐水工作的批评使河北省委震动很大。省委根据毛泽东的指示，组织了工作组，在徐水做了三天调研。

1958 年 10 月 21 日，毛泽东在北京听取了刘子厚对徐水调查结果的汇报。这次调查发现了一些问题，主要是浮夸风和"共产风"。刘子厚汇报了一亩甘薯亩产不过 2000 斤，徐水有关方面却说可以产 8000 斤，还有把几个村的肥猪集中起来以供参观等弄虚作假现象。毛泽东对刘子厚能够如实反映情况很满意。针对当时徐水县已宣布为全民所有制的情况，毛泽东说："徐水县实际上是集体所有，是扩大了范围的集体所有。你们把这个问题弄清楚了好。是徐水全民所有，不是全国的全民所有。它有两种不同，一是和过去合作社不同，一是和国营工业也还不同。"毛泽东还指出，交换问题要两个方向发展，一方面大范围的内部调拨要发展，另一方面社会主义市场、社会主义商业要发展，一部分是调拨性质，一部分是商品交换性质，还是货币交易。在分配问题上，毛泽东反对把什么都包起来，指出，"多劳多得还是社会主义原则"，"要把劳动力多的积极性调动出来，使他们收入多点、工资多点，不要平均主义"。毛泽东还明确指出"家具可以不归公"，私人间的债务不能"共产"，"废除了，两方面不舒服，借钱的觉得对不起人，外借的也不舒服"，"这些账，我看还是以还为好"。在汇报到家庭生活问题时，毛泽东说："要大中小结合，阴阳五行还要讲嘛！幸福院不幸福，老人们住在一起，见不到自己的儿女，没有中小，只有阴阳，就没有五行了。"毛泽东最后谈到党的领导和干部作风问题，强调指出："丰收有成绩，容易骄傲起来，铺张起来，不实事求是了。初看可以，经不起细看，经不起分析。要告诉县里，叫他们不要搞这么一套，不要弄得好像什么都好。"

继而，毛泽东又接到中共中央办公厅机要室关于在河北徐水县劳动中所见所闻的情况报告。这份报告尽管对徐水的成绩说了很多肯定的话，但也指出了几个方面存在的问题，如主观主义和强迫命令现象在局部地区依然存在。由于有些干部政治思想水平低，只强调军事化、纪律性，而忽视对社员的思想工作。他们在布置生产任务时，都是简单命令，遇事很少和社员商量。特别在处理劳动不积极、思想落后等问题时，往往采取简单粗暴的工作方法，存在一些虚假现象。据公社干部反映，由于县里布置任务都是又急又多，下面的干部感到压力太大，因此工作中的虚假现象不少。县里和各公社对于粮食的预产估计，也多半大于实际产量。报告还提出了几个值得研究的口号。在商庄人民公社庆祝国庆节的大会上，公社党委书记在报告中提出了这样的口号："1960 年建成社会主义，1963 年建成共产主义"，"到那时候，吃什么有什么，穿什么有什么，要什么有什么……"这些口号公开在社员大会上宣布是不合适的，因为有些口号不够实际，有的则在提法上就不够确切，喊出去，到时候实现不了，会给群众造成不好影响。过去这个县就曾宣布 1958 年 9 月争取成为文化县，而现在文盲还是不少，实际上没有实现。毛泽东看过这份报告后，没有急于批示，而是将它带到了郑州。

10 月 29 日，河北省委书记处开会讨论徐水工作。会议指出了徐水县共产主义试点过程中，在政策、作风、领导方面出现的问题，并责成保定行署专员杨培生将省委指示和地委意见，向徐水县委第一书记张国忠做了传达。

11 月 2 日至 10 日，中央工作会议在郑州举行（即第一次郑州会议）。毛泽东在会上对徐水进行了批评："徐水的全民所有制，不能称是建成社会主义。小全民所有制即大集体所有制，人力、财力、物力都不能调拨。这一点需要讲清楚，同全国全民所有制不能混同，人民公社的产品不能调拨，同国营工厂不同，如果混同，就没奋斗目标了。现在不少干部对此模糊，如果有人说不是，就说是右倾。""我国商品不发达。……现在有些人总想三五年内搞成共产主义。""现在不能叫共产主义，水平太低，只能说共产主义的因素和萌芽，不要把共产主义的高标准降低了。"他提醒大家："究竟鞍钢是大哥？徐水是大哥？有人以为中国无产阶级在农村，鞍钢8级工资制，未成立人民公社，是落后了。有些同志在徐水跑了两天，就以为徐水是大哥了，好像农民是无产者，工人是小资产阶级。这样看是不是马克思主义？有的同志读马克思主义教科书时是马克思主义者，碰到实际问题就要打折扣。"毛泽东对徐水的工作进行了批评，说他们是"急急忙忙往前闯"，并批评了徐水的浮夸风："徐水把好猪集中起来给人家看，不实事求是。"

11月10日晚，郑州会议结束。毛泽东把中办机要室关于在徐水县劳动中所见所闻情况报告又重新读了一遍，心情非常沉重。他将报告批转给河北省委第一书记林铁和省委书记处书记张承先："此件是说徐水县的情况的，长处短处都有，请你们研究一下。此种情况，可能不止一个社有。"写完这段话，毛泽东觉得意犹未尽，又加了一句："此件，你们带回去，我不要了。"毛泽东对徐水的失望之情，溢于言表。

11月27日，河北省委和保定地委派出工作组协助徐水县解决共产主义试点过程中出现的一系列问题。从11月27日到12月25日，张国忠代表县委检讨共产主义试点中出现的问题，并先后召开几次县委会议总结经验教训。12月31日，徐水县委向省委、地委递交了检查报告，标志着徐水"共产主义试点"的终结。

从1958年9月中央派人到徐水抓"试点"，到12月中央在武昌召开八届六中全会做出《关于人民公社若干问题的决议》，徐水的"共产主义试点"仅维系了四个月便夭折。

"争取我来，我来了嘛"

1959年9月24日，毛泽东来到磁县成安镇城关营（今属成安县）棉花丰产方视察。按照原定计划，毛泽东这次视察的地点是成安镇道东堡棉花丰产方，城关营棉花丰产方只是途经。可是，正在这个棉田里作业的棉花姑娘看到毛泽东的视察车队到来后，顾不上解下腰间系着的棉花包，就纷纷向车队奔去，在场的农业技术员和大队幼儿园的孩子们也都聚在一起，迎着车队高呼口号。见此情景，毛泽东急忙下车，向群众招手致意，并同部分群众握手，他决定先视察这个丰产方。

1959年9月24日，毛泽东察看成安棉花丰产方地边的牌子

当毛泽东看到地头一块牌子上写着亩产3000斤时，用质疑的口吻问道："3000斤能收到吗？"地委书记庞均赶忙纠正说："1000

斤，1000 斤。"其实，毛泽东对当时全国各地存在的浮夸现象已非常警觉。毛泽东边走边谈，突然，一块牌子上的一首小诗吸引住了他，这首诗是这样写的："大棉桃，不简单，桃子大得像鹅蛋。全国产量要列位，争取主席来看看。"毛泽东饶有兴致地看完后，风趣地说："争取我来，我来了嘛。"说完，田野上响起了一阵笑声。

1959 年 9 月 24 日，毛泽东视察成安棉花丰产方时与庞均亲切交谈

毛泽东在进入试验田时，一条 1 米宽，1 米深的水沟挡在他的面前，随行人员担心 66 岁的毛泽东行动不便，忙过去搀扶。毛泽东

摆着手说:"不怕、不怕。"抬脚就迈了过去。

　　这时,人越聚越多,毛泽东像拉家常一样,问完这个,问那个,问完这事,问那事,有问有答。当陪同人员让毛泽东上车去道东堡大队的丰产方视察时,毛泽东说:"看看吧,看看吧。"说着又向前走去。当走到在夹道欢迎人群中的一位老太太面前时,毛泽东亲切地问:"你今年多大岁数了,还摘棉花?"那位老太太拍着手,老泪纵横,激动得说不出话来。旁边人代答:"她今年50多岁了。"毛泽东又问:"一天能摘多少斤棉花?"旁边人代答:"她一天能摘五六十斤棉花。"老太太抹着泪,不住地点头。

毛泽东察看成安棉花丰产方里的冬瓜

　　12时许,毛泽东乘车来到道东堡大队的棉花丰产方,这里是万亩棉花丰产方的中央。毛泽东同磁县县委领导和群众代表一一握手。这时,庞均小声对毛泽东说:"请主席先休息一下吧!"毛泽东说："先看棉花吧。"说着就向前走去。在这里毛泽东首先视察了机井的使用情况，尔后又察看了棉花、冬瓜、豆角等农作物的生长状况。午时过后，庞均再次劝毛泽东休息，毛泽东这才在众人的簇拥下来到在丰产方中央临时搭建的休息室休息。片刻后，毛泽东邀请棉花姑娘进屋交谈。

毛泽东在道东堡棉花丰产方中央的休息室里

　　在休息室中间位置，有一把为毛泽东准备的铺了毯子的红木椅，毛泽东没有坐，他让棉花姑娘王素梅坐这"第一把交椅"，王素梅不肯，让来让去，谁也没有坐。座位前的条形桌上摆满了用来招待毛泽东的熟红薯、花生、新鲜的西瓜、苹果和梨等土特产品。毛泽东热情地把红薯分给棉花姑娘，自己也拿了一块，与她们同吃。

　　毛泽东学识渊博、通古晓今。初见毛泽东的人不免感到拘谨与紧张。毛泽东则利用人名或历史典故开句玩笑,说句风趣的话,使紧张的气氛顿时化解。在这次交谈中,毛泽东就用冯二马先生来趣解磁县县委第一书记冯迎祥的名字;用邯郸历史上"二度梅"的传说来比喻棉花姑娘王素梅和王秀梅。

　　正当毛泽东谈笑风生时,门外传来一阵嘈杂声,只见一人手提菜刀向这边跑来,值勤人员眼疾手快,出手将来人手中的菜刀击落在地,这人极力辩解。毛泽东闻声走了出来,在知道事件的缘由后,破颜一笑说:"要感谢大队长,否则我们都吃不成西瓜了。"原来,持刀的人是道东堡村的大队长,细心的大队长发现招待毛泽东的桌上有西瓜,而没西瓜刀,便匆匆回村取刀,不料却引起一场误会。

毛泽东视察成安粮棉厂

　　毛泽东离开道东堡棉花丰产方，来到成安粮棉厂视察。一进大门，看见一个像雪山似的棉花大垛，毛泽东仰望着大垛说：这么大的棉花垛，真像棉花山。他边说边踏上斜坡上的木板往垛顶走去。陪同的人员怕他走不稳，想扶一扶。毛泽东摆摆手断然拒绝说：不用，不用。大家仰望着毛泽东一步步登上垛顶。只见毛泽东双手叉腰，极目远眺，并向在场的人们挥手，笑着大声向新华社摄影记者说："你们没有上花山，我上花山了。"他那爽朗的笑声在空中回荡。

第十五章　几过燕赵调研农村政策

1958 年开始的"大跃进"和人民公社化运动，给国民经济造成了严重损失。从 1958 年 11 月第一次郑州会议开始，毛泽东和党中央就已经觉察到问题的严重性并开始逐步纠正"大跃进""左"的错误。但到了 1959 年 7 月，庐山会议的"反右倾"斗争，不仅打断了原来纠"左"的进程，而且进一步助长了"左"的思潮，导致很多干部不敢再实事求是地反映实际情况。这样，庐山会议后"继续跃进"的形势，进一步导致了国民经济的比例关系严重失调。在这种情况下，中央不得不下决心扭转困局。1961 年 1 月，党的八届九中全会通过了调整国民经济的八字方针："调整、巩固、充实、提高"，把农业放在首位。3 月，中央工作会议通过了《农村人民公社工作条例（草案）》，简称"农业六十条"。由此可以看出中央解决问题的决心是很大的。

但究竟怎样纠正"大跃进"和人民公社化运动以来的错误？中央掌握的情况与实际情况有没有差距？所通过的"农业六十条"是否符合农村实际情况？其实，在党的八届九中全会出台相关政策之前，毛泽东就在 1960 年 6 月中央政治局扩大会议上，提出要对社会主义革命和建设的规律性进行调查研究。因而他在 1961 年初向全党发出号召，大兴调查研究之风。这一重要决策，对于纠正"大跃进"和人民公社化运动中的"左"倾错误，克服严重的经济困难，制定出台中央的大政方针，起到了至关重要的作用。

此后，毛泽东身体力行，深入基层，调查研究。从 1961 年起，连续 4 年，曾 7 次到河北就农村基本核算单位下放问题、人民公社体制问题、贯彻农村农业《六十条》问题、农村"四清"运动等情况展开调研。

"今年搞一个实事求是年好不好"

毛泽东在党的八届九中全会上强调要加强调查研究，恢复党的实事求是的传统后，亲自组织和指导了三个调查组分赴各地，开始了对农村政策的调查。从 1961 年 7 月 6 日到 9 月 27 日，毛泽东就农村基本核算单位究竟是以生产大队还是以生产小队为好的问题，亲自进行了长达两个多月的调查研究，提出了一些有利于农业发展的意见。

毛泽东指出："现在看来，搞社会主义建设不要那么十分急。十分急了办不成事，越急越办不成，不如缓一点，波浪式地向前发展。"当毛泽东看到一条内参，说西德去年搞了 3400 万吨钢，英国去年钢产量是 2400 万吨，法国前年搞了 1600 万吨，去年是 1700 万吨。毛泽东在中央工作会议上又说："他们都是搞了很多年才达到的。""不要图虚名而招实祸。"他提出：今年搞一个实事求是年好不好？河北省有个河间县，汉朝封了一个王叫河间献王。班固在《汉书·景十三王传·河间献王刘德》中说他"实事求是"，这句话一直流传到现在。提出今年搞个实事求是年，当然不是讲我们过去根本一点也不实事求是。我们党是有实事求是传统的，就是把马列主义的普遍真理同中国的实际相结合。但是建国以来，特别是最近几年，我们对实际情况不大摸底了，大概是官做大了。我这个人就是官做大了，我从前在江西那样的调查研究，现在就做得很少了。今年要做一点，这个会开完，我想去一个地方，做点调查研究工作。不然，对实际情况就不摸底。不摸清一个农村公社，不摸清一个城市公社，不摸清一个工厂，不摸清一个学校，不摸清一个商店，不摸清一个连队，就不行。其实，摸清这么几个单位的情况就差不多了。现在我们看出了一个方向，就是同志们要把实事求是的精神恢复起来了。

毛泽东为了恢复实事求是的精神，真正掌握第一手材料，了解实情，他1961年9月让工作人员拟了一份在邯郸调研的提纲，上面详细记录了毛泽东调研的内容：机动粮、上交粮、储备粮，公积金、公益金，管理费、生产费，铁匠、砖瓦窑、机井、米面加工厂、油坊、粉坊，学校（小学）、基建、水利，救济、补助、治安、作物，小片荒、自留地，党的工作、政治思想工作，以至于牲口的胖瘦等等。

在毛泽东1961年发出大兴调查研究之风后，河北省委积极进行了布置。1月26日，毛泽东路过省会天津，刘子厚就向他进行了汇报。之后，省委一班人纷纷下到基层，进行调查研究，主题是农村人民公社存在的问题。这一年，中央也频繁地开会，讨论这些问题。通过调研，河北一些地方农村实行分配大包干的做法被发现，于是在3月中央召开的"三北"（西北、东北、华北）会议和中央工作会议上，河北都提出这种做法，但没有得到多数人的认可。7月6日，毛泽东南下调研，在天津停留时，省委再次汇报"大包干"的试点情况，毛泽东指示河北继续试行。

邯郸是毛泽东这次调研活动的最后一站。为了这次汇报，河北省委准备了五个材料。9月26日，毛泽东乘坐专列来到邯郸。当天下午，毛泽东在专列上召集河北省委、山东省委及河北部分地委负责人开座谈会。

待大家落座后，毛泽东边问边记了每个人的名字和职务。之后，毛泽东开门见山地问河北省委代理第一书记刘子厚："子厚，你们想扯什么问题？"

刘子厚说："还是上次谈的大包干问题。"

"这是一个大问题"，毛泽东说：不以脚为基础，以腰为基础，闹平均主义，脚去生产，腰在分配。接着又问："山东怎么做的"？当山东省委书记周兴介绍了山东情况后，毛泽东说："噢，那就是缴公积金、公益金，还有征购粮。"继而又说："我过济南时说，河北唐县有一个公社，几年来连年增产，并不闹大队统一核算，统一分配，他们叫分配大包干。因年年增产，生活好，不死人，也能完成征购，真正调动积极性就靠大包干这一条。"接着面对刘子厚说："你们河北怎么办？上庐山以前是否肯定了？'三包一奖'算账算不清，强迫命令定局，搞平均主义。'三包一奖'搞了六年之久，从来没有彻底搞清这个问题，反正他有办法对付你瞒产。"

刘子厚颇有感触地说："'三包一奖'太麻烦，保定有个调查，37 道工序，49 个百分比，1128 笔账，光定额就有 400 多个。张家口比较简单的办法，也还有 800 多笔账。"

毛泽东说："这是繁琐哲学嘛。"

刘子厚说："很麻烦，光会计搞，许多大队干部文化水平低，不懂。"

毛泽东说："'三包一奖'不适应农村的文化程度，为适应农村的文化水平也得大包干。"

刘子厚说："大队统一分配，做了好多生产队应做的工作。"

毛泽东说："'三包一奖'是哪个发明这一套？中央来的吗？"

刘子厚说："我们晋县周家庄'三包一奖'说是搞的比较好，是一帮知识分子在那里搞的，归根结底搞了个平均主义。"

毛泽东说：那么搞不瞒产才怪呢？或者瞒产，或者降低积极性。

刘子厚说："'三包一奖'年年吵个一塌糊涂，一年至少吵四次，一次就吵多少天。"

毛泽东说：最后吵得没有办法了，来个强迫命令算了。接着他还提议说：对大包干的试点你们应多搞一点，普遍试办嘛。

当刘子厚汇报了河北省研究实行大包干的过程后，毛泽东说：广州会议时河北要在全省实行小队核算，山东开了个座谈会，提出了这个问题涉及所有制。名义上在大队，实际在小队，生产在小队，分配在大队，这不是矛盾吗？在广州开会时，批了一个文件，让大家议一议，大家议的结果都不赞成。农村现在 20 户左右的生产队，有人说规模太小，20 户不小了，山里头更小一些也可以，十来户，七八户搞个核算单位，20 户有八九十人，三四十个整半劳力，不算少了，在资本主义国家，30 个人的工厂就是大厂，20 个人的是中等厂，十几个人的是小工厂。生产队有 40 来个劳力，就是个大工厂了嘛，再大了管不好。

刘子厚说："今年春天在北京开会讨论这个问题时，熟人给我开玩笑说，你们退到初级社了。"

毛泽东说："问题是搞不搞积累。大队、公社有一部分积累，这就没有退到初级社。"

刘子厚接着说："第二条有人说对基本建设不利。"

毛泽东说：是否不利？定一条，要抽些劳力，搞些积累。有些基本建设大队可以不干涉，如打井，小队也可以搞嘛。全县和全社规模的基本建设，由县、社来办。

刘子厚说："第三说是征购的辫子多了，头绪多了。"

毛泽东说："你还是抓大队嘛。"

刘子厚说："第四是说，如果有的遭灾，不利于互相支援，第五是说不利于向机械化发展。"

毛泽东说：你们现在哪一年实现机械化，还是遥遥无期嘛，现在是靠人力劳动。接着他问保定地委书记李悦农："你们唐县哪个公社是这个法？有个材料没有？"

李悦农回答说："没有文字材料。唐县的峝龙公社 11 个大队，名义上对县对区都实行'三包一奖'，实际上是大包干，被批为'右倾'他们也不改，群众拥护。"

毛泽东说：他们粮食年年增产，牲口也很壮，照他的办就行了，还有什么讲的。转而又问："国家征购任务呢？"

李悦农说："一年比一年完成得多。"

毛泽东问："积累呢？"

李悦农答："积累都缴上去，主要是大队的，公社没什么。"

毛泽东问："为什么公社不搞积累？"

李悦农说："因为这几年五风搞得很苦。"

毛泽东问："有生产不好的队，是不是还平调？"

李悦农说："大队提取储备粮、机动粮，有遭灾的小队借给它，下年归还，国家增加征购时，大队用储备粮、机动粮上缴。"

毛泽东说：公社过去搞的公积金等搞多了，名义不好，生产队富了就好办了，过去是搞"均"。

稍停，毛泽东又说：整风整社，《六十条》是根据，可是《六十条》就缺这一条。山东那个材料很有意思，广州附近某县实际也是这个办法。湖北为这个事还在吵，他们心中无底，没有做试验。你们河北最好写个报告，我批给你们去试试。省地两级去调查一番，把唐县那个大队的情况，写个报告，四五千字，不要太长，太长了人家不看。

刘子厚说："还有一个问题，则是按劳分配问题。"

毛泽东说：按劳分配就是搞嘛，还有什么问题？还讨论什么？

"还有实物分配问题。"刘子厚说罢又汇报了准备实行实物分配的办法。

毛泽东说：堂二里那地方口粮按劳分配部分只5%至10%，太少了。湖北孝感规定每人基本口粮360斤，这不行，有了这个数字就可以不工作了。最好定180斤，吃不饱就得努力，看来基本口粮高了不行，高了就没有积极性了。

随后，当刘子厚列举了唐山一个村实行按劳分配加照顾的情况后，毛泽东说：照顾不光五保户，还有：一是长期的困难户，二是临时困难户，三是手工业者，四是农村干部家属，五是烈军属，六是工人家属，七是临时还乡人员。一般说大体是5%到10%。周兴插话说："山东占25%。"

毛泽东接着说：五保户全供应，困难户另补助，手工业者补助一部分，他们家里还有搞农业的，烈属、工属、教员家属、干部家属也不是个个补助。

毛泽东说：什么叫队为基础，就是以现在生产队为基础，就是过去的小队。三级所有，队为基础，在脚。这样搞上十年、八年，生产发展了就好办了。大队、公社有了积累，可以办些赚钱的事业。大队、公社兴修水利可以采用出工的办法。7月6日，我过天津时，你们谈了这个问题，我说了可以去试。到山东一说，山东省委同志说，都这么办了。三级所有，土地还是放在大队好。牲畜、农具可以有两种办法：一是归小队，二是固定作价给小队，牲口死了由小队补上，增加了归小队。这两种办法由小队选择。土地名义上归大队所有，实际上还是归小队使用。许多手工业应该下放给小队，小队搞就有利，大队搞就赔钱。

刘子厚说："过去大队管了些不应该管的事。"

毛泽东说："公社、大队、生产队各管些什么，应该有个细则。"

刘子厚说："生产队的八条权利，被大队'统一'给咬住了。"

毛泽东说：应该有个解释，统一是统一些什么。大包干以后，大队并不是没有什么工作做了，而还要管些什么？

刘子厚插话说："管征购、直属企业、学校、基建、救济和补助。"

毛泽东又说：还有呀，党的工作，政治工作，还有民兵和治安。他对大队职责进行了详尽的说明后，又指出：大队有4个人就够了，支书、生产大队长、民兵连长、会计，其他人放下去加强小队的领导。过去中央，少奇到前方组织了个工委，我们在西北有个小司令部，有我、有恩来同志、有任弼时同志，此外还有陆定一同志等共6人……人不要多了，多了不好办事。

这次谈话会结束后，毛泽东于当天22时38分乘专列离邯返京。

他回到北京后，还看了湖北、河北、山东、广东的一些报告材料，随后于 29 日写给中央政治局常委及有关同志一封信，并附他于 27 日召开的邯郸谈话记录和几个省有关的材料。他明确表示：人民公社的基本核算单位应该是生产队而不是生产大队。还说：我们对农业方面严重的平均主义问题至今还没有完全解决，还留有一个问题。农民说，《六十条》（指《农村人民公社工作条例草案》）就是缺了这一条，就是生产权在小队，分配却在大队。在这个问题上，我们过了 6 年之久的糊涂日子（从 1956 年高级社成立起），第 7 年应该醒过来了吧！

毛泽东提出的这一意见，很快得到中共中央的同意并加以试行。由于对农村政策的调整，把基本核算单位下放到生产小队，受到农民和基层干部拥护，中央的指示得到顺利贯彻执行。

"口粮问题不要再强调按劳分配了"

1961 年 9 月毛泽东在邯郸调研时，时任张家口市委第一书记的胡开明也在列车上，虽然他的发言不多，但他是带着《关于农村生产基本核算单位由大队下放到生产队的建议》材料上车的，因为这份材料河北省委不敢批，告诉他到邯郸向路过的毛泽东当面汇报。毛泽东表示赞同，批示："中央政治局：这个材料你们看看，我认为基本核算单位还是下放到生产队好。请你们讨论决定。" 1962 年 2 月 13 日，中共中央发出指示，确定全国绝大多

胡开明

数农村人民公社以生产队为基本核算单位。

毛泽东在胡开明来信上的批示

但胡开明仍然感到，以生产队为单位，还是不能解决问题。听说张家口郊区有一个生产队，蔬菜庄稼长得特别好，他赶去调查，原来他们把土地的种植、管理和产量包给自愿组合的生产小组，多产的部分归自己。于是，胡开明给毛泽东写信，建议推行"三包到组"的生产责任制。1962年初，他在日记中写了这样两段话："社会主义生产关系并不存在一套固定的模式，……新的生产经营形式已经被农民创造出来了，这就是包产到组，其核心是建立生产责任制。"7月30日，胡开明在北戴河召开的华北局农村工作座谈会上，作了关于建议推行"三包到组"生产责任制的发言。会议秘书处作为大会简报印发，并同时转报中央。

8月8日，胡开明又给毛泽东写了一封信，对于如何巩固集体经济，加速恢复和发展农业生产问题，提出了推行"三包到组"生产责任制的建议。胡开明在报告中列举了"三包到组"的七大好处。并针对一些反对意见，进行有根有据的批驳。几天后，在中央召开的工作会议上，毛泽东在胡开明的信上作出批示，建议印发各同志讨论。此信及胡开明同志《关于推行"三包到组"的生产责任制建议》被列为中央工作会议文件之一下发。8月18日，胡开明再次给毛泽东写了信，并附录这份报告递了上去。

北戴河工作会议结束，毛泽东见到河北省委主要负责同志时讲："看来口粮问题不要再强调按劳分配了，否则会打击农村'四属户'（军、烈、工、干）。"显然，毛泽东是阅过胡开明的第二封信的。近年来，在中央档案馆卷宗里，我们查阅到当年胡开明写给毛泽东的信，在信签上清楚地加盖着"已送阅"戳章。

"要因地制宜，不要瞎指挥嘛"

1963年1月31日，毛泽东由湖南来到邯郸。2月1日下午，他在列车上召集河北省委第一书记林铁、省长刘子厚、天津市委第一书记万晓塘、石家庄市委第一书记力矢、邯郸地委书记庞均、邯郸市委第一书记刘英等，听取当地的情况汇报。

毛泽东和大家见面后，看到大家有些拘谨的样子，于是他先温和地问道："邯郸、石家庄有多少人？"

力矢和刘英作了回答后，毛泽东说："赵州属石家庄，战国时赵州是赵国之地。"而后又问："子厚，你是哪里人？"

刘子厚回答说："邢台人。"

"也属于赵国"，毛泽东作了解释后又问万晓塘和庞均："你们是哪里人？"

"山东鲁国人。"

毛泽东听后微笑着说："你们说错了，是齐国人，山东不一定都是鲁国。"

毛泽东调和了一下大家的情绪，而后再问："我从去年 12 月 10 日到南方，现在有一个多月了，情况有什么变化没有？"

刘子厚汇报说："在社会主义教育中，我们官教兵、兵教官，对党的八届十中全会公报和农业《六十条》原原本本地进行了讲解。由地、县委负责同志讲，另外还培训了辅导员。"

毛泽东说："这样就提高质量嘛。"

刘子厚接着说："县里的科长、一般干部也都参加了讲解。"

毛泽东说："这对他们本身就是个很大的提高。因为他们要备课、要讲课，当教员是提高学问的一个很好的方法。"当汇报到全省有百分之八九十的党员都参加了听课时，毛泽东说："这是个很大的教育运动，要把这个法介绍到全国去。"接着毛泽东还问三面红旗怎么样，刘子厚说："群众讨论的结果，三面红旗还得高高举起。"毛泽东说："要因地制宜，不要瞎指挥嘛！"

当汇报到霸县堂二里公社的猪由 500 头发展到了 3500 头时，毛泽东不相信地说："粮食不增产，猪也不会那样增长。"他还问："这是不是大跃进？"

刘子厚说："这个大跃进不是脱光脊梁。"

毛泽东也说："一连三天三夜不睡觉，那怎么能行呢！"

当汇报到民主集中制上，现在讨论、提意见、开展批评很自然时，毛泽东说："经过讨论，还要解决问题，这也是民主。"

当汇报到有的干部不参加劳动、多吃多占和贪污时，毛泽东问："这个问题怎么解决啊？"

刘子厚说："干部做检讨，表示态度。"

毛泽东追问说："这就算完了，不退赔吗？"

当汇报到有些队账目不清时，毛泽东说："这和贪污、多吃多占有关系。"

当汇报到传达贯彻《六十条》时，毛泽东说：这么多人得多少天呀？得个把星期吧。这是几百万人的事呀，还得早出晚归，要集中到礼堂听讲不冷吗？

刘子厚说："有火炉。"

毛泽东问："群众反映呢？"刘子厚说："有的群众说，没有规矩不成方圆，有了《六十条》农村就好了。"

毛泽东说：有了《六十条》就有了准则，有了规矩。《六十条》就是社章嘛，是公社的章程，就是农村搞社会主义的章程，没有这样一个章程，农村怎么搞好呢？你搞你的，我搞我的，那怎么能搞得好。这个章程是广州会议时搞的，合作化时期还有章程嘛。

接着，毛泽东还问万晓塘："城市里有些什么条条？"

万晓塘说："商业、学校、高教、工业都有条条。"

毛泽东说："有些条条要修改，《六十条》修改了两次嘛。"

毛泽东接着说：你们有多少三类队？听说是15%。这里的基本问题是干部班子。班子不好，不行的要甩掉。为什么15%至20%讲了多年不能解决，老是落后呢？

当汇报到棉花收购完成三亿斤时，毛泽东问："去年呢？"

有人答道："两亿三。"

毛泽东说："你们的产棉区主要还是南部吧？棉农的口粮是怎么定的？"

当汇报棉农口粮是八两，加上自留地吃到一斤时，毛泽东说："没有吃到360斤，那怎么能行呢。"

林铁说："我们打算把棉农的口粮提到360斤。"

当谈到棉花产量最高年份时，刘子厚说58年达五亿多斤。毛泽东说："你们恢复到最高年份还得好几年。"转而又问粮食最高的年份是那一年。

刘子厚说："是 57 年。去年先说是 185 亿，核实后 150 亿。今年计划是 155 亿。"

毛泽东问："能达到吗？棉籽、花生怎么样？"

"花生少了。"有人回答说。

毛泽东问："为什么花生少了？研究了没有？"

有人回答："主要是价格问题。"

毛泽东说："应该叫群众榨油，我们收油不收果。你们为什么不改，应该改嘛。棉区有油吃，非棉区怎么办呢？"

有人说："一是调剂，二是有些芝麻。"

毛泽东逗趣地说：有芝麻就吃芝麻吧，还打油干嘛？

毛泽东接着又问："你们这里生产队的规模到底有多大呢？问了两次都没有说清楚。"

刘子厚说："28 户。"

毛泽东说："28 户，不小，不算很小。"随之问道："你们这里什么时候开始春耕？"

刘子厚说："现在就开始了，就是天旱缺墒。"

毛泽东说："看来河北、北京、内蒙都缺水呀！"转而又说："河北第一大河流是哪个？"

有人答："滹沱河。"

毛泽东问："水利工程有哪些呢？"

刘子厚说："我们准备搞滦河、拒马河水库。"

毛泽东问："动工了吗？"

有人说："没有。"

毛泽东问："作用是什么？是防洪和灌溉？"

林铁说："蓄 40 亿立方水，可以发电。"

毛泽东说："40 亿就成河北最大的水库了。"

林铁说："我们搞了十年水利建设计划，可以保丰收。"

毛泽东说："看来河北的根本还是水的问题。"

谈完了水利问题，毛泽东又问："城市里的问题还没谈哩。万晓塘同志，城市工作怎么样啊？"

万晓塘说："支援农业的劲头很大，情绪很高。"

毛泽东继而转问力矢："石家庄怎么样啊？"

力矢回答说："和天津大体差不多。"

毛泽东问："石家庄什么企业多呀？"

力矢答："轻工业多。"

毛泽东说："你们还有煤，井陉煤矿嘛，有多少职工？"

力矢答："工业 7 万，全民职工 12 万。"

毛泽东说："有四五万人不吃生产饭。"

力矢说："当前石家庄市突出的问题是基建，主要是人力不足。"

毛泽东说："啊，看来你们这里是增人，土建材料要恢复。"

这次汇报结束后，毛泽东于当天 19 时 30 分乘专列离邯赴京。

1963 年 2 月中、下旬，中共中央在北京举行工作会议，毛泽东在会上总结了湖南、河北等地经验，提出了继续进行社会主义教育问题。会议决定在城市开展"五反"（反对贪污盗窃、反对投机倒把、反对铺张浪费、反对分散主义、反对官僚主义）运动，农村进行"四清"（清账、清库、清工、清财）运动。

"凡是有'五风'的地方都要反"

1964 年 3 月 28 日凌晨 1 时 40 分，毛泽东的专列又停在了邯郸。

大地春早。白天，田野上一片春的气息。越冬的麦苗开始返青，田埂上的小草开始吐绿，有的小花已经在春的召唤下竞相开放了……

　　中午时分，毛泽东在专列上听取了河北省委关于"四清"工作的汇报。听完汇报后，毛泽东对河北省委和邯郸地委的同志们说："这一次要把农村社会主义教育运动搞好，至少用三四年时间。我说至少三四年，不然五六年。有些地方打算今年完成60%，不要急，欲速则不达。"并说："一年之计在于春——现在已经是春天了，你们要把农村中的社教工作做好，开个好头。"

　　在谈到工业"学大庆"、农业"学大寨"时，毛泽东讲了在城镇中已经开展起来的"五反"运动。他说："凡是有'五风'的地方都要反，包括工矿企业。"并说，"大庆难道就不搞反贪污、反浪费？就不反盗窃？"

　　3月29日，毛泽东听取了林铁、刘子厚和陶鲁笳等人的工作汇报，并作了重要讲话。

　　随后，毛泽东带领着他的随行人员去视察了邯郸农村的人民公社……

　　夜间9时30分，毛泽东乘专列离开邯郸继续南下。

第十六章 "一定要根治海河"

海河水系是中国七大水系之一,流经的地区即海河流域,其范围西起太行山,东邻渤海,北跨燕山,南界黄河。河北省的大部分地区都处在海河流域,占全流域面积的50%以上。由于海河水系上游支流繁多且分散,下游集中,河道容泄能力上大下小,历史上多次发生洪灾,给流域内人民的生活造成极大的危害。1963年爆发特大洪灾后,毛泽东多次询问实情,并发出"一定要根治海河"的号召,给河北人民以极大的鼓舞。

"城墙现在不是对付敌人,而是对付水"

1963年8月上旬,正当渡过了三年困难时期,国民经济进一步好转的时候,河北省中南部连降特大暴雨,造成洪水泛滥。海河流域各河堤防相继漫溢溃决,平地行洪,水深数尺,数百里内一片汪洋。从8月3日暴雨中心在邯郸地区,4日扩大到邢台地区,6日又扩大到石家庄地区,7日在保定地区又出现暴雨中心,8日邯郸地区再次遭冷空气侵入,重复造成暴雨。这次暴雨的强度之大、范围之广,为此前河北省水文记载上所未有。在10天之内,雨量超过1000毫米的面积为5390平方公里,平均雨量在500毫米以上的面积有4.5万平方公里,最大暴雨中心邢台地区内丘县8月10日降雨竟达2050毫米,该地三天的最大暴雨量为平均每天1271毫米,均超过了全国最高记录;全省一天最大雨量为635毫米,超过年最高记录的17%。这次暴雨,在海河流域南部共降水5678亿立方米,产生径流量302亿立方米,相当于1939年的两倍多、1956年的

1.78 倍。尽管上游十大水库充分拦蓄洪水、削减洪峰，西部山区漫过京广铁路的洪峰总量仍达 7.8 万立方米/秒以上。由于中游河道狭窄，根本无法承泄，特别是滏阳河流域水势尤为迅猛，洪水一到，四处溃决，平地行洪，宽达百里，再加上平原沥水，就使冀南、冀中广大地区顿成泽国。此次暴雨的整个雨区范围达 7.54 万平方公里，包括邯郸、邢台、石家庄、保定、衡水、沧州、天津共七个专区的 101 个县市，占这七个专区县市总数的 96%。其中，被水淹的县市 28 个，被水困的县市 33 个；在 2.27 万个受灾村庄中，被水淹的有 1.31 万个；秋收作物有 5360 多万亩（357.34 万公顷）被淹，占七个专区秋播面积的 76%，其中有 3000 万亩（200 万公顷）绝收，另有 200 多万亩（13 万公顷）良田被水冲沙压；倒塌房屋 1265 万多间，其中有 2545 个村的房屋全部被洪水冲毁。邯郸、邢台、石家庄、保定四市 80% 的工业一度停产，矿井被淹；京广、石德、石太等铁路多处被毁，公路被冲毁 6700 公里；水利设施毁坏惨重。

面对来势凶猛的洪水，河北省各级党组织、政府领导群众顽强应对，在极端困难的情况下，付出了巨大的牺牲，完成了中共中央、国务院交给"保卫天津市，保卫津浦路"的任务。

对这次洪水所带来的灾害，毛泽东极为关注，除乘飞机亲自视察水情外，在八个月里，还四次到河北找河北省委和受灾地区的负责人了解灾情，询问救灾和治水工作的安排。

10 月 10 日 24 时，毛泽东乘专列来到邯郸。11 日下午在专列上召集河北省委、邯郸地委、邯郸市委、石家庄地委、邢台地委的负责人开会，关切询问河北省的受灾情况。毛泽东仔细地了解了河北的受灾面积、口粮救济、群众情绪、群众生活安排以及今后的水利规划中要治理的河流等情况。

在谈到抗洪救灾中涌现出许多可歌可泣的事迹时，毛泽东要求新闻报道应及时跟上。

在谈到有一些县城有城墙保护，没有受到多大损失时，毛泽东

1963 年洪灾一瞥

说："城墙现在不是对付敌人，而是对付水，我看还得搞。要把城墙和护堤看成是生产资料，没有它，耕牛、犁、耙等生产工具都要被冲跑……"邯郸的永年老城就属于因有城墙保护而损失不大这种情况。

在谈到石家庄正定的群众就是不让扒城墙时，毛泽东批评说："我们没知识，不能再扒了，城墙是为了对付水，不是对付打仗的敌人。"

"你们都是河北人，要把水切实地治起来"

1963 年 11 月 12 日，毛泽东乘专列到天津，请河北省委领导到车上汇报救灾、治水工作，当汇报到十大水库在防洪中发挥了巨大作用时，毛泽东一边看着河北省水利工程长远规划图，一边高兴地说：我要从南到北把你们的十大水库都看看。同时指着刘子厚、阎达开很关切地说：你们都是河北人，你们就是要把河北的灾民救出来，要把水切实地治起来！随后他又说：你们10年能把水治好吧！接着又问时任河北省委第一书记的林铁以及刘子厚、阎达开多大岁数，然后深情地说：我70岁了，不一定看得见了，你们这一辈子把水治好吧！这次谈话快结束时，林铁说，河北省委要在天津搞个抗洪斗争展览。毛泽东表示：以后要来看看。当林铁提出请他为展览题词时，他答应得很快，说：可以，我马上就题。由于时间紧迫，又没有准备，所以没有来得及题。最后毛泽东说：我现在不做湖南人了，要做河北人，生在湖南，死在河北。

隔了一天后，林铁派曾在毛泽东身边工作多年、担任过毛泽东的卫士长、后来分配到天津工作的李银桥带着信到北京。毛泽东问清李银桥的来意后说：今天是14号，你等两天，我写好了再交给你。李银桥在北京饭店等候。11月17日，毛泽东写好了"一定要根治海河"的题词，19日，由毛泽东身边的卫士张景芳将题词送到北京饭店，交给了李银桥，同时还有毛泽东写给林铁的信："林铁同志：遵嘱写了几个字，不知是否可用？浪陶（淘）沙一词，待后再写。此祝康吉！毛泽东十一月十七日。"

毛泽东的题词，为根治河北水患、保障天津市和京广、津浦铁路干线的安全确定了明确的方针。按照毛泽东的指示，周恩来对河北的救灾工作和根治海河工程始终给予了极大的关怀，多次听取汇报，并给予具体指示。灾后不久，李先念就来到灾情最重的衡水地区，深入到深县农村，逐户了解群众生活安排情况。当即确定增调粮食，以保持农民的体质。同时还对县城的恢复作了具体部署。

1964年中共河北省委省政府制定了根治海河的全面规划，1965年5月，经国务院批准成立了河北省根治海河指挥部，展开了群众性的根治海河运动。从这一年开始，每年冬春都动员30万以上的劳力，按照统一规划，有步骤、按顺序地开挖中下游河道的工程。即使在"文化大革命"的大动乱期间，也一直坚持施工。当时正是

根治海河工地现场

"打倒一切，全面内战"的年代，不少地方拦路设卡，武斗不断，但无论哪个地区，哪个方面，对于根治海河的车辆一律放行，根治海河工地上秩序井然。这固然是由于毛泽东的崇高威望，也由于"一定要根治海河"的号召符合人民的切身利益，表达了人民群众的迫切愿望。

经过连续 15 年的艰苦奋斗，到 1980 年，大规模排洪、排涝工程基本完成，共开挖、扩挖防洪排涝骨干河道 53 条，总长 3641 公里；修筑防洪堤 3260 公里；修建各种闸涵建筑物 2331 座；架设各种桥梁 1114 座，总长 91700 延长米；完成土方、石方、混凝土方总工程量达 13.35 亿立方米。这些工程完成后，排洪入海能力由 4620 立方米/秒扩大到 24680 立方米/秒，提高 5.34 倍；排沥河道入海能力从 414 立方米/秒增加到 3180 立方米/秒，扩大 7.68 倍。根治海河工程使河北省抗御洪涝灾害的能力有了显著的提高，低洼易涝地区的农业生产条件有了很大的改

海河治理新貌

善。处于九河下梢的京广、津浦两大铁路干线，也基本免除了洪水的威胁。当年经常受灾地区的干部、群众，至今仍然津津乐道根治海河所带来的巨大好处。

第十七章　不尽情怀洒燕赵

河北地处京畿，环抱京津，有着深厚的历史文化底蕴。河北不仅是建党较早的省份之一，而且在抗日战争、解放战争中，河北人民浴血奋战，不怕流血牺牲，为中国革命事业做出了突出贡献。因此，毛泽东对河北有着特殊的感情，从 1918 年到 1976 年去世前曾多次到河北视察指导工作，伟人足迹踏遍河北大地，给河北人民留下了难以忘怀的记忆。毛泽东生前多次对河北作出的批示，除了对国家大政方针的考虑外，更有对人民生活疾苦的关心，体现了他心系人民的伟大情怀。

三题报头寄厚望

1948 年 5 月，河北的冀南、冀中、冀东三个区党委分别办有《冀南日报》、《冀中日报》和《冀东日报》。当《冀中导报》报社的同志得知毛泽东来到了西柏坡，开始准备请毛主席题写报头的计划。不久，他们的这一要求传到了西柏坡，毛泽东在日理万机中欣然命笔题写了"河北日报"四个大字，并派中共中央华北局宣传部部长周扬亲自送到了饶阳县《冀中导报》报社。

1948 年 12 月，中共冀中区党委决定《冀中导报》与《新保定日报》合并，改为《河北日报》。31 日，《冀中导报》发表终刊启事："我东北、华北强大的人民解放军，正高举胜利的旗帜，向平津大举进军。平津与全华北的解放，已迫在眼前，我河北省全境将联成一片。为适应这一新形势的发展，本报奉命即日终刊，与《新保定日报》合并，改为《河北日报》。"毛泽东题写的《河北日报》

报头遂于 1949 年 1 月 1 日开始使用。《河北日报》创刊于饶阳县北官庄，对开四版，创刊号全部套红，发刊词标题为《完成当前工作，迎接新的胜利》，同时刊登了毛泽东的雄文《将革命进行到底——一九四九年新年献词》。

1949 年 7 月 12 日，中共河北省委员会正式组成，林铁任省委书记。华北人民政府通令，恢复河北省建制，成立河北省人民政府，杨秀峰任河北省人民政府主席。中共中央军事委员会发布命令，任命孙毅为河北省军区司令员。随着河北省委、河北省人民政府和河北省军区的成立，新的《河北日报》也在紧锣密鼓地筹备之中。为开创河北工作的新局面，毛泽东第二次为《河北日报》题写了报头。1949 年 8 月 1 日，新的《河北日报》在保定市创刊，每天一期，四开四版。创刊号一版发表了社论，题为《为进一步统一地建设新民主主义的河北省而奋斗》，并刊登《重要启事》说："冀中《河北日报》、《冀南日报》、《冀东日报》三报奉命实行合并，在中共河北省委领导下出版全省范围的《河北日报》，本报受命于今日创刊。"

1964 年，河北的各项工作进入了新的历史阶段。此时，中共河北省委致信毛泽东，请他再次为《河北日报》与《河北农民报》题写新报头，毛泽东又欣然应允，挥笔题词。是年 11 月 17 日，毛泽东给河北省委书记林铁复信并附送新报头。这次，毛泽东为《河北日报》和《河北农民报》分别题写了四张报头样稿，还在《河北日报》上用"○"符号标出了他最满意的一个。1965 年 1 月 1 日、2 日，《河北日报》和《河北农民报》开始启用毛泽东题写的新报头。从此，《河北日报》带着毛泽东的无限期望，天天与人民群众见面，直至今天。

批示急拨赈灾粮

1949 年，在新中国刚刚成立的当月，时属察哈尔省、现属河北省的张家口以北地区，突然发生肺鼠疫，死 60 余人，已向南蔓延至张家口，死 4 人，并威胁着河北、北京、天津，情况紧急。10 月 28 日，毛泽东致电斯大林，请求空运疫苗、血清救急，并派防疫队来北京转往张家口协助防治鼠疫。第二天即 10 月 29 日，接到斯大林回电，已派送专门医生、防疫队和大量药品到北京来。毛泽东于 10 月 30 日又向斯大林发了致谢电。由于毛泽东的亲自关注和苏联的帮助，此次鼠疫很快被扑灭。

1950 年，河北西部的阜平、曲阳山区遭受的雹、水、风、虫各种灾害也十分严重，人民生活极为困难，尤以阜平为甚。本来历史上山区人民的衣着就很困难，灾后棉衣破烂、棉被缺少情况更严重。许多灾民衣不蔽体或以夹填棉，冰天雪地无法出门生产。时任河北省人民政府主席的杨秀峰经过实地调查，遂于 1951 年 1 月 14 日写了关于阜平、曲阳两县灾情及解决办法，并向省人民政府转呈中央人民政府政务院等的报告。报告说，河北阜平全县及曲阳山区均系老区，华北机关曾长驻此地，群众与我们血肉相关。中央前拨河北省寒衣数量较之募得总数比例很小，可否再增拨棉被、寒衣各十数万套；同时，阜、曲两县山田滩地水冲沙压，畜牧业远非战前可比，如不从长期扶植生产、封山育林着手，则山地困难不易解决。所以，报告提出，有必要逐年贷款扶助生产，1951 年对阜、曲两县可贷 75 万公斤米。以全省山区生产贷款补助来说，有 1000 万公斤米之数，即可做出很多事情。如是三五年后，可以收到很大效果，较之年年救济并不多费。这个报告转到毛泽东处后，毛泽东很快于 1 月 22 日批给周恩来说："周：应当批准此项要求。"按照毛泽东的批示，中央人民政府急拨首批赈灾粮 325 万公斤。1951 年 4

月又拨给河北长期备荒种子基金 200 万公斤小米。由此，阜平、曲阳两县以及全省因灾遭困的问题得以解决。

1951 年，河北省受灾县达 100 个，受灾面积 1915 万亩（合 127.66 万公顷），灾民 621 万人。河北各级党委、政府认真贯彻"生产为压倒一切的中心工作"的方针，加强爱国主义思想教育，领导和组织群众恢复和发展生产，战胜各种自然灾害，取得了显著成绩。为此，中共河北省委于 1951 年 11 月 13 日就关于恢复和发展农业生产问题向中共中央华北局写了综合报告。毛泽东看到这个报告后，于 11 月 21 日代中央起草了向各中央局并转分局、省市区党委和地委转发这个报告的批语，批语说："河北省委这个报告很好，请你们加以研究，吸取其中有益的经验在各省推广实行。此件并可在党内刊物上发表。中央希望看到各省省委都有一个关于恢复和发展农业生产的专题报告。"

1952 年入春后，华北各地相继发生流行性感冒、麻疹、猩红热、白喉等疫病，并蔓延发展，以河北、平原两省最为严重。经各地政府组织力量防治，大部分地区的疫病已被扑灭。但当时仍处于传染病流行季节，各地疫病亦未彻底根除。为此，中共中央华北局第三书记刘澜涛于 1952 年 3 月 15 日写了关于华北疫病防治情况给周恩来并报毛泽东的报告。除报告上述情况还提出，必须防止麻痹思想，继续组织力量，完全消灭现有疫病；同时发动群众，开展大规模的清洁卫生运动，进行全面预防工作。对此报告，毛泽东 3 月 17 日批给周恩来说："似宜通令全国各地普遍注意疫情，有疫者治疫，无者防疫，并将华北防治时疫文件转发各地参考，请酌办。"当时，河北从省到地、市都成立了爱国卫生运动委员会，开展了爱国卫生运动。4 月，周恩来派魏建樵到山海关专门组建山海关防疫委员会，开展了一系列防疫工作：在山海关火车站，对东北进关车辆进行高温蒸气消毒，为进关人员进行体检，对城乡人民进行预防注射；加强畜禽管理，监视空中敌机散布细菌和地面疫情；发动全

区人民清除户内外垃圾，填沟垫洼，疏通和填平臭水沟，消除蚊蝇
孳生地，开展灭蚊、蝇、虱、蚤、鼠的"五灭"运动；翻修平整街
道、胡同，普遍用白灰粉刷墙壁，大街小巷用三合土铺路；住户院
内挂牌轮流值日，机关单位实行上班后、下班前10分钟清扫卫生，
每周六下午为全区人民卫生日，开展卫生大检查。经过半年多时
间，山海关卫生面貌焕然一新。同年12月，荣获"全国中小城镇
甲级卫生模范"称号，获毛泽东题词"动员起来，讲究卫生，减少
疾病，提高健康水平"的奖旗一面。

"不能抓了工作，忘了生活"

　　1958年入秋以来，在河北省的邯郸专区，由于某些领导干部只
注意生产，忽视了对群众集体生活的领导和关心，有些地方食堂卫
生工作不好，吃不到热饭，找不到暖和的地方，加上睡眠不足，使
社员身体抵抗力下降，以致伤寒疫病普遍流行，痢疾、肠胃炎等症
也有发生。再加上某些地区的领导和卫生部门没有及时积极组织中
西医生进行治疗，有的地方还发生了药品不够的现象。因而迅速波
及到21个县市、70多个村庄。此次患病人数之多、蔓延之快，为
历年所未有。对此，邯郸地委高度重视，并采取了有效措施，扑灭
现有疫病，控制蔓延，杜绝传染。为此，新华通讯社在其1958年
11月11日的《内部参考》第2630期上刊载了《邯郸专区伤寒疫病
普遍流行》的电讯稿。毛泽东看后于11月14日上午四时在赴武昌
途中的广水写了批语，要求将新华通讯社的这个电讯稿印发即将在
武昌召开的中共中央政治局扩大会议的到会各同志，并指出："很
值得注意，是一个全国性的问题，注意工作，忽视生活，必须立即
引（起）全党各级负责同志，首先是省、地、县三级的负责同志的
注意，方针是：工作生活同时并重。"还指出：邯郸专区伤寒疫病
普遍流行，"原因是抓了工作，忘了生活"。这就是当时在全国掀起

一股关心群众生活热潮的背景，其由来是毛泽东在看了邯郸专区疫病流行的材料后才发现问题，找出原因，提出解决办法的。

1959 年，全国 15 个省发生春荒，包括河北在内。对此，毛泽东十分关心，4 月 23 日，由内务部编印的《救灾工作简报》第 17 期上登载了内务部关于各地加强工作春荒有所好转的报告。报告中提到河北时说："河北省由于各地做了许多工作，春荒已停止发展，但还没有从根本上缓和下来，必须提高警惕，加强工作。"毛泽东阅后于 4 月 26 日写了批语说，"此件发各省委、市委、自治区党委。请你们对这个问题，务必要采取措施，妥善安排，度过春荒，安全地接上麦收和早稻，多种瓜菜，注意有吃而又省吃，闲时少吃，忙时多吃。千万不可大意。"

"左权的墓在哪里"

1952 年深秋，古城邯郸，落叶缤纷，到处是一派金色的秋景。从建国到这年深秋只不过三年多一点的时间，邯郸还只是一个人口不足 10 万的小城，和全国其它许多处于起步的城市一样，百废待兴，百业待举。

1952 年 10 月 28 日，毛泽东一行离京，先后在徐州、开封、新乡等地视察黄河故道与黄河。在返京途中，毛泽东特意嘱咐身边工作人员让专列在邯郸停留一下，他要专程参谒晋冀鲁豫烈士陵园，参谒长眠在陵园里的无数英灵。

11 月 1 日下午 2 时许，专列到达邯郸。在公安部部长罗瑞卿、铁道部部长滕代远、天津市委书记黄敬、天津市主管工业的负责人李浊尘以及身边工作人员汪东兴、叶子龙、李银桥等人的陪同下，毛泽东走下专列，乘轿车驶向陵园。

少顷，轿车到达陵园门口。毛泽东下车后，径直朝迎门而立的烈士纪念塔走去。在纪念塔正面，毛泽东停下脚步，摘下帽子，静

1952 年 11 月 1 日，毛泽东参谒晋冀鲁豫烈士陵园

默伫立，缅怀先烈。须臾，毛泽东缓慢戴上帽子，顺时针绕塔行进，在绕塔的同时，还仔细品读每一块碑文，并低声吟念那浩气充溢的诗赋，完全沉浸在一种悲壮的氛围中，最后停在了塔的东侧，塔的东侧镌刻着他遒劲有力的大字："英勇牺牲的烈士们千古 无上光荣"。毛泽东看后，微微地点了点头。若干年后，薄一波来邯郸拜谒烈士陵园时，提议应突出毛泽东题词的位置。直到 1965 年重修塔碑时，才将毛泽东的题词置于纪念塔的正面。

接着，毛泽东穿过公祭先烈的大广场，来到与塔碑相对的人民英雄纪念墓前，参谒公墓。参谒后，毛泽东问身边的罗瑞卿和滕代远："左权的墓在哪里？"滕代远指了指说："在东面。"毛泽东一行又向东走去。

左权是八路军在抗日战争中牺牲级别最高的将领，时任八路军副总参谋长。左权牺牲后，公葬于涉县石门，1950 年移葬邯郸晋冀鲁豫烈士陵园。毛泽东来到这位浴血太行的将军墓前，摘下帽子，肃立默哀，一股伤感涌上心头。当罗瑞卿发现凝神沉思的毛泽东情陷其中时，轻声对毛泽东说："那边还有朱总的题词。"毛泽东来到碑楼东侧的朱德诗碑前，禁不住用他那浓重的湖南口音低声吟诵起来，吟罢，无限惋惜地叹了一口气。

毛泽东走下碑楼，戴上帽子，见东面的工地上正在搭架施工，要走过去看看。随同人员告诉他说："那里正在修建烈士堂，它是仿照北京中山纪念堂进行设计的。"毛泽东听后，双手背在身后，站在左权碑楼前的广场上，仰望着这些建筑，轻声说："他们应该有一块安息之地呀。"

随后，毛泽东徒步走到陵园门口。当他登上轿车后，还深情地注视着那座高高的碑塔。

"以后要多多注意学习"

1952 年 11 月 22 日，毛泽东在定州下车，由林铁等陪同参观了这里的名胜雪浪石和开元寺塔。

雪浪石是定州城内的一块奇石，据道光年所修《定州志》载，苏文忠公（即苏东坡）曾云"余于中山后圃得黑石白脉，中涵水纹，有如蜀孙位、孙知微所画石间奔流，尽水之变。又得白石为大盆盛之，琢盆为芙蓉，激水其上，名其室曰'雪浪斋'，且勒铭于盆唇……"铭曰："尽水之变蜀两孙，与不传者归九原。异哉驳石雪浪翻，石中乃有此理存。玉井芙蓉丈八盆，伏流飞空漱其根。东坡作铭岂多言，四月辛酉绍圣元。"这种铭文无标点且首尾相连，不知者不能断句。

毛泽东很有兴趣地看雪浪石，他用手抚摸着石头，用湖南口音念铭文，念了几句，让县委书记王振海念，王振海念不下去。省委书记林铁打圆场地说："主席，他没读过多长时间的书！"这时候他又让地委副书记林达宇念，林达宇也念不出来，说请主席批评！最后，主席告诉他们哪里是头，哪里是尾。说："你们是一方的领导，以后要多多注意学习，领导要打江山，但是以后也要学习，学习可以正身，可以领导群众！不学习是不行的！"

下午，毛泽东到达保定莲池作故地重游。他称赞莲池书院在全国书院中最早引进外国学者，最早分科教学。毛泽东看到由于连年战火，古城保定变了模样，莲池某些古建筑已经不复存在，回忆起1918 年所看到的莲池，他不无惋惜地说："不是那个样子了！"

"换了人间"

1954 年的 4 月 21 日，毛泽东第一次来到渤海之滨的秦皇岛北戴河。在考察了耀华玻璃厂后，傍晚下榻在北戴河的张家楼。当晚，毛泽东听说北戴河有"红日浴海"的奇景，很想观赏一下。

看这一景致的最佳位置是在"鸽子窝"。该处位于临海的悬崖上，因巨石之上常有成群的鸽子（实际上是海鸥，当地百姓称为鸽子）出没，故有"鸽子窝"之称。据有关史料记载，秦始皇、汉武帝、曹操、唐太宗等都曾在这里观赏过大海。

第二天早晨四点多，毛泽东和几名警卫人员悄悄向"鸽子窝"走去。

在上山的路上，他走得很快，卫士们怕他劳累，劝他走慢一点，毛泽东把手一挥："我这辈子爬了不少山，累不坏。井冈山那么大，还不是靠两条腿走过来的！"

上山后，毛泽东休息了片刻便坐不住了，举起一支高倍望远镜向东遥望。

开始，海天相连的地方只是青白色的淡光中附上几缕缥缈不定的淡红霞彩。不时，海边天际像燃起了大火，翻腾起紫红的朝霞，海波层层尽染。

今北戴河鸽子窝公园

五点时，有人欢呼着：快看啊。这时，大海在熔化，像血、像岩浆，向四面八方流淌。霎时，一轮红日在涌动的波涛中冉冉升起。当朝阳跳离了海面，大海还在掀起层层浪花，一次又一次飞溅到她的身上。

在人们凝神观望之际，毛泽东迎风望海，低声吟道："东临碣石，以观沧海。水何澹澹，山岛竦峙。树木丛生，百草丰茂。秋风萧瑟，洪波涌起。日月之行，若出其中。星汉灿烂，若出其里。"

时隔不久，1954年夏，毛泽东第二次来到了北戴河。这时，新中国的建设蒸蒸日上，面对国家欣欣向荣的景象，毛泽东的心情相当振奋。一天，在暴雨斜飞，怒浪排空的渤海上，毛泽东畅游了一个小时。上岸后，他浮想联翩，以雄浑沉郁之情泼墨挥毫，写出了著名的《浪淘沙·北戴河》：

"大雨落幽燕，白浪滔天，秦皇岛外打鱼船。一片汪洋都不见，知向谁边？往事越千年，魏武挥鞭，东临碣石有遗篇。萧瑟秋风今又是，换了人间。"

毛泽东在开头第一句，即咏出了河北那厚重的历史文化和不寻常的自然风光。接着，他面对燕赵大地，想起了昌黎县的碣石，想起了 1000 多年前"白骨露于野，千里无鸡鸣，生民百余一，念之断人肠"的社会情形。也仿佛看到了被他称为老师和英雄的李大钊、杨十三、节振国等燕赵慷慨悲歌之士，心潮久久不能平静。然而，意气风发的毛泽东心中没有苍凉与怅惘，因为经过一代又一代英雄儿女不懈努力，灾难深重的神州大地已经"换了人间。"在他的眼下，秦皇岛外那一艘艘乘风破浪的渔船，不正是河北乃至全国人民不怕艰险，意气风发的象征吗？不正是新社会高歌猛进、欣欣向荣的图景吗？

1957 年，《浪淘沙·北戴河》在《诗刊》创刊号上发表，成为河北人民引以自豪的诗篇，激励着广大干部群众在社会主义大道上奋进。

"我们到有潮水的地方去"

1955 年夏天，正值全国农业合作化高潮到来之际，中央安排党和国家领导人去北戴河办公，当李银桥向毛泽东报告这一安排时，毛泽东说："好吧，我们到海边去。中国社会主义建设的高潮就要到了，我们到有潮水的地方去。"

在北戴河期间，毛泽东有一个规律，就是每当心潮澎湃之时，便挥笔如飞，昼夜不停的写，或起身奔向大海，到浪涛里去搏击。

有一次秦皇岛海面刮起台风了，一卷卷、一团团的黑云疾驰迅跑，狂风呼号，大海咆哮，雷电交加，暴雨颠狂！正在写作的毛泽东突然将笔掼在桌上，奋然起身，对李银桥说：

"银桥，我们游泳去！"

"啊？"李银桥象受惊似地叫出了声。"游……游泳？这……这天气游泳？"

"这天气不是正好游泳吗？"毛泽东微微一笑，嘴角朝下撇去，"又不是小脚女人，还怕吹倒了不成？"

"不成，绝对不行！"李银桥几步跑到他面前，挡住去路。"我决不允许你去！"

卫士长的这个权力是组织上给的。因为公安部长罗瑞卿向他们下了令："一天 24 小时，你们一分一秒也不许离开毛泽东。要看紧，要不惜一切代价拦住他，保护他，决不允许他下海！"

大的台风终于过去，云散日出，但海面上的风至少有七级，翻腾的波涛仍是直达天边。这时，卫士们更紧张了，因为毛泽东见到阳光又要坚持游泳，更不好阻拦。

果然，上午 10 点钟，毛泽东又提出要去游泳，卫士们早有准备，立刻横起"墙"来，并且由保健医生陈述不能游的理由："水很凉的，会抽筋。"

"我不怕冷，就你们怕冷，你们别游么。"

"那也不行，浪太大，岸边的浪有一米多高。"

"那才好么，乘风破浪，这正是机会么。"

"那是顶风，几个年轻战士试几次，都被浪打回来了，根本冲不过去。"

"一个人冲不过去，这么多人还冲不过去？岂有此理。"毛泽东边说边往外走。

"不行，"徐涛一把扯住毛泽东，说："主席，浪太大，把贝壳全冲到岸边了，不少都是又破又尖，要扎伤脚的。"

"从小我打赤脚，就不上山砍柴了？叫你说的！"毛泽东甩一下手。

"我还没说完呢！贝壳冲上来一堆一堆的，容易绊跤。您岁数大了，摔一跤我受不了，担不起责任。李维汉同志就摔断了腿。今天天气这样恶劣，说什么也不能让你去。"

"他绊跤我就一定要摔跤？你这么说，我今天就非去不可！"

毛泽东甩开保健医生，大步向前。阻拦的卫士们一遇到他灼灼的目光，便不得不闪开一边，那是下定了决心，要粉碎一切阻碍的目光，没人敢和这种目光较量。

事已到此，别无选择，李银桥立刻命令卫士们作好一切准备，带了浴衣、救生圈和白酒，徐涛带了药箱和应急药品，和早已被惊动的警卫人员一道追着簇拥着毛泽东奔向大海。

深黑色的海水猛烈地起伏翻腾，大浪头绵延几百米，一道接一道地从天际翻滚过来，咆哮着，飞一般扑向沙岸。

毛泽东凝视大海，胸膛起伏，呼吸有声。他两眼眯细，目光灼灼，漾出一种战士冲锋陷阵时的锐气。卫士们像听到冲锋号，将心一横，刀山火海也得闯了！纷纷以最快的速度脱下外衣。毛泽东扫视了卫士们一遍，嘴角忽然漾起一丝微笑，问道："你们害怕吗？"

"不怕。"卫士们回答。

"你们可以跟我走，也可以不跟我走，可以在岸上看，也可以回去。"毛泽东淡淡地说罢，转身便向大海走去。身后的沙滩上留下一串深深的足迹。

卫士和警卫人员冲上去，簇拥到毛泽东前后。七八名青年警卫一字排开在毛泽东面前，抢先冲向大海，四五名卫士围护在毛泽东左右和身后，大踏步跟随。

一道矗立的水墙像迎接毛泽东的挑战一般滚滚而来。潮头上飞卷着白沫飞窜，不时发出阵阵轰隆隆的叫声。

"追，追上它！"毛泽东忽然孩子般地叫起来，大家便高一脚、低一脚跌跌撞撞冲入退却的潮水中。退却的潮水与新涌来的大潮相遇了，怒吼着形成一道高高的拱墙，劈头盖脸地扑过来，顿时把人们吞没了，转眼又把他们推上浪峰，扔到了沙滩上。

"主席，主席！"有人在喊，"摔伤没有？摔伤没有？"李银桥一骨碌爬起来，扑向毛泽东想把他拉起来。毛泽东推开李银桥的手自己站起来，吐出嘴里的泥沙，并伸手指着大海说："嘿嘿，还真是个对手呢。"

人们喘息未定，毛泽东又向威猛耸立的浪潮走去，卫士们照例冲上去。反复几次，人们有些胆寒，卫士们躺倒在沙滩上，不想站起来了。

毛泽东脸色阴沉，皱起眉头叫道："银桥，起不来了？这点水比刘戡的七个旅还凶吗？"毛泽东提起了保卫延安时的事来了，他声色异常严肃地对大家说："你们可以回去，我可以另组人马，另组队伍跟它斗！"

警卫战士和卫士们都嗷嗷叫着跳起来，肩并肩、手挽手在前面组成楔形的前阵，卫士挽起毛泽东的手臂，紧跟着他向大海猛冲。风吼、浪喧、人喊搅杂在一起！冲过一道又一道浪。

毛泽东在浪尖上喊："放心，都不要慌！现在是涨潮。沉住气！我们只会被冲上岸，不会被拖入大海。"他还高喊："现在考验你们的胆呢！"

那天游泳回来，毛泽东比当年在陕北打下沙家店时还要高兴。对卫士们讲："你们正年轻，要经风雨见世面。不要做温室里的花草，要在大风大浪里锻炼成长"。

"13 岁的娃娃演 53 岁的穆桂英，演得好"

1959 年 9 月，毛泽东到邯郸视察工作期间，兴致勃勃地观看了邯郸地区东风剧团的豫剧《穆桂英挂帅》，该剧由 13 岁的小演员胡小凤饰穆桂英。看过演出后，毛泽东赞赏胡小凤说："13 岁的娃娃演 53 岁的穆桂英，演得好！"又说，"可以到北京参加国庆演出。"当时距国庆十周年仅有 7 天，而首都的献礼演出已经排满。经周恩来总理亲自安排，胡小凤和她的小伙伴们于国庆节前夕进了北京。连演两个多月，誉满京华。

1960 年 5 月 1 日，毛泽东在天津干部俱乐部观看了河北省河北梆子剧院小演员裴艳玲演出的昆曲《闹天宫》。演出后，毛泽东接见了裴艳玲，问："你多大啦？""13。""家住什么地方？""肃宁县傅家佐。""你父亲是搞什么的？""京剧武生。""哈哈……门里出身嘛！你跟谁学的戏?""我的师父叫李崇帅。"

接下来，裴艳玲为毛泽东清唱了一段京剧《借东风》，毛泽东称赞不已。

1962年夏天，毛泽东在北戴河又看了裴艳玲主演的河北梆子《宝莲灯》。戏演完后他问裴艳玲还会何戏，裴艳玲说："京剧《八大锤》"。毛泽东会意地重复了一句："噢，是《陆文龙》。"随后又问还会什么，裴艳玲答："《夜奔》"。毛泽东钟爱表现农民起义的"水浒戏"，他对《夜奔》一剧非常熟悉，尤其喜欢北方昆剧院侯永奎主演的《夜奔》，看过七八次之多。他问裴艳玲："学的哪个路子"，裴艳玲说："学的京昆"。毛泽东很内行地说："应该学学北昆的。"并说："明天看你的《八大锤》，明年再看你的《夜奔》。"

"尽快去唐山，代表我慰问唐山人民"

1976年7月28日，唐山发生世所罕见的大地震，其震级为7.8级，烈度为11度。有24万多人遇难，伤亡损失非常惨重。

唐山大地震时，毛泽东已经83岁的高龄，且正在重病之中，许多时间处在半昏迷状态。清晨，中央办公厅负责人来到毛泽东住处报告唐山地震情况，建议他尽快离开目前的住处"游泳池"，搬到较为安全的地方。毛泽东用手势表示同意"搬家"。这样，工作人员用软担架把他迁移到中南海内新建的平房里。

就在这种情况下，毛泽东还一直惦记着地震情况。当初步知道地震发生在唐山且伤亡损失十分严重时，竟嚎啕大哭起来。

当天，中央办公厅立刻给毛泽东起草了一份关于唐山地震的情况报告：

主席：

七月二十八日，唐山、丰南一带发生七点五级强烈地震，波及天津市和北京市。据初步了解，唐山市区遭到毁灭性破坏，百分之八九十的房屋倒塌，四十余万居民大部分被压在倒塌的房屋下。天

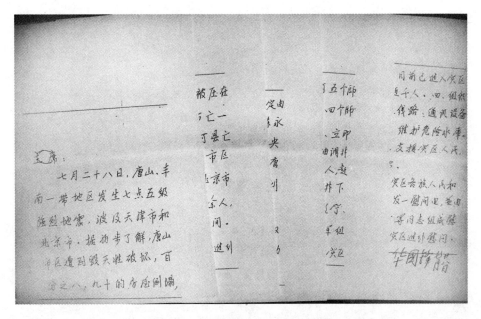

毛泽东签批的关于唐山地震的文件

津市亡一万二千余人，其中宁河县亡一万余人，伤几万人，市区倒塌房屋一万余间。北京市亡一百余人，伤四千余人，全市倒塌房屋三万多间。

　　为了迅速组织力量，进行抗震救灾，政治局会议决定成立中央抗震救灾指挥部，并在唐山设立前线指挥部。

　　指挥部成立后，已采取了下列措施：一、立即调动约十七个师的部队，前往参加抗震救灾。目前已有五个师的兵力进入唐山地区，四个师的兵力进入天津市。二、立即从附近几个省的煤矿抽调井下救援队，共约七百余人，赶赴开滦煤矿抢救困在井下的工人。三、由北京、辽宁、山东等地和人民解放军组成五千人的医疗队伍，赴灾区抢救伤病人员。目前已进入灾区的医疗力量有近千人。四、组织力量抢修供电线路、通讯设备和道路桥梁，维护危险水库。五、抢运物资，支援灾区人民，解决生活急需。

　　中央拟给灾区各族人民和解放军指战员发一慰问电，并由华国锋、陈永贵等同志组成慰问团，立即赶赴灾区进行慰问。

九时半毛席给过同志。

主席：
　根据地震局的分析，
近日北京地区没有发生
六级以上地震的预兆，
我拟明日（四号）去唐山、
开滦煤矿、天津两三天，
了解抗震救灾情况、
参加慰问活动。妥否
请批示。
　　　　　　　华国锋　七月二十八日

毛泽东对华国锋参加慰问活动的批阅件

　　这份文件拟好后，工作人员用大字写得清清楚楚，华国锋在报告的尾部签上"华国锋，七月二十八日"几个字后，立即送到了毛泽东的床前。

毛泽东躺在病床上，艰难地看完了这份报告，吃力地拿起笔在文件开头"主席"两个字上划了圈，又一次情不自禁地落下了热泪。

8月18日，经毛泽东圈阅，中共中央发出《关于唐山、丰南一带抗震救灾的通报》，这是毛泽东生前圈阅的最后一份文件。

《河北日报》刊登关于唐山地震的慰问电

不一会儿，秘书走到毛泽东床前，俯下身向他报告说："主席，华国锋总理来汇报地震的情况。"

"噢，快请他进来！"毛泽东侧了一下身子，双眼望着门口。华国锋走到毛泽东的床前汇报说：

"主席，这次地震的中心在唐山，北京受到比较严重的波及。人员伤亡及损失情况，我们已派人去调查，请主席不要过分牵挂，要保重自己，听医生的话。"

毛泽东听后点了点头，缓慢地对华国锋说："我自己现在病中，这些事呢，就由你去处理。"说着，毛泽东紧紧握住了华国锋的手，毛泽东那双充满期望的眼睛久久凝视着华国锋……。

党中央、国务院遵照毛泽东的指示，立即作出了重大的决策，迅速进行了部署。

第三天，唐山地震灾情开始在新华社内参和各大报纸上刊登，毛泽东忍着病痛一个字一个字的看。这时，他的手不时地颤抖，眼里噙着泪水。他又把华国锋叫到床前，深情地说："尽快去唐山，代表我慰问唐山人民，安排好灾民的生活，一定要安排好灾民的生活。"

华国锋慰问唐山民众

在党中央、毛泽东的亲切关怀下，唐山人民奋起抗灾，创造出了惊天动地的业绩：

——7月29日上午，唐山到北京、天津、石家庄、沈阳等地的通讯恢复。

——8月5日，唐山发电厂并网发电。

——8月6日，开滦马家沟矿出了第一吨"抗震煤"。

——8月7日，京山线铁路通车。

——8月11日，唐山公路全面通车。

——8月25日，唐钢炼出了第一炉钢。

——9月1日，各中、小学全部开学上课。

1976年9月9日，毛泽东逝世。消息传来，河北人民陷入了深深的悲痛之中。在唐山，众多的灾民失去亲人时未曾落泪，这时的抗震棚里却一片哭声，纷纷表示要以实际行动悼念毛主席。9月18日，在召开毛泽东追悼大会这天，开滦赵各庄矿的老工人侯占友，背着一面袋馒头下井了。在矿井下，六点班工人走了，他还在干；两点班工人走了，他还在干；十点班工人走了他仍在干；六点班工人又上班来了，他还在井下干个不停。侯占友在矿井下眼含热泪，大汗淋漓，一连干了三个昼夜。他说，毛主席使我们翻了身，由"窑花子"变成了人，我就想用多出煤的实际行动报答他老人家的恩情。

在党中央和毛泽东的关怀下，在全国人民的大力支持下，唐山人民公而忘私，患难与共，奋发图强，重建家园。不到十年的时间，实现了毛泽东的愿望，一座现代化的城市重新崛起在渤海之滨。毛泽东没有看到新唐山，但广大人民群众觉得他就在身边，依旧关心爱护着芸芸苍生。其感恩心情正如中共河北省委、河北省人民政府矗立的《唐山抗震纪念碑》所称："抚今追昔，倏忽十年。此间一砖一石一草一木都宣示着如斯真理：中国共产党英明伟大，社会主义制度无比优越，人民解放军忠贞可靠，自主命运之人民不可折服。爰立此碑，以告慰震亡亲人，旌表献身英烈，鼓舞当代人民，教育后世子孙。特制此文，镌以永志。"

附录：

毛泽东与河北大事记略

1918 年

10 月 6 日　　同蔡和森、萧子升到保定，迎接由陈赞周、邹鼎丞带领的第二批准备赴法勤工俭学的 30 多位湖南青年。

10 月 7 日　　在保定古莲花池，同在育德中学附设留法高等工艺预备班学习的张昆弟、李维汉、李富春、贺果等聚会，并同湘籍学员合影留念。

10 月 10 日　　送蔡和森等 30 多位留法预备班学员去蠡县布里村（今属高阳县），随后同萧子升返回北京。

1948 年

4 月 12 日　　到达阜平县西下关村。次日上午，周恩来、任弼时主持召开了土地改革座谈会。会后，与参加座谈的村干部见面。傍晚到达晋察冀军区司令部所在地阜平县城南庄。

4 月 30 日至 5 月 7 日　　在城南庄主持召开中共中央书记处扩大会议（史称"城南庄会议"）。

5 月 18 日　　住所被敌机轰炸。遂转移到花山村。

5 月 27 日　　到达中共中央工委所在地平山县西柏坡村。

9 月 8 日至 13 日　　在西柏坡主持召开中共中央政治局会议（史称"九月会议"），作关于战争、建国、财经等问题的重要报告。

1949 年

3 月 5 日至 13 日　　在西柏坡主持召开中共七届二中全会，提出实现党的工作重心转移、夺取全国胜利以及关于新中国建设的指导方针和基本政策。

3 月 23 日　　乘汽车离开西柏坡前往北平。当晚，住河北唐县淑闾村。24 日中午，到达保定，听取冀中区党委书记林铁的汇报。下午到达涿县，听取叶剑英等汇报。24 日深夜在涿县换乘火车，并于 25 日凌晨到达北平清华园车站。

10 月　　张家口以北地区发生肺鼠疫，已蔓延至张家口，威胁平津。毛泽东于 10 月 28 日致电斯大林，请求帮助防疫。

1950 年

3 月　　访苏返京途中与周恩来一起视察了山海关。在回京的列车上，唐山市委书记吴德向毛泽东汇报了唐山市的工作情况。

8 月 15 日　　石家庄电业局全体职工签名写信给毛泽东，表示以安全发电的实际行动支援朝鲜人民反抗美国侵略的决心。9 月 11 日，毛泽东复信，希望他们团结一致，努力工作，为完成国家任务和改善自己的生活而奋斗。

9 月 12 日　　为转发河北省政府直属机关整风经验的报告，起草中共中央给各中央局的批语："整风中党员与非党员配合进行问题，河北省人民政府的经验很可注意，望加研究参酌办理。"

1951 年

1 月 14 日　　河北省人民政府主席杨秀峰写了关于阜平、曲阳两县灾情及解决办法，给省人民政府转呈中央人民政府政务院等的报告。毛泽东阅此报告后，批转周恩来："应当批准此项要求"。

2 月 20 日　　中央华北局在给中央并各省委、京津两市委的电报中总结了察哈尔省取缔一贯道的经验。毛泽东于 2 月 21 日代中央起草了转发这个经验的批语，介绍察哈尔的成功经验，值得参考。

3 月初至 4 月 27 日　　到石家庄保育院（今太行国宾馆）休养。期间，对准备出版的《毛泽东选集》第一卷收录的文章进行了选编和修订。对当时开展的抗美援朝、镇反、土改三大运动做了大量指示和批示。离开石家庄前，对石家庄的农业生产、城市建设和工商业改造做了指示。

3月14日　　中共河北省委在关于沧县地委镇反工作经验的通报中介绍了沧县地委镇反工作的经验，毛泽东看后，于3月23日转发各地，并写了批语。

5月5日　　中共察哈尔省委办公厅通报了万全县大张旗鼓镇压反革命的经验。毛泽东看后于当月15日批转了这个经验，并写了批语。

11月30日　　在看到11月29日中央华北局关于刘青山、张子善严重贪污浪费情况的书面报告后，做出批示：华北天津地委前书记刘青山及现书记张子善均是大贪污犯，我们认为华北局的方针是正确的。并指出，必须严重地注意干部被资产阶级腐蚀发生严重贪污行为这一事实，注意发现、揭露和惩处，并须当作一场大斗争来处理。

12月1日　　就要求补报重大贪污犯的处理情况一事，起草中共中央致薄一波、刘澜涛的电报。电报说："你们十一月二十八日关于华北方面发现的贪污事件的报告收到了。在这个报告中没有说到对于那些重大贪污犯，党和政府是如何处理的，请你们将处理的情况补告我们。"

1952年

2月8日　　针对"三反"运动中张家口要公审资本家一事。毛泽东给周恩来写批语："我已要彭真将北京公审资本家事延期举行。张家口目前不要公审为宜。"

2月27日　　为中共中央起草关于分步骤开展城市"五反"斗争的指示。指示中以河北省为例，谈到在大中城市大体应分三个步骤开展"五反"斗争。

3月2日　　中央华北局第三书记刘澜涛关于华北"三反"、

"五反"情况给毛泽东写了两个报告。毛泽东当日将两个报告批转各中央局、大军区，并写了批语。

3月4日　在《抚顺市郊发现大批昆虫》的报道上写给周恩来一个批语，指示冀东、冀中及京津也要做好防疫准备。为贯彻这一指示，河北省开展了大规模的爱国卫生运动，唐山、秦皇岛是重点地区。

11月1日　南下视察返京途经邯郸，在公安部部长罗瑞卿、铁道部部长滕代远、天津市委书记黄敬等人陪同下拜谒了晋冀鲁豫烈士陵园。之前他曾为陵园题词："英勇牺牲的烈士们千古，无上光荣"。

11月22日　在河北省政府副主席薛迅陪同下视察了保定古莲池，并嘱咐陪同的河北同志一定要把这个名胜古迹保存好。

1953 年

1月9日　对中共中央组织部副部长安子文关于检查原察哈尔省农村整党工作的报告写了批语。

2月15日　南下视察做调查研究。第一站在保定停车，河北省委第二书记马国瑞上车汇报，并应河北省委要求为保定清苑的河北省荣誉军人学校题词："加强团结学习，发扬光荣传统"。

同日　乘专列从保定到达石家庄，石家庄市委书记齐一丁、市长康修民上车汇报工作。毛泽东指出：城市不能发展太大，发展纺织工业一定要注意原料的来源和市场需要，要多生产一些农民需要的农机具。石家庄市委领导临下车时，请毛泽东为华北军区烈士陵园题词："为国牺牲，永垂不朽"。

同日　途经邢台，在列车上接见了邢台县县长张玉美，听取了张玉美关于邢台县国民经济的恢复情况，邢台县的"三反"、"五反"运动，邢台县的妇女工作，以及创办农业合作社情况的工作汇报。对农业合作化问题作了指示：积极领导、全面规划、典型引路、稳步前进。

3 月 5 日 中共中央华北局通报了河北省委开展反对官僚主义、命令主义、反对违法乱纪斗争的经验，引起了毛泽东的注意。3 月 6 日，毛泽东对这一通报写了按语。

1954 年

4 月 11 日 视察了官厅水库，详细查看了溢洪道工程的施工现场，又认真地询问了水库设计、施工和即将运用等情况，对官厅水库解除永定河下游水患，为首都工农业生产、居民生活供水等方面的作用表示满意。5 月底，官厅水库工程竣工，毛泽东欣然写下了"庆祝官厅水库工程胜利完成"的题词。

4 月 21 日 在中共中央办公厅主任杨尚昆、公安部部长罗瑞卿等人陪同下视察了山海关、老龙头、秦皇岛港口、耀华玻璃厂。在港口，他指示要依靠工人阶级把海港管好，要和各国人民友好往来，打破帝国主义封锁。在耀华玻璃厂，他十分关心中国最早的玻璃基地怎样在新中国焕发生机，关心询问工人的生产和生活情况，嘱咐干部要参加劳动，向工人学习生产技术。叮嘱陪同视察的秦皇岛市和山海关区的领导要努力发展生产，把秦皇岛由消费城市变为生产城市。

4 月 22 日 从秦皇岛返京途中视察了唐山启新水泥厂，参观了生产车间，接见了党委书记赵光和水泥厂副总经理姒南笙，了解了该厂公私合营情况，并指示他们"要好好学习，努力工作"。此后仅四个多月，启新水泥厂就实现了公私合营。

7 月 26 日至 8 月 20 日 在秦皇岛休养办公期间，审阅了第一部《中华人民共和国宪法》草案。写下了流传千古的《浪淘沙·北戴河》。

1955 年

3 月 5 日　　毛泽东卫士李银桥从家乡安平县探亲回来后将细雨村副村长李培学关于农业合作化在农村搞得太简单化的信带给毛泽东。毛泽东将信批给河北省委第一书记林铁，批示中说："此事请你予以处理。这是我的卫士回他的家乡安平带回的一封信。这种情况恐怕不止安平县一个乡里有，很值得注意。"

7 月 31 日　　在省委、市委、自治区党委书记会上所作的《关于农业合作化问题》的报告中，提到了河北安平县南王庄的王玉坤、王小其、王小庞这个合作社典型。当年 11 月 28 日《人民日报》发表了《五亿农民的方向》一文，介绍了这个合作社。毛泽东在编辑《中国农村的社会主义高潮》中，收入此篇并加按语："这个三户贫农的合作社，几个月来，在全国农村中产生了很大的影响，大家都知道河北有这么一个了不起的英雄的合作社，给贫农壮了胆。"

8 月 7 日至 9 月 5 日　　在北戴河修订 7 月 31 日在省市自治区党委书记会议上所作《关于农业合作化问题》的报告。

8 月 15 日　　中央办公厅邀请邢台县东川口村带头人王志琪进京汇报，并将他的汇报材料整理成文，毛泽东亲自修改并将题目改为《只花一个月时间就使全村合作化》，并写了按语收入《中国农村的社会主义高潮》一书。

8 月 27 日　　代中央起草转发热河、青海省委关于农业合作化问题的报告，并写了批语。

9 月 13 日　　就身边警卫人员钟顺通回家探亲后写了关于河北博野县徐家营、杜各庄、北延三个乡的农业合作社的情况，写下批语，转给林铁："钟顺通是我们这里的一个警卫工作人员。据他说，博野县有些合作社并没有认真去整顿。请省委注意此事，如果属实，应设法加以解决。"

9 月 14 日至 9 月 25 日　　在北戴河期间，最后完成了编辑

《中国农村的社会主义高潮》一书。9 月 25 日，毛泽东为《怎样办农业生产合作社》（1955 年 12 月，第二次编辑时书名改为《中国农村的社会主义高潮》）一书作序言。

9 月　　为《不应当挫折干部和群众的社会主义积极性，胡乱地解散合作社》一文写了按语，并收入《中国农村的社会主义高潮》一书。文中介绍的是河北邢台地区沙河县曹庄农业生产合作社整顿的情况。

10 月 15 日　　承德《群众日报》发表了《应当怎样认识工作薄弱的村的合作化运动》一文，反映了承德县朝梁子村农业合作化的情况，收入《中国农村的社会主义高潮》一书，毛泽东写了 624 个字的按语。

12 月　　在主持编辑《中国农村的社会主义高潮》一书中，收入 1955 年 9 月 20 日《人民日报》的《他们坚决选择了合作化的道路》，并写了按语。该文说的是石家庄新乐东王庄三户贫农、一户下中农坚决办社的事迹。认为"这是一个很有兴趣的故事。"

同月　　张玉美按照毛泽东同他谈话时要他总结妇女工作经验的指示，将《邢台县民主妇女联合会关于发展农业合作化运动中妇女工作的规划》报送中央。毛泽东阅后加了按语，收入《中国农村的社会主义高潮》一书。

1956 年

2 月 5 日　　在北京怀仁堂接见在治疗流行性乙型脑炎方面做出成绩的石家庄市著名中医郭可明大夫。

2 月 7 日　　在中南海接见了安平县南王庄王玉坤等同志。

11 月 21 日　　新华社《内部参考》刊载了河北省建屏县（今平山县）贸易系统有些单位在收购农民土特产品时压秤压价，非法营利，引发农民不满的消息。毛泽东看后写了批语："请陈云同志看建屏一条消息，我看这种情况，在全国是相当多的，应当统一加以处理。"

冬　　　冶金工业部金属回收管理局副局长莫余平在中共中央高级党校学习,他利用寒假回乡探亲的机会做调查,写了一篇关于他的家乡河北省涿县尚庄乡联盟农业生产合作社1956年生产情况与整社意见的报告。毛泽东看到报告后,于1957年2月24日写下批语:"此件寄河北省委马国瑞同志:此件所说是否属实,原因何在,请派人去涿县尚庄乡切实调查一下,以其结果告我为盼!"

1957 年

8月18日至8月28日　　　在北戴河研究修改农业发展纲要四十条,为即将召开的中共八届三中全会做准备。

9月3日　　　乘专列沿京广线调研到保定,同中共河北省委及保定地委、满城县委的负责人谈话。次日南下邯郸,同河北省委和石家庄地、市委,邢台地委、邯郸地委的负责人谈农村整社和农业生产情况。

1958 年

3月9日　　　在成都召开的中共中央工作会议上,以徐水的水利工作为例,讲了矛盾的对立斗争和两种方法的比较问题。还说,把徐水的经验一总结,总结出来"葡萄串"、"满天星"。中央农村工作部副部长陈正人就徐水经验写了报告,毛泽东批示:"此件连同谭震林的报告付讨论,徐水县的经验普遍推广。"

8月4日　　　到徐水县视察,参观了南梨园乡大寺各庄农业社,随后又视察了徐水县城内的菌肥厂和铁工厂。晚上到达保定,夜宿保定空军机场。

8月5日　　　由河北省委书记处书记解学恭、副省长张明河、保定地委第一书记李悦农陪同到安国视察。中午,冒酷暑察看了流村红星农业社的丰产田。离开流村后,在县委机关接见了部分机关干部，并同大家合影留念。

8 月 17 日至 30 日　　在北戴河主持召开的中央政治局扩大会议上，提到了徐水搞军事化、战斗化、纪律化问题，并通过《中共中央关于在农村建立人民公社问题的决议》。

10 月 16 日至 17 日　　召集保定地区部分县委第一书记座谈会。参加会议的有河北省委第一书记林铁、省长刘子厚、保定地委第一书记李悦农、天津地委书记赵克、徐水县委第一书记张国忠、安国县委第一书记刘振宗及县长焦家驹、定县县委第一书记王洪儒、唐县县委第一书记王桂冀等。徐水县委第一书记张国忠首先作了汇报。毛泽东指出了徐水在搞共产主义试点中存在的问题，指出："徐水是全县人民的所有制，还不是 6 亿人民的所有制，6 亿人民的所有制，要国务院发工资，徐水实行的全民所有制，还是自己发工资。"在谈到徐水的供给制时，毛泽东表示赞同。晚上，毛泽东同大家共进晚餐。饭后，同大家一起合影留念。

10 月 31 日至 11 月 1 日　　赴郑州参加中央工作会议，途经保定、石家庄、邯郸，在火车上听取各地市领导关于农村公社化情况的工作汇报，并作重要指示。

11 月 14 日　　在南下的列车上，看到新华社《内部参考》第 2630 期《邯郸专区伤寒病疫病普遍流行》的电讯稿，并写了批语，要求工作生活同时并重。

11 月 20 日　　新华通讯社编印的《内部参考》第 2632 期，刊载了《安国小麦千亩天下第一田》的报道。毛泽东看后，写了批语："此件可看。"

12 月 30 日　　在返京途中经过石家庄、保定，在火车上分别听取石家庄、保定地、市委负责人汇报。

1959 年

2 月 23 日　　在天津约河北省委书记处书记、省长刘子厚等人谈人民公社问题。

4 月 14 日　　在天津同河北省委和天津市委的负责人谈话。

5 月 2 日　　为转发中国科学院经济研究所昌黎工作组副组长王绍飞关于河北省昌黎县最近公社的工作情况和问题的报告，写信给各省、市、自治区党委第一书记，题为《党内通信》。

6 月 21 日　　在邯郸同邯郸地、市委书记谈话。

9 月 18 日　　在天津与河北省委负责人谈话。

9 月 23 日　　乘专列到达邯郸，专列停在北郊邯郸国棉二厂的仓库旁，晚上在地委礼堂观看了邯郸平调落子剧团的《端花》和东风豫剧团的《穆桂英挂帅》。

9 月 24 日　　接见了国棉二厂工人。参观了邯郸专区磁县成安人民公社的棉花万亩丰产方并听取了省委和天津市委、邯郸、石家庄、保定地委负责同志的工作汇报。还视察了成安油棉厂，提出了"粮食自给"问题。

9 月 25 日　　在保定同河北省委，石家庄地、市委，保定地、市委负责人谈话。

10 月 31 日　　对吴桥县魁星庄大队（现属景县）养猪批示：养猪业必须有一个大发展。

1960 年

3 月 23 日　　在天津同河北省委负责人谈话。

7 月 5 日至 8 月 10 日　　主持在北戴河召开的中央工作会议，研究国际问题和国内经济调整问题。

12 月 23 日　　就中央办公厅河北工作组关于玉田县沙流河公社、亮甲店公社和丰润县王官营公社题为《鲜明的对照》的调查简报，作了如下指示："各位同志，此件请你们迅速一看，并加以讨论。全国的情形，我看大体就是这个样子，好的、坏的、中等的三类。此件可以一直发到公社，请你们办理。"

1961 年

1 月 9 日　　河北省省长刘子厚汇报 1960 年整风整社中揭发了徐水和霸县的问题后，毛泽东说："这两个县的经验很好，你们通报全省了没有？应当通报。"

1 月 26 日　　离京到杭州途中在天津停留，在专列上听取了刘子厚关于河北省贯彻中央工作会议和八届九中全会精神的汇报。

4 月 19 日　　批转由谢富治率领的中央调查组在邯郸调查农村食堂问题的报告。为了让群众表达真实的想法，调查组进行无记名投票公决。结果是赞成停办食堂的占 90%。

5 月下旬　　批发了杨尚昆在 5 月 20 日写的关于徐水、安国人民公社食堂问题的调查报告。

7 月 6 日　　乘专列南下过天津。刘子厚汇报了保定唐县岜尨公社实行"分配大包干"的情况。毛泽东说："分配大包干办法不错，你们可以继续试行嘛！"

9 月 26 日　　中共中央工作会议结束后到达邯郸，在专列上召集河北省委、山东省委及邯郸、保定、邢台、石家庄、张家口五个地委负责人座谈，听取了河北、山东省委的汇报，并亲自作记录，谈人民公社基本核算问题。

9 月 29 日　　就解决农村人民公社基本核算单位问题给中央常委及有关同志写了一封信，并附上了《邯郸谈话会记录》和河北的一批材料。信中提到了河北深县五公公社耿长锁关于农业方面存在严重平均主义的问题、石家庄藁城岗上公社良村大队的"繁琐哲学"的材料。

10 月 6 日　　中共邢台地委就南宫县贯彻大包干政策促进粮食征购和种麦运动发出通报。毛泽东在 10 月 22 日看到后，在原件上给杨尚昆写批语："河北省委所送《南宫县经验》一件，请你为中央起草一个转发指示，送我一阅为盼。"

10 月 9 日   国家经委生产办公室整理了一个《目前开滦煤炭生产中存在的几个问题》的材料，毛泽东批给陈伯达："此件请一阅，你到唐山去，请研究一下这个问题。"

12 月 18 日   由南方回京过天津，听取河北省委负责人刘子厚、阎达开等人的汇报。在谈话中，特别询问了张家口地区的情况，尤其是蔚县的情况。

1962 年

3 月 24 日至 25 日   从湖北等地视察归来途经邯郸，作短暂停留。

7 月   就人民公社体制等问题在邯郸调查研究。

11 月   在中央工作会议上，批转了《一个对农业机械使用不当、管理不善的例子——沧县排灌机械使用保管的情况》，对沧县排灌机械管理混乱提出批评。

1963 年

1 月 31 日   由湖南乘专列来到邯郸，听取了刘子厚关于河北省开展社会主义教育运动的情况。

2 月 1 日   在列车上听取了河北省委第一书记林铁、省长刘子厚、石家庄市委第一书记力矢、邯郸地委第一书记庞均、邯郸市委第一书记刘英等关于贯彻农业《六十条》、棉花、花生种植征购、水利建设等情况汇报。汇报会上还讲了整风整社问题。

4 月 8 日   在天津听取了河北省委关于城市"五反"、农村"四清"工作的汇报，特别注意了保定的"四清"工作报告，并向山东、江苏省委推荐了这个报告。

8 月   河北省的邯郸、邢台、石家庄、保定、衡水、沧州、天津共七个地区遭遇特大洪水。毛泽东乘飞机视察了灾区。还四次到河北找省委和受灾地委负责人了解灾情，询问救灾和治水工作安排。

10 月 11 日　乘专列离京在邯郸听取河北省委第一书记林铁、省长刘子厚以及保定李悦农、石家庄康修民、邢台刘琦、邯郸庞均、刘英等地市委负责人关于河北受灾情况、今后水利建设、农村"四清"的汇报，并作了指示。

11 月 12 日　乘专列返京在天津停车，河北省委领导到车上汇报救灾治水情况。

11 月 17 日　为河北省抗洪抢险斗争展览会题词："一定要根治海河"。

1964 年

3 月 28 日　离京南下，继续了解农村社教情况，途经邯郸停留两天，召集山西、河北两省负责人和保定、邯郸、衡水、邢台、石家庄五个地委的负责人汇报农村"四清"及公社基本核算单位下放等工作。

12 月 30 日　中共中央办公厅编印的《情况简报》第 497 号刊载《是不是有了框框》一文，说的是河北永年县小龙马公社马西胡大队工作队员翟玉生向邯郸地委"四清"工作总团反映工作组孤立搞串联，没有访贫问苦的问题。毛泽东加了按语："翟玉生的来信，有些意见是对的，有的意见也不完全对，但他这种勇于向上级党委反映情况，提出看法的精神，是对革命事业负责的表现，值得鼓励。"

1965 年

1 月 15 日　对《保定地委"四清"工作团党委关于新城县贫下中农代表会的报告》写了如下批语："即刻印发。并请各同志回去后印发到县级作为参考。"

11 月 12 日　乘专列离京南下，在天津听取河北省委负责人工作汇报。

1967 年

7 月 14 日　　乘专列离京去武汉，在列车上听取了郑维山汇报河北省支左情况。

1970 年

9 月 19 日　　由武汉回北京，专列到石家庄时，约李雪峰、刘子厚等人上车谈话，询问九届二中全会精神的传达情况和河北的形势。

1976 年

4 月 13 日　　经毛泽东圈阅，中共中央发出关于河北保定地区发生抢劫枪支弹药和粮食事件的电话通知，指出对打、砸、抢者，要实行镇压。

7 月 28 日　　凌晨三时四十二分，河北唐山、丰南一带发生7.8级地震。当得知地震造成极其惨重的损失后，毛泽东放声大哭。华国锋汇报他要去唐山，毛泽东说：你去，抓紧去，去看望灾区的人民。

8 月 18 日　　经毛泽东圈阅，中共中央发出《关于唐山、丰南一带抗震救灾的通报》。这是毛泽东生前圈阅的最后一份文件。

后　　记

　　为了纪念毛泽东同志诞辰 120 周年，我们从 2012 年开始，着手征集毛泽东与河北相关的历史资料。在占有大量资料的基础上，历经两年的精心组织，悉心谋划，潜心编纂，始成本书。

　　全书以毛泽东在河北战斗和生活的历史脉络为序，采取纪实的写法，本着有所突破、有所创新的原则，既有史料性，又颇具可读性。书稿由张平均、丁建同、田超、郭冰、曾文友、张建华、史进平、王彦红等执笔。初稿形成后，张平均、丁建同进行了修改。高荣朝、张振岭对部分章节进行了审改。

　　省委领导对此书高度重视，省委书记周本顺审阅了书稿并为本书作序，省委常委、秘书长景春华多次对本书的编著提出具体指导意见。

　　省委党史研究室主任胡庆胜，副主任赵胜军、宋学民、姚建敏多次审阅并亲自修改书稿。

　　中央党史研究室、中央文献研究室相关同志对此书的出版给予了热情指导，全省党史系统、党史工作者、西柏坡纪念馆等对此书的编著给予了大力支持。同时，本书还参考了部分史料书籍及相关史料。在此，我们一并表示诚挚的感谢！

　　由于编者水平所限，本书仍会有不妥之处，敬请专家和读者不吝赐教。

编者

2013 年 12 月

参考书目

1. 《毛泽东传》（1893—1976），中央文献出版社 2003 年版。

2. 《毛泽东年谱》（1893—1976），中央文献出版社 2013 年版。

3. 《毛泽东文集》第二、三、四、五、六卷，人民出版社 1991 年版。

4. 《毛泽东军事文集》第四卷，军事科学出版社、中央文献出版社 1993 年版。

5. 《毛泽东书信选集》，人民出版社 2003 年版。

6. 《新民学会资料》，人民出版社 1980 年版。

7. 《毛泽东在七大的报告和讲话集》，中央文献出版社 1995 年版。

8. 《毛泽东研究事典》，河北人民出版社 1992 年版。

9. 《中共中央文件选集》第 10、11 册，中共中央党校出版社 1991 年版。

10. 《聂荣臻传》，当代中国出版社 1994 年版。

11. 《聂荣臻回忆录》（中），解放军出版社 1984 年版。

12. 《对平原游击战指示》，《六大以来》（下），人民出版社 1981 年版。

13. 《彭真年谱》（1902 — 1997）上卷，中央文献出版社 2002 年版。

14. 《晋察冀抗日根据地史料选编》上册，河北人民出版社 1983 年版。

15. 聂荣臻著：《抗日模范根据地晋察冀边区》，八路军军政杂志社 1939 年版。

16. 《河北历史名人传》政治军事卷（上），河北人民出版社1997年版。

17. 《晋察冀军民征战纪实》，解放军文艺出版社2002年版。

18. 《中共保定党史大事记》（1919. 5—1949. 5），中央文献出版社1998年版。

19. 《中共中央曾计划"迁都"承德》，《承德文史文库》卷一，中国文史出版社1998年版。

20. 《中共中央在西柏坡》，海天出版社1998年版。

21. 阎涛著：《东行漫记》，河北人民出版社1989年版。

22. 《刘少奇年谱》，中央文献出版社1996年版。

23. 杨成武著：《战华北》，人民出版社1986年版。

24. 阎长林著：《警卫毛泽东纪事》，吉林人民出版社1992年版。

25. 延安《解放日报》，1946年10月30日。

26. 《党的文献》，1991年第5期。

27. 《党史博采》，1988年第6期。

28. 《毛泽东与河北》（上下），河北人民出版社2006年版。

29. 《领袖与河北》，中共党史出版社1993年版。

30. 《毛泽东》画册，中央文献出版社1993年版。

31. 《河北历史画卷》，中央文献出版社2007年版。

32. 《情满燕赵》，2002年7月冀出内刊1085号内部资料。

33. 《领袖莅临邯郸纪实》、《党和国家领导人在秦皇岛》、《党和国家领导人与河北》。

34. 人民网、新华网等。